21 世纪土木工程学术前沿丛书

U0854671

公路桥涵混凝土施工质量控制与病害防治技术

陈品明　叶　君　李晓梅　主编

哈尔滨工程大学出版社
Harbin Engineering University Press

内 容 简 介

本书根据作者在公路建设和管理方面积累的一些实际经验,依据现行国家标准,首先对桥涵建设的质量意义及质量监理管理进行论述,然后对桥涵在施工中的准备测量,涵洞与通道、基础工程的质量控制进行了介绍,最后对公路工程中常见病害、原因、防治进行了阐述分析,尤其对在工程实际中解决以上问题采用的工艺、方法进行了详细的介绍。

本书总结了前人的丰富经验,又突破陈规,给广大公路建设和养护管理人员防治工程病害提供了一些简明实用的新思路、新方法。

图书在版编目(CIP)数据

公路桥涵混凝土施工质量控制与病害防治技术/陈品明,叶君,李晓梅主编.—哈尔滨:哈尔滨工程大学出版社,2023.6

ISBN 978-7-5661-4024-1

Ⅰ.①公… Ⅱ.①陈… ②叶… ③李… Ⅲ.①公路桥-桥涵工程-混凝土施工-质量控制②公路桥-桥涵工程-混凝土施工-病害-防治 Ⅳ.①U448.145.1 ②U448.145.7

中国国家版本馆CIP数据核字(2023)第121166号

公路桥涵混凝土施工质量控制与病害防治技术
GONGLU QIAOHAN HUNNINGTU SHIGONG ZHILIANG KONGZHI YU BINGHAI FANGZHI JISHU

选题策划 杜 伟
责任编辑 张 彦
封面设计 李海波

出版发行 哈尔滨工程大学出版社
社　　址 哈尔滨市南岗区南通大街145号
邮政编码 150001
发行电话 0451-82519328
传　　真 0451-82519699
经　　销 新华书店
印　　刷 明玺印务(廊坊)有限公司
开　　本 787 mm×1 092 mm 1/16
印　　张 15
字　　数 371千字
版　　次 2023年6月第1版
印　　次 2023年6月第1次印刷
定　　价 88.00元
http://www.hrbeupress.com
E-mail:heupress@hrbeu.edu.cn

《公路桥涵混凝土施工质量控制与病害防治技术》

编　委　会

主　编　陈品明　浙江交工集团股份有限公司
　　　　　叶　君　浙江交工集团股份有限公司
　　　　　李晓梅　中交路桥华南工程有限公司

副主编　杜　恒　中国中铁四局集团第五工程有限公司
　　　　　王清平　成都华川公路建设集团有限公司
　　　　　陈　林　中交第二航务工程局有限公司
　　　　　王志金　中交一公局第四工程有限公司

参　编　余方明　浙江交工金筑交通建设有限公司
　　　　　侯彦江　中铁二十五局集团有限公司西北分公司
　　　　　安　明　浙江交工集团股份有限公司
　　　　　徐　亮　浙江交工集团股份有限公司
　　　　　高树塔　浙江交工集团股份有限公司
　　　　　陈　震　贵州高速黔通建设工程有限公司
　　　　　杨小东　阿拉善盟乌兰布和沙产业示范区能源和交通局

前　言

随着国民经济的不断发展,公路桥涵的交通量大幅度增长,车载质量也明显增加,公路运输事业正向着大吨位、高速度的方向发展,而公路建设也向着高等级、高标准的方向发展,这势必促使干线公路等级的提高。近几年来,在我国积极财政政策的支持下,各级政府先后投入巨资用于修建公路桥涵和原有公路的改建工作,为我国经济的快速发展做出了重要贡献。

质量是公路桥涵建设永恒的主题。公路桥涵工程是一种非常复杂的系统工程,牵涉面较广,如沿线地基和所用填土复杂多变,路面所使用的材料较多,需要的机械设备也是多种多样,施工工艺不一而足,工程实施的期限较长,气候复杂多变等。这些因素都将对公路工程的质量产生重要影响。我国的公路建设事业呈现跨越式发展,专业公路施工和管理队伍严重不足,一些新组建的施工、监理队伍在没有得到应有技术培训的情况下就直接承担了建设任务,从而影响了施工质量。

在公路桥涵建设投资大幅增加、建设步伐不断加快的新形势下,如何确保工程质量,解决工程建设中出现的各种问题,如公路工程中常见的一些病害、桥梁的维修、地基的处理等,是一个非常突出又非常急迫的问题。

本书根据作者在公路建设和管理方面积累的一些实际经验,依据现行国家标准,首先对桥涵建设的质量意义及质量监理管理进行论述,然后对桥涵在施工中的准备测量,涵洞与通道,基础工程的质量控制进行介绍,最后对公路工程中常见的病害、原因、防治进行了阐述分析,尤其对工程实际中解决以上问题采用的工艺、方法进行了详细的介绍。本书总结了前人的丰富经验,又突破陈规,给广大公路建设和养护管理人员防治工程病害提供了一些简明实用的新思路、新方法。

本书共十章。第一章主要介绍桥涵工程建设质量的意义及质量监理的控制依据。第二章主要介绍桥涵工程在施工中的准备工作与测量,涵洞和通道及基础工程的质量控制。第三章主要介绍公路桥涵混凝土施工的原材料控制,耐久性、分项工程及力学性能试验。第四章主要介绍水泥混凝土桥涵的工程设计特点及施工技术,同时对病害进行分析及整治。第五章主要介绍桥涵混凝土外观的病害成因及防治,同时对桥头桥梁的伸缩缝病害防治措施进行论述。第六章主要介绍桥涵施工中桩基础、墩台、涵管等遇到冻害的防治方法。第七章主要介绍桥涵工程施工现场管理,包括现场材料、平面布置、合同及安全等。第八章主要介绍隧道工程病害的分类及特点,并对隧道的常见病害及病害防治技术进行介绍。第九章主要以某公路工程为例,对该项目的路面状况进行了解,并针对路面破损情况进行调查,找出损坏原因,提出病害处治对策。第十章主要介绍沥青混凝土路面工程的病害,对早期的破坏原因进行分析,尽早对早期病害进行防治,最后对沥青混凝土路面的水破坏病害提出处理办法。

公路桥涵施工质量控制的好坏直接影响着桥道建筑施工质量的好坏。桥涵的建设和维护对于公路整体工程质量与公路通车的安全性具有重要的意义。希望本书能为公路桥涵工程施工的质量控制提供必要的借鉴。

编　者

2023 年 3 月

目　录

第一章 概 述

第一节 桥涵工程建设质量的意义

一、桥梁基础质量控制的基本要求

桥梁基础包括明挖基础、桩基础、沉井基础等。明挖基础通常用于中、小型桥梁，施工容易，无须使用大型施工设施。桩基础通常用于大、中型桥梁，有较高的承载能力，施工中可选用机械设备。近几年，不论是在国内还是在国外，桩基础工程都有突飞猛进的发展。沉井基础可用于特殊桥梁（如拱桥、刚架桥等）。

（一）明挖基础的质量要求

（1）基础开挖尺寸要满足设计图纸及施工要求。施工开挖到基础标高时，如果水文、地质状况不满足设计要求，应上报监理工程师。

（2）施工中基底几何尺寸要符合基坑自身立模和排水系统需要的施工面积。

（3）应按实际土质情形设立基坑边坡，务必使基坑边坡稳定。

（4）如若选用各种板桩围堰，要按照土质和基坑深度进行验算，结果符合要求后才能布设。

（5）圬工工程施工前，应让检验人员查验，确保地基满足设计要求，在通过证实后圬工作业才能开始。

（6）要随时填写基坑检查记录。

（二）桩基础的质量要求

根据施工方法可将桩基础划分为钻孔桩基础、挖孔桩基础及沉入桩基础三种类型。

1. 钻孔桩基础质量控制的基本要求

（1）施工中务必使钻机稳定牢固，钻头与桩位中心线相对应。

（2）钻孔作业全程，护筒内水头高度和泥浆稠度一定要满足规定要求。

（3）成孔后，应对孔径、孔深、孔位倾斜率及沉淀层厚度进行测量且经检查符合设计要求后，方可浇注混凝土，同时填写检查记录。

（4）施工过程中不能出现断桩。

（5）水下混凝土浇筑时首先要严格检查所用导管，为确保其不漏水还须做水压试验。

（6）必须填写所有施工记录。

2. 挖孔桩基础质量控制的基本要求

（1）挖孔桩仅在无地下水或少地下水且土质相对紧实的土层使用。

(2)避免土石杂物掉进孔内误伤人,挖孔桩必须设置井口围护,宜高出地面 20~30 cm;孔深大于 10 m 时,必须设置通风设备。

3. 沉入桩基础质量控制的基本要求

(1)钢筋混凝土桩或预应力混凝土桩混凝土强度等级应符合设计要求,同时具有成品出厂合格证或现场验收合格证才能使用。

(2)打桩机布设应稳固,桩锤与桩位中心相对,打桩时必须根据设计要求严格控制桩的倾斜度。

(3)射水法沉桩施工时,应该严格把控桩的倾斜度,桩尖与标高相距不远时,必须停止射水使用锤击。

(4)根据设计要求与相关规定对桩的接头进行施工,一定要保证接头质量。

(5)做好所有打桩记录。

(三)沉井基础的质量要求

(1)选择沉井制作场地时承载能力与支垫布设应满足设计要求;支垫容易抽垫,井壁混凝土强度满足各阶段强度要求后,才能开始第一节沉井下沉工作。

(2)浮式沉井在下水、浮运前,必须做水密性试验,并检验水下基床,所有指标满足要求后方可就位落床。

(3)沉井下沉要特别关注正位和垂直下沉运动,每下沉 1 m 最少检查一次并做记录;如有偏位或倾斜现象要立刻更正。

(4)下沉使用吸泥气幕法时,沉井内水位必须维持一定高差,避免翻砂,井外弃土地点要合理布设,尽可能减少偏压。

(5)在沉井接高时,每节的垂直中轴要与第一节垂直中轴重合,并在安装前尽可能调整沉井的倾斜。

(6)沉井下沉到设计标高后,要对基底进行检查,看其是否满足设计要求,必要时潜水工要检查清楚,填好记录后才能封底,混凝土水下封底要严密、不渗漏。

(7)做好所有施工记录。

二、桥梁上部构造质量控制的基本要求

(一)大梁安装的质量要求

(1)垂直千斤顶和油泵在落梁之前必须经过检查并证实正常后,才能使用。

(2)自装配架梁装备,在工作前应先做荷载试验,其试验重力需分析超载、冲击和风压等的作用。

(3)架设支架和悬灌梁时,应采取安全措施。

(4)预应力混凝土梁就位后,梁内孔道压浆强度要满足设计要求。

(二)一般简支梁、板桥安装完成后的质量要求

(1)安装平面位置允许偏差:沿桥中心线走向为±10 mm;沿垂直桥中心线走向为±5~±10 mm。

(2)相邻两个部件的顶高允许偏差为±10 mm。

(3)支座位置应紧密相接,无间隙。

(4)掉角在 20 cm 以内的不大于 2 处。

(三)预应力悬臂拼装桥的质量要求

(1)预制块件沿桥中心线偏移允许偏差为±20 mm。

(3)悬臂端和墩顶总计允许偏差为±20~±30 mm。

(四)装配式拱桥安装完成时的质量要求

(1)拱肋、拱块和拱片轴线允许偏差均为±5 mm,拱圈跨度允许偏差为 0~10 mm。

(2)每孔中每肋相应高度允许偏差为 10 mm,每肋内允许偏差为±5 mm。

(五)桥面铺装质量要求

(1)水泥混凝土路面或沥青面层质量要根据施工技术规范实行。

(2)桥面泄水孔的进水口比桥面铺装层微低,泄水不能冲刷墩台。

(3)应平整直顺地在桥面两边安装缘石。

(4)桥面伸缩缝表面应平整。

(5)伸缩缝不可出现堵塞、渗漏、变形、开裂现象。

(六)栏杆安装质量要求

(1)栏杆安装要稳固,线条笔直且齐整好看。

(2)栏杆和扶手间接缝的填充材料应完整、平整,伸缩缝要有效拉伸。

(3)扶手不可损坏或弯曲。

三、涵洞和通道质量控制的基本要求

涵洞根据形状可划分为圆管涵、拱涵、盖板箱涵等。每个涵洞包括进水口、洞身和出水口。洞口建筑形式有八字形翼墙式、直墙式、端墙式。

(一)圆管涵质量控制的基本要求

(1)预制或从外面采购的钢筋混凝土圆管的质量应满足设计要求。

(2)帽石和一字墙外表光滑、轮廓清楚、线条笔直。

(3)管节安置平直,管座混凝土振动紧实,管节接缝宽度应满足施工规范要求,必须选用柔性防水材料作为接缝填充材料。

(4)涵洞笔直顺溜,进、出水口平坦。

(5)帽石和一字墙或八字墙都是平整的,没有弯曲。

(二)拱涵质量控制的基本要求

(1)拱圈圬工砌筑,要从两端的拱脚向中心一起平行施工,砌筑时拱圈或支架不能发生变形。

(2)拱圈强度(砌筑砂浆或现浇混凝土)达到设计强度的 70%时可将拱架拆下,强度达到规定值后,才能回填土。

(3)依照设计要求对沉降缝和防水层施工。

(4)涵体平直,涵底铺设紧密平整,拱圈光滑。

(5)进、出水口和上、下游沟槽连通,且流水顺畅。

(三)盖板箱涵(通道)质量控制的基本要求

(1)预制或现场浇筑盖板箱涵的混凝土质量,应满足设计要求。

(2)按照设计要求对沉降缝、防水层和台后的回填土施工。

(3)安装盖板时坐浆保持稳定。

(4)帽石和一字墙外表光滑、轮廓清楚、线条笔直。

(5)涵体平直,涵底铺设紧实平坦。

(6)进、出水口和上、下游沟槽连通,且流水顺畅。

(7)帽石和一字墙或八字墙都是平整的,没有弯曲。

四、构造物回填工程质量控制的基本要求

构造物回填一般指桥涵台背、挡土墙、护坡、桥台锥坡的填土。

(1)构造物必须使用透水性土回填,带有淤泥、杂草、腐殖物及有冻土块的土禁止使用。

(2)回填材料必须在接近最优含水率时进行压实,分层回填和夯实,分层压实厚度不大于 20 cm,压实度要符合设计规定,若无明确要求,压实度要高于 95%。

(3)在混凝土强度达到设计强度的 70%后,才能进行桥台和地下通道构造物的回填。超过桥面支承横梁底面水平的桥台回填,在混凝土满足设计强度后方可进行。

(4)当不得不用非透水性土回填时,高于水位以下允许使用和路堤同样的土回填,填土时必须在透水性土下方填入一层黏土,要在黏土层顶部做排水横坡。

(5)台背填土长度(沿路线走向)要从台身开始,顶部不低于桥台高度加 2 m,底部不低于 2 m。

(6)台背、锥坡应同时回填,并应按设计宽度一次填齐。

(7)拱桥台背填土应和拱圈施工步骤相结合,以保证拱推力和台背压力的均衡。

第二节 桥涵工程全面质量管理

一、质量管理工作的开展

所谓质量管理,广义地说,是为了最经济地生产出适合使用者要求的高质量产品所采用的各种方法的体系。质量管理作为一门新兴学科,发展的历史并不太长,是机器大生产的产物,是生产力发展的必然结果。质量管理的发展大体可以分为以下三个阶段。

(一)传统质量管理阶段

传统质量管理是在产品的生产过程中对产品进行检验,通过剔除不良产品来保证质量,因此,传统质量管理阶段又称“质量检验阶段”。传统质量管理早在第一次工业革命时期就已经存在了。将此管理运用到公路桥涵工程中,其特点是只限于工程竣工后的质量检验,又称为“事后检验”。从预防不合格项目的交付和使用来看,传统质量管理能够用于最终检验。

(二)统计质量管理阶段

统计质量管理始于第二次世界大战时期。统计质量管理是利用数理统计原理对已收

集的信息进行分析处理、质量控制。采用数理统计方法对生产过程进行工序控制,不仅可以事后把关,还能做到预防废次工程,帮助工程质量过关。统计质量管理的不足之处在于过分强调数理统计的作用,忽视组织管理与劳动者的作用。

(三)全面质量管理阶段

全面质量管理是从20世纪60年代开始发展起来的。这种管理方法是把组织管理、数理统计方法和现代科学技术密切结合起来的一整套质量管理工作系统。它体现了组织上的领导、专业检验人员和生产人员的结合,方法手段上的抽样、检测试验和统计分析的结合,工作方式上的计划、实施、检查和总结的结合,因而可以有效地保证公路桥涵工程建设的质量。

二、全面质量管理的特点和任务

全面质量管理是对广义质量概念而言的管理工作,不仅要对建成后的各种结构物的质量(工程质量)进行事后检查管理,也要对施工过程中的材料检验、工序质量等工作质量进行管理。换句话说,全面质量管理不仅要做好事后检验,也要做好不同施工阶段的各种施工质量工序检查与控制,从“管结果”变成“管因素”。

(一)全面质量管理的特点

1. 全过程管理

所谓全过程管理,对一般工业产品而言,是指从设计制造到销售再到售后服务的整个过程的质量管理;对公路桥涵工程而言,是指从设计、施工到投入使用的整个过程的质量管理。

2. 全员管理

全面质量管理是对全面质量和全过程进行管理,因此公路桥涵工程质量绝不单是质检部门或试验室的责任,也不仅是工程技术人员的责任,而是从领导成员到设计人员、施工人员、养护人员,从工程主管机构到财务、后勤等机构的共同责任。这就应该破除过去只有检验部门管质量的观念,而应该增强全员的质量意识,即通过适当组织把全企业各方面人员都吸收到质量保证体系中,要求各岗位人员都在保证工程质量的工作中发挥主动性和积极性。

3. 科学管理

全面质量管理必须坚持以科学的态度,采取科学的管理方法,进行科学管理。公路桥涵工程中的科学质量管理包括三个方面的内容:一是制定合适的质量管理标准,可以依据各种规范、规程中的质量指标,而且还必须有切合现场实际的具体的补充质量指标;二是要采取科学的质量检测和质量判定方法;三是要加强行之有效的质量监督,包括施工单位的自检监督和各种形式的施工监督。

(二)全面质量管理的任务

全面质量管理的基本任务是:组织、协调企业各部门和全体职工贯彻执行工程质量标准,全面控制影响工程质量的各种因素,根据使用要求,不断研究和改进工作质量,以便建设优质工程。

全面质量管理的具体任务如下。

1. 建立质量保证系统

建立质量保证系统，即要有明确的质量保证规划和制度，要有健全的管理体系，要有明确的组织机构和职责分工，要有保证方针目标实现的各类标准，要有一个较完善的信息传递反馈。

公路桥涵施工企业的质量保证系统应包括施工准备、施工过程、养护与使用过程三个基本组成部分。公路桥涵施工企业的主要质量管理工作如下。

（1）施工准备阶段：图纸审查、施工组织设计、劳动力组织、机械设备选购与检修、材料供应、材料试验以及确定质量标准。

（2）施工阶段：按质量要求进行施工技术交底、施工质量检查和验收、质量分析、文明施工等。

（3）养护与使用阶段：在保修期内经常检查观测、及时养护维修、处理因施工责任造成的质量问题，并做好正式交工前的质量管理。

公路桥涵的使用过程是考验工程实际质量的过程，道路的实际质量只有在使用过程中才能做出充分的评价。因此，质量管理工作必须从施工过程延伸到使用过程。

2. 建立质量管理责任制

建立质量管理责任制，即明确规定各部门、职工在质量工作中的具体任务、责任和权利。做到小事有人管、人人有专责，办事有标准，工作有检查。发挥广大职工的积极性，形成严密的质量管理组织系统。

3. 质量管理的协调平衡

（1）质量、成本、效率三个基本目标的协调平衡。这三个目标是对立统一的，虽有互相联系的一面，但它们之间的不协调经常存在。企业管理的主要任务之一就是要协调这三个目标达到平衡，其平衡程度可以衡量整个企业管理的水平。

（2）外协单位的协调平衡。勘察、设计质量，以及原材料、半成品、设备的质量问题，应由相关单位自行在施工前予以消除，以防危害施工企业的施工质量、进度、成本，甚至影响工程的建成及使用。施工企业亦应主动做好这些单位的协调工作。

4. 做好质量管理的基础工作

开展全面质量管理是企业管理改革的重要内容。为适应这一改革，必须做好一系列基础工作，具备一些基本条件、基本手段和基本制度。

（1）全员教育工作。企业要建立严密的教育体系，有计划地进行全员教育。必须使每一个职工都了解全面质量管理的基本观点、内容，学习和运用科学的管理方法，并随着生产和科学技术的发展，不断更新知识。教育的内容和期限对于不同岗位人员应有所区别。

（2）建立质量管理小组（即 QC 小组）。施工企业可按专业工段或施工班组建立质量管理小组，也可按施工过程的关键质量问题和薄弱环节建立质量管理小组，以研究并提出改进工程质量的措施和建议。企业必须为攻关活动提供条件，组织竞赛和经验交流，奖励成果突出者。

（3）标准化工作。标准化是进行全面质量管理的依据和基础，是组织现代化生产的手段，是科学管理的重要组成部分。标准化包括技术标准和工作标准。技术标准是工程（产品）在性能、可靠性、安全性、经济性等质量特征方面应达到的标准，是对质量、规格及其检验方法所做的技术规定，也是进行生产、检验和评定工程（产品）质量的技术依据；工作标准是为了实现工程(产品)的高质量和提高生产经营的经济效果,要求企业各部门及每一个职工应该保证达到的工作质量标准,是企业进行施工管理、技术管理、质量管理工作的依据。标准化工作应贯穿于企业质量管理工作的全过程,周而复始,不断循环,逐步完善。

(4)质量情报工作。质量情报反映施工过程的工作质量、工程质量因素和企业生产技术状态,以及国内外行业发展动向与信息,可为施工企业提高工程质量提供依据。质量情报包括原始记录、基本数据采集等。只有占有大量的、准确而及时地来源于实践的数据,才能运用科学的数理统计方法,才有可能进行质量控制。

三、全面质量管理的模式

全面质量管理的模式可以概括为"一个过程、四个阶段、八个步骤、七种工具"。

(一)一个过程

一个过程是指公路桥涵工程设计、施工、养护全过程。

(二)四个阶级

PDCA 循环法是一种科学的、有效的质量管理方法。PDCA 循环法分计划(plan)、实施(do)、检查(check)、处理(action)四个阶段。

第一阶段:计划阶段(P 阶段),主要是制定计划、方针、目标,拟定对策、措施、管理要点等。

第二阶段:实施阶段(D 阶段),主要是按确定的计划实施。

第三阶段:检查阶段(C 阶段),主要是对实施结果进行必要的检查和测试,找出存在的问题,肯定成绩。

第四阶段:处理阶段(A 阶段),处理检查出的问题,并肯定成功的经验,把暂时不能解决的问题转入下一个 PDCA 循环去解决。计划→实施→检查→处理,周而复始,每一循环都要确定、解决存在的质量问题。这种呈螺旋式的循环,把工程质量不断推向新的高度。

(三)八个步骤

为了解决公路桥涵工程中的质量问题,把 PDCA 循环具体分为以下八个步骤。

(1)分析现状,找出问题。

(2)分析各种产生问题的原因和影响因素。

(3)找出主要的影响因素。

(4)针对主要影响因素,制定措施,提出工作计划并预计效果。

(5)执行措施和计划。

(6)检查采取措施后的效果。

(7)总结经验,制定相应的标准或制度。

(8)提出尚未解决的问题,转入下一个 PDCA 循环中去解决。

(四)七种工具

"一个过程、四个阶段、八个步骤"是循序渐进,逐步充实、完善,逐步深入的科学管理方法。这个方法需要利用大量的数据资料,需通过常用的七种统计方法(工具)进行整理、分析和研究,才能做出科学的判断。常用的七种统计方法(工具)如下:

(1)排列图(又称主次因素排列图或巴雷特图);

(2)因果分析图(又称鱼骨图、树枝图或特性要因图);

(3)检查表法(又称核对表法);

(4)分层分析法(又称分组法);

(5)直方图(又称分布图);

(6)控制图(又称管理图);

(7)相关分析图(又称散布图)。

这七种统计方法(工具)中,(1)(2)为科学分析法;(3)(4)为图表法;(5)(6)(7)为数理统计法。

第三节　质量监理与质量控制

一、公路桥涵工程监理的一般概念

(一)监理制度的由来

一个工程项目确定之后,怎样能使施工单位(承包商/承包方/承包人)保质、保量、按时完成,并能保证建设单位(业主)所支付的建设费用是合理的?国际咨询工程师联合会(FIDIC)制定了一套关于土木工程施工承包的合同条件(又简称 FIDIC 条款)。它以条款为纲要,以合同文件为法规,以经济利益为杠杆,以工程监理为控制纽带,将建设单位、工程监理(监理工程师)和施工单位三者联系起来,相互协作,相互制约,使土木工程建设项目能在合理投资数额内保质、保量和按时完成。这里所说的工程监理(或称施工监理),是指在工程施工中受建设单位委托,对工程实行全面监理的单位和个人。

(二)工程监理与全面质量管理的关系

工程监理与全面质量管理是监督和执行的关系。一般来说,全面质量管理是对设计单位、施工单位或养护部门内部而言的管理工作,它可以采用 PDCA 循环法不断提高工程质量。但是,在商品经济的社会环境中,各承包单位或某些个人,有可能出现不自觉遵守质量要求的情况,如出现使用不合要求的材料、在隐蔽工程中偷工减料等行为,此时工程监理就可以以一种特定的立场进行监督检查,督促承包单位及其工作人员增强质量意识,加强质量管理,提高工程质量。就监督和执行的关系来说,工程监理与承包单位形成了对立面,但是从保证质量的角度来说,双方的目标是一致的。工程监理和承包单位应该站在国家和人民利益的立场上,增强质量意识,加强质量管理,确保公路桥涵工程的建设质量符合要求。

(三)监理组织

监理人员,一般根据监理工程的种类,以能对施工进行有效控制为原则进行配备。在通常情况下,每一个工程项目都应配一名驻地监理工程师,建立驻地监理工程师办公室(其中包括总监理工程师、总监理工程师代表、高级驻地工程师或技术顾问),并按建设工程项目和工序设立分项目监理工程师、试验工程师及配备监理员、试验员、合同管理人员等。监理人员一般应为括路基、路面、桥涵、材料、试验、计量、计划及合同管理等方面的专业技术人员。他们对工程质量的控制起着关键作用。

二、工程监理在工程质量控制方面的职责

工程监理对质量控制的职责包括七个方面。

(1)向承包人书面给定原始基准点、基准线和参考标高,现场检查验收施工放线。

(2)在开工前和施工过程中,检查用于工程的任何材料和机械设备,对于不符合合同要求的材料和设备,有权拒绝进入工地和投入使用。

(3)签发各项工程的开工通知,必要时指令承包人暂时停止工程或任何部分工程施工。

(4)对承包人的检验测试工作进行全面监督,有权利用承包人或自配的测试设备,随时检验工程质量。

(5)按施工程序跟班检查,对每道工序、每个部位进行质量检查和现场监督,签认中间交验证书。

(6)检查施工方法,批准特殊技术处理措施及特殊施工工艺。

(7)审核竣工的部分永久工程或竣工的全部工程的交工验收申请报告,向建设单位转报并提交相关报告;参加建设单位或其上级主管部门主持的交、竣工验收工程活动。

监理单位和监理人员应本着"严格监理、热情服务、秉公办事、一丝不苟"的原则,认真负责地做好监理工作。监理工作,同工程设计和工程施工一样,也是一种把愿望变为现实的必要工作。就此意义而言,监理工作应当是建设性的工作,同样应为工程质量做出贡献,而不只是局限于验收合格工程和检查不合格工程;监理工作还必须为施工过程中出现的疑难问题出谋划策,在保证质量要求的前提下减少投资损失和避免延误工期。因此,要求监理人员不仅应该具有明确的原则性和秉公办事的道德精神,而且应该具有较丰富的业务知识和工程经验。

三、施工单位与工程监理在质量控制方面的配合

对于实行监理制度的公路桥涵工程建设项目,施工单位应服从监理单位的监督管理,配合监理单位做好监理工作;建立和加强自身的质量保证体系;建立各级质量管理责任制度;配备专职的质量自检人员。项目工程质量的管理原则一般是"先自检,后监理",即施工单位在完成分项或分部工程之后应先行自检,发现不符合设计要求的,应自行组织纠正,在自检合格后,再填写自检单报请监理人员验收签证,经工程监理签证认可之后才可进行下一工序的施工。凡工程监理检查后认为不合格的工程,应按工程监理通知要求返工纠正,直至工程监理认为合格为止。

由此表明,施工单位应主动对工程质量承担责任,也就是说,施工单位在质量控制方面起主导作用,并与工程监理相配合来共同把好质量关。为了与工程监理相配合共同控制工程质量,施工单位应做好如下工作。

(1)施工单位必须按照设计图纸施工,并及时发现和反映与实际情况不符合的设计问题,如需要变更设计,应按规定程序报经施工监理或建设单位同意。

(2)在分项或分部工程开工前,应将所使用的原材料试验资料报送工程监理处,取得工程监理同意后方能使用。

(3)各项隐蔽工程必须经工程监理到现场检查认可并签字后方能隐蔽。

(4)做好质量自检工作,对自检不合格的工程,应主动进行返工和修补,直至合格。

(5)认真做好施工原始记录,尤其是材料试验记录及隐蔽工程记录,以备工程监理检查。

第四节　质量监理概述

一、质量监理的依据

工程监理进行质量监理的依据主要是设计图纸、技术规范和承包合同条款。设计图纸和技术规范规定了工程质量的标准。在施工阶段,监理人员应严格要求承包人按照设计图纸和技术规范中注明的试验项目、材料性能、施工要求和允许偏差等有关规定进行施工,非经工程监理的同意,不得引用其他标准。工程监理还应按照承包合同条款的有关规定,或者按照承包合同条款中暗示的规定,对工程质量进行监督管理。设计图纸和技术规范是对工程的具体要求,而合同条款则是要求承包人执行规范、按图纸施工的法律保证,只有将二者结合起来才能确保工程质量达到规定。

二、质量监理的基本要求

质量监理的基本要求是:监督承包人按照设计图纸要求进行施工;控制公路桥涵构造物在质量形成过程中的关键环节;检查竣工构造物的最终质量及缺陷。这些基本要求一般体现在下述分项监理工作之中。

1. 材料检查

对公路桥涵施工所采用的材料分两步进行检查,即进场前的检查和堆料场的检查。材料检查是质量控制的基础,必须首先保证用于公路桥涵施工的各种原材料、半成品符合质量要求。材料检查应以设计文件和技术规范规定的标准为依据,避免不合格材料的混用。

2. 工序检查

工序检查是指工艺过程进行中或中间工程完成后的检查。通过工序检查可以及时发现缺陷并迅速设法排除,以避免“上一层构造物”建立在不合格的“下层构造物”之上,产生质量隐患。

3. 验收检查

验收检查是指公路桥涵施工的独立分部工程、分项工程和主体工程完成后的检查,也称竣工检查或事后检验,其目的是避免不合格工程投入使用。验收检查一般应由工程监理负责,而且承包人必须履行中间交验手续,在自检合格的基础上填报中间交验申请。

4. 试验测量

前述的各种检查都必须通过有关的试验和测量来进行。故监理单位必须根据所监理的工程项目建立一定规格的试验室和配备测量监理人员。试验室的中心任务是进行有关材料的标准试验以及施工过程的抽检试验。测量监理人员则是对施工放样精度和竣工构造物几何尺寸进行抽测与检查。

三、质量监理的分项

公路桥涵施工一般分项进行,为控制各分项工程的施工质量,监理人员中应配备有相应专业的工程技术人员,并按专业进行对口分工,以便于明确责任,加强管理。按专业对工程监理人员进行如下分项划分。

(1)道路专业监理人员,分管工程项目包括路基土石方、路基防护及排水、路面和交通工程设施等。

(2)桥隧专业监理人员,分管工程项目包括独立的大、中桥梁,隧道,小桥涵和立交工程等。

(3)试验室及材料专业监理人员,分管工程项目包括砂石料、钢材、水泥及水泥混凝土、沥青混凝土等试验检测。

(4)测量专业,主要负责平面及高程、结构物几何尺寸等抽查监控。

各专业工程监理人员应根据设计图纸和技术规范规定的质量指标,制定分项工程质量监理程序,按程序对材料和结构物不同施工阶段的质量状况进行检查评定。

四、质量监理的特点

(1)工程质量监理对工程质量的监理权受法律保护。这与过去的内部质量管理和行政监督是根本不同的。在承包商和业主签订的承包合同中详细地、明确地规定了工程监理在质量控制中的作用与权利。这就以合同的形式赋予了工程监理采取各种手段进行工程质量控制的权利,使质量管理变得有法可依,过去内部管理中的互相推脱责任的现象减少。

(2)工程质量监理对一项工程实行全过程、全方位和全天候的全面质量管理。这与内部管理和质量监督部门的抽查是完全不一样的。这能使工程质量得到有效、全面的控制。

(3)工程质量监理强调事先监理和主动监理,监理的重点放在施工前的准备阶段,即对原材料、施工机械和施工技术方案的检验与审查,以及施工过程中各环节的质量监理,以便及早发现问题,防患于未然。这与过去待工程结束后再进行检查验收的事后监督办法是完全不同的。

(4)工程质量监理与工程支付挂钩,质量好坏直接关系到承包商的经济效益。按合同条款规定,未经工程质量监理验收并签字认可的工程项目,一律不支付费用。工程质量监理运用经济杠杆的作用有效地保证了工程质量。

由上所述可以看出,工程质量监理不是单一的技术管理,而是集技术、经济与法律于一身的一种综合性管理。

五、质量监理的阶段划分和内容

工程质量监理是一项贯穿于合同实施全过程的监理。按照施工进度,工程质量监理可分为多个阶段。因为各阶段的特点有所不同,所以监理工作的内容与重点也各不相同。

(一)施工准备

在公路桥涵施工准备期,监理人员检查的主要内容包括桥涵位置中线、放样与核校。桥涵施工必要的测量工作如下。

(1)检查、核对设计单位提供的桥涵中线位置桩、三角网基点桩、水准点与其测量资料,如发觉桩数不够、位移或测量不够精确,要根据规定实行补测或重新校正,同时必须调整控制桩。

(2)对施工必要的桥涵中线桩、墩台位置、水准基桩扩大所需的护桩进行补充。

(3)地下电缆、管道或构造物接近开挖的桥梁基础部位时,必须在相应位置设置标桩。工程监理应对施工单位确定的桥梁位置进行检查,看其与设计位置是否吻合,如察觉有问题,应让施工单位提供测量数据,核实其准确度,并在必要时,请施工单位重新测量。

(二)施工设备、材料的配置和审批

进场后,承包人应将施工设备报告递交给工程监理,报告内容如下:

(1)实际进场设备数量、类型、工作性能等一览表。

(2)实际进场设备的使用状况和操作人员、维修人员的状况。

(3)还需采购的施工设备的规划。

工程监理根据合同条款对承包人提供的报告逐一进行审查,审查的主要内容如下:

(1)独立的发电设备能否与桥梁施工中需要最大功率的要求相符。

(2)桥梁基础独立部分施工设备是否符合合同条款规定的数量,施工工期能否得到保障。

(3)钢筋的施工设备与混凝土搅拌运输设备是否能确保施工的连续性。

(4)混凝土预制的振捣机械和起重装置的维护与使用情况,以及设备的安全性和可靠性。

(5)外购设备的方案是否行之有效,应由承包人向其提交制造商的产品简介。

各类施工机械必须正常运行,工作状态良好,工作性能稳定,并能确保桥梁整体施工进程与质量要求。工程施工中不合格的施工设备不得投入使用,要依照工程监理的指示调换设备。

1. 原材料、砂浆和混凝土配比的试验与确认

(1)钢材

①结构混凝土使用钢材的种类、型号与规格,必须满足《公路桥涵施工技术规范》(JTG/T 3650—2020)和设计规定,其技术指标要与中华人民共和国冶金工业部部标准《钢筋混凝土结构用热轧钢筋》(YB171—69)的规定相符。

②小桥涵洞使用的钢筋,如有出厂检验报告和质量证书,在应用前可不做力学性能试验,如果没有相关证明材料或对钢筋质量存疑,则应进行拉力、冷弯和焊接等测试。

③大、中桥涵洞使用的钢筋和高强钢丝要有出厂检验报告,在使用前直径超过 12 mm 的钢筋和高强钢丝应取样进行力学性能试验。

(2)水泥

①使用的水泥应附上生产厂家的试验检测报告,并根据品种、标号和试验编号等进行查验。为防止出现错误,现场使用水泥时必须核查清楚,如发现水泥质量有问题或出厂时间在 3 个月以上,应根据具体情况分别进行抽样检测,并按照检验结果进行使用。

②预应力混凝土应选用 425~525 号的普通硅酸盐水泥。

(3)石料

①选用硬质鹅卵石或碎石作为石料。

②最大的石料直径不能大于结构最小尺寸 1/4 及钢筋最小净距的 3/4;在二层或多层

密布钢筋的结构中不能大于钢筋最小净距的1/2,且最大粒径不大于150 mm。

(4)砂

桥梁施工用砂须选用级配良好、质地坚固的干净天然砂,也可用硬质岩石碾碎形成的人造砂。

(5)拌和用水

混凝土搅拌用的水必须达到洁净要求,通过检验,如有以下问题应禁止使用。

①废水、酸性水(pH值低于4)及硫酸盐含量大于1%的水。

②水中含有油脂、糖类及游离酸等影响水泥正常凝结与硬化的有害物质。

2. 砂浆的试配与确认

(1)砂浆应符合下列要求。

①强度要达到设计要求,在无明确要求时,主要结构砂浆不小于10号,其余结构砂浆不小于5号。

②有足够的保水性和一定的流动性。

③配比正确、拌和均匀、色泽相同。砂浆的配比均按质量比例计算,并通过测试确定。如砂浆的成分有变动时,必须重新选择配合比。

④水泥和有机塑化剂的配料精度应控制在±2%以内,而砂、石灰膏或生石灰粉和黏土膏等的配料精度应控制在±5%以内。

(2)砌筑砂浆必须具备良好的和易性与流动性,以确保砌体黏结牢固。

(3)可以在砂中加入适量的塑化剂,以改善砂浆稠度,但在加入塑化剂时必须遵循以下规定。

①将有机塑化剂加入水泥砂浆时,要对砌体强度减少10%的负面效应进行分析。无论在什么条件下,水泥石灰砂都可以加入有机塑化剂,但石灰的用量不能降低一半以上。不能在黏土水泥砂浆中加入有机塑化剂。

②在使用有机塑化剂前,应按水泥中配合比、用水量等确定添加量,通常不能超过水泥用量的3‰。

3. 混凝土的配比试验的检查确认

混凝土是由水泥、砂、石、水和必要的添加剂,按照规定比例经搅拌而成的纯受压材料。钢筋混凝土是指通过在混凝土中加入钢筋与之共同工作来改善混凝土力学性质的一种组合材料。钢筋混凝土在各类受弯构件中广泛应用。《公路钢筋混凝土及预应力混凝土桥涵设计规范》(JTG 3362—2018)是由中华人民共和国交通运输部颁布的标准,其规定混凝土标号为15,20,25,30,35,40,50和60号。钢筋混凝土构件的混凝土标号不得小于15号,用Ⅰ、Ⅱ类钢筋时,混凝土标号不得小于20号。所谓混凝土标号,是指按标准方法制作、养护的边长为20 cm的立方体标准试件,在28 d龄期用标准试验方法所测得的抗压强度(以MPa计)。

混凝土配合比在试配时必须注意以下事项。

(1)施工单位要负责结构工程中不同级别混凝土使用的混合料配合比。

(2)施工单位至少要在混凝土浇前30 d,把选择的混合料比例、“混凝土配合比和原料测试”等报告单,报工程监理审批。

(3)不能随意增加水泥用量,以免混凝土水化热太高和收缩太大。混凝土应按规范要求选择最大水灰比及最小水泥用量，确保其密实度和耐久性。

(4)通常是在1~2.5 cm规定范围内选择混凝土拌和物的和易性指标(坍落度)，但可按结构的振捣情况而调整。

(5)可在混凝土中加入适量的减水剂(塑化剂、早强剂、促凝剂)、缓凝剂、加气剂或膨胀剂等外加剂来提高混凝土的和易性、凝结速度及使用寿命。不得在钢筋混凝土和预应力混凝土中加入氯化钙、氯化钠等氯盐类添加剂。不能在预应力混凝土中加入加气剂。

(6)未经工程监理同意，不能将水硬性或填充性混合物加入混凝土。

(7)在完成混凝土配合比试验后，承包人应尽早向工程监理提交检测报告并审批。该检测报告的内容如下：

①原料的种类及产地；

②集料出处；

③集料和水泥的质量比；

④水和水泥的质量比；

⑤制作和养护的办法；

⑥和易性；

⑦试验设备仪器的维护情况的阐述。

4. 施工方案审定

桥梁动工前，由承包人按照设计及合同规定的工程期限，编制施工计划，并提交工程监理审查。该施工方案的主要审查内容如下：

(1)设计主要技术参数

桥梁长度，桥梁平面与纵断面，桥梁孔径、种类、高度及基础状况。

(2)重点工程数目

开挖基础或桩基础的工程量、墩台圬工数目和其他工程的数目。

(3)编制依据。

根据所选用的设计文件、图纸、定额和施工中的依据编制施工计划。

(4)现场施工状况的阐述是否准确

①水文和地质材料：河流状况、水深、流速、冲刷状况、地基土质和地下水，河流高、低水位及时间长短，洪水期起始和结束期，洪水水流方向及其和桥梁中线的夹角，影响施工的水位状况及相关的施工状况。

②气候：描述施工区域的气象台提供的气象信息及施工期间月平均气温，相应御寒措施，施工过程中每月降雨量、降雨天数及冻结深度。

③本地交通运输资料：提交运输经过的公路、铁路、河流等，以及本地能使用的运输工具、房屋、动力和通航状况。

(5)施工次序和施工方式的合理性和可行性

①施工过程中，要重点把工程机械、劳动力、材料、机具设备按次序用于每个子项目中，使每个子项目工程在短时间内完成。

②桥梁建设中，通常基础施工必须躲开洪水期并在适当的水位下进行。在洪水期，施工地点不能被水淹没。如果施工时间有限，需要在洪水期进行施工时，就必须选用能渡洪的桥梁。

③人力资源要尽量均衡,并合理安排工作,确保整年都能连续均衡施工,以减少由临时设备和人力变动造成的窝工损失。

④应尽量选用快捷施工方法及新工艺。

⑤安排施工顺序时,要考虑两头路基、路面施工的影响和在各阶段的协作。

(6)在施工计划中,当需使用新的操作方法、技术改进或特殊施工方法时,复杂的工程结构必须画出设计图纸,如打桩顺序图、滑动模板施工图等。

(三)施工阶段的监理

在桥涵工程施工中,各分项工程项目及施工程序主要有以下方面。

(1)基础开挖。

(2)钻孔桩基础。

(3)墩台砌筑。

(4)吊装索道架设。

(5)支架及模板安装。

(6)预应力张拉工艺。

(7)混凝土块件预制与砌筑。

(8)桥面附属设施施工。

在施工过程中,各分项工程质量控制要点及监理工作程序分述如下。

1. 基础开挖与检验

(1)基坑开挖

①对于高渗水率的基坑,通常根据基底的设计平面尺寸两侧各加宽 0.5~1.0 m,便于在基底外侧布置排水沟、集水坑及基础模板工作平台。

②基坑边坡的注意事项如下:

(a)在干旱地区或地下水位在基底以下时,可不加固浅基坑的坑壁;

(b)在基坑开挖深度为 5 m 时,开挖时间短且基坑的坑壁稳定,土质匀称;

(c)当基坑开挖深度为 5 m 以上时,应适当减缓坑壁坡度或增设平台。

③在基坑边坡稳定性差、渗水量大的情况下,开挖难度较大,必须对地下水位以上的坑壁进行加固。

④挖基坑时,基底土不能受干扰或浸在水中,挖到基底标高附近时,必须预留 10~20 cm 厚的土层,在基础作业前进行集中夯实。围堰施工有以下要求:在水下工程施工过程中,堰顶高度应高于最高水位 50~70 cm。围堰外形应考虑水域的水深,以及因围堰施工造成河流断面被压缩后,流速增加引起水流对围堰、河床的集中冲刷。围堰面积必须符合坑壁坡度及地基施工要求。围堰截面必须达到堰体强度及稳定(避免滑动、倾覆)的规定。防水必须紧密,减少渗漏。

(2)堆筑要求

①水深小于 2 m、流速在 2 m/s 以内时,可使用草袋围堰。

②围堰顶宽不能低于 1 m,选用黏土或亚黏土填充草袋,如采用透水的土筑堰,则须做黏土心墙。

③堰外边坡取决于水深和流速,通常堰内边坡是 1:1.5,坡脚到基坑边缘长度则取决于河床土质与基坑情况,不能少于 1 m。

④筑堰时必须清理掉堰底的树根、石块及杂物等，并从上游起填筑至下游闭合。

⑤袋装疏松亚黏土，装土量通常是土袋容量的 1/2~2/3，用麻绳或细铁丝将袋口缝合。

(3)基础清理

①黏性土层基底。处理基坑基低时，黏性土层基底修整应在天然状态下铲平，不得用回填土夯平。处理妥善后，应于最短时间内浇砌基础，不能长期暴露或浸水。

②碎石类土层或砂类土层基底。应修整其承重面，砌筑基础时，先铺设一层黏稠的水泥砂浆，如坑底渗漏不能完全排出时，则把水引入基础外排水沟，将水抽走，并在地基下铺设一层厚 20~30 cm 的片石与碎石，而后再浇砌基础。

③基础垫层。

(a)灰土垫层：基底是湿陷性黄土且不更换填料时，可使用黏土和石灰混合(其最大粒径不超过 5 mm)，按 3∶7的体积比搅拌均匀后，分层摊铺、压实。

(b)砂砾垫层：当地基为软土时，可在基础上加砂砾，然后进行分层夯填，第一层先铺厚 5~10 cm 的砂砾，用木夯轻轻击打，之后每层填厚 20~30 cm 的砂砾，夯实度不得低于 95%。

④基底和承载力的检验。

(a)基础施工前，应先进行基底检查，使基底土质和地层状况满足要求，并得到工程监理认可后，方能施工。

(b)基底检查内容：对基底表面位置、尺寸、基底标高进行检查；对基底土质均匀性、地基稳定性和承载力进行检查；检查施工日记和相关测试数据等。

(c)当结构物对地基有特别要求时，使用下列检查方法：通常通过直观或触探方式检查小桥和涵洞的地基，如有需要可进行土壤分析或压力测试。对地基土质较复杂，且对地基有特别要求的结构物，通常使用触探或钻探(钻探到 4 m)取土样测验，或根据设计的具体规定做沉降等检测。经检测不能满足设计要求的，由承包方解决，经过工程监理确定达到设计要求后，基础施工才能进行。

2. 钻孔桩基础

钻孔桩的施工应综合考虑地质、水文地质、结构类型、机具设备等因素，综合当地具体情况，选用合理的施工设备和施工工艺。

(1)场地清理

①场地为旱地时，应清除杂物，铲除软土，整平夯实。

②场地有水时，宜用筑堤施工。

(2)护筒

护筒有固定桩位、保护孔口不坍塌、隔离地面水，且保证孔内水位高出施工水位，以保护孔壁免于坍塌等作用。对护筒的制作、埋设或沉入要求如下。

①用木料或钢板制成的埋设护筒，要坚实、不漏水，能多次重复使用。当河水较深或河床松软、覆盖土较厚时，宜采用压重、射水、振动、吸泥或锤击等方法沉入钢护筒或钢筋混凝土护筒。

②护筒内径应比钻头直径稍大些，机械冲击、冲抓或旋转，护筒需大于钻头直径 20~30 cm。

③护筒顶高：在旱地时应高出地面 0.3 m。在水中，当地质良好并不易坍孔时，宜高出施工水位 1 m；而地质不良并易坍孔时，宜高出施工水位 1.5~2 m。

④采用挖坑埋设时，基坑应比护筒外径大 80~100 cm，护筒正位后，须在四周夯填黏土，应挖深至筒底端以下 50 cm 左右换填黏土，经夯实后再安放护筒。

⑤在旱地或浅水处，护筒底端应埋入天然地层，其埋设深度：在黏性土中不小于 1 m；在砂性土中不小于 1.5 m。

⑥钢护筒接长可采用拼装螺栓加橡胶垫连接。

⑦护筒平面位置的偏差不得大于 5 cm。

(3)泥浆

①钻孔应采用泥浆时，施工前应准备足够数量的黏土，若采用亚黏土，其塑性指数不宜小于 15，大于 0.1 mm 的颗粒不宜超过 6%。

②采用正反回转钻钻孔时，应准备泥浆槽、泥浆沉淀池等。泥浆槽长度不小于 15 m，槽底坡度不宜大于 1%。沉淀池容积：正循环钻孔，一般为钻孔体积的 1/3~1/2；反循环钻机，包括供水池窖，一般为钻孔体积的 1.2~2 倍。泥浆泵宜根据钻杆内径、钻孔直径和深度等因素，考虑悬浮钻渣所需的最小上升流速，计算所需泵压和流量后加以选定。

(4)钻孔

①钻进过程中，应认真填写钻孔施工记录表。

②钻进过程中应经常检查各种钻孔，如有不当之处应立即修整处理；在冲击过程中，严禁孔内站人，以防发生不测。

③钻孔应一次完成，不得中途停止，遇有事故必须及时处理，钻孔达到要求深度后，及时进行直径、垂直度的检测，并经工程监理签认，方可进行清孔和灌注水下混凝土的准备工作。

(5)清孔

清孔时应注意以下事项。

①终孔检查合格后，应随时进行孔底清理，以免间隔时间过长，泥浆钻渣沉淀，造成清孔困难或坍孔。做好清孔工作，对桩的质量才有保证，必须特别注意。

②不论采用何种清孔方法，在清孔排渣时，必须注意保持孔内水头，以防坍孔。

③用换浆法或掏渣清孔时，检查孔口溢出的泥浆或孔底提出泥浆的指标，应符合一般地层用循环回转或冲击钻孔的泥浆指标要求。灌注水下混凝土前，孔底沉渣厚度应不大于设计规定。

④对机械设备的要求。

(a)灌注水下混凝土应备有拌和楼或搅拌机，拌和设备的数量，应按其性能及灌注时间的限制等因素确定，并需要有一定的储备以保证连续作业。

(b)导管内径应一致，内壁光顺，有足够的密封性和坚固性。

(6)水下混凝土的配制

①水泥除应符合国家的现行标准外，其初凝时间用标准方法试验时，不宜早于 2.5~3.5 h，水泥标号不宜低于 325 号，并且混凝土的水泥用量不得小于 350 kg/m^3。

②粗骨料宜用卵石，如用碎石则含砂率应增加约 30%，并有良好的级配，最小粒径不小于 5 mm，最大粒径不大于导管内径的 1/8~1/6 和钢筋最小间距的 1/4，同时应不大于 40 mm。

③混凝土含砂率宜采用 40%~50%，水灰比宜为 0.5~0.6。

④混凝土的坍落度以 16~22 cm 为宜,并具有足够的流动度。

⑤混凝土的实际初凝时间,应满足灌注工作时间的需要。为延缓初凝时间,可在首批灌注混凝土中掺入塑化剂等。为了节约水泥、能源和有利于环境保护,可在混凝土中掺入粉煤灰,其掺入量应通过试验予以确定。

⑥混凝土的实际配制标号宜比设计标号提高 10%~15%。

⑦混凝土配合比及其试验结果应提交工程监理认可后,才能使用。

(7)钢筋笼的制作

①钢筋笼的制作必须按照设计图纸进行,配筋、骨架的绑扎、焊接应符合对于钢筋性能要求中的规定。

②钢筋笼上端应焊的吊环不宜少于 4 个,为确保保护层的厚度,应在钢筋骨架周围的主筋上,每隔适当距离对称地设钢筋"耳环"混凝土方块。

③钢筋笼分节吊装,就地焊接时,上下节主筋位置必须对准,轴线应一致,其焊接也必须保证符合焊接质量标准。

(8)水下混凝土的灌注(导管灌注法)

①灌注前对孔底沉淀层厚度应再测一次,如厚度超过规定,应再次进行清孔。

②开始灌注后,导管的初次埋深一般不小于 1 m,灌注应连续进行。拆除导管一般不超过 15 min,并不得中途停工。

③在灌注过程中,应经常探测混凝土面的高度,及时提升或拆除导管。要求导管的埋置深度,一般为 2~4 m,最大埋深不得超过 6 m。

④桩顶混凝土的质量不良部分,必须截掉和清除。

⑤在灌注混凝土时,每根桩应按检评标准要求取样做试块,并应编号妥善养护,经强度(抗压、抗拉)检测后,填写试验报告交工程监理审阅。

(9)质量检验

①钻孔的质量检验:钻孔、清孔和钢筋笼下放完毕,以及桩的混凝土灌注后,应进行质量检验,统一交工程监理存查,并填写钻孔灌注桩质量检查单。

②桩的质量检验:主要是指灌注水下混凝土质量的检验。除此之外,对大桥的钻孔还应取岩芯钻探检查或用水电效应法、械阻抗法检查桩的质量及其极限承载能力。

③桩的质量检查如果不符合规定要求,或者在施工中出现不符合规程的现象,则认为桩质量差。当无法补救时,工程监理有权拒绝签认,并做废桩处理,若能补救,费用完全由承包单位自负。

④如有必要,工程监理有权对所灌注的基桩进行静载试验,抽查数量可依具体情况确定。

3. 墩台施工质量控制

(1)在进行墩台基础及第一层混凝土浇筑时,必须避免基底吸收混凝土中的水分或因基底积水渗进混凝土而导致混凝土强度下降。因此,除要根据相关规定解决基底问题以外,还需注意以下事项。

①当基底是无黏性或干燥的土壤时,应将其润湿。

②当基底实际状况和设计不一致,无法按原计划施工时,应报请工程监理处理,混凝土从浇筑开始至浇筑初期不允许泡水,当渗透速度过快而无法保证混凝土中的灰浆不被冲刷

时,则应选用水下浇筑法灌注基础。

(2)在厚的、不加筋或配筋稀少的墩台的混凝土中,可用不低于 45 cm 厚的石块(生石或大卵石)进行填充,并遵守下列规定。

①填料的用量不应大于混凝土结构体积的 25%。

②必须采用无缝、夹层及没有烧过的、具有抗冻性的石块。

③石块的抗压强度不得小于 25 MPa,并不低于混凝土标号。

④石块在使用前应清洗干净。

⑤石块在混凝土中应分布均匀,两石块间的净距不得小于 10 cm,以便捣实混凝土。通常石块与地面之间的距离(含侧面到顶面)不应小于 15 cm,而对抗冻性要求的混凝土不得小于 30 cm。

(3)石块与钢筋不能接触或与预埋件不能碰撞。当采用片石混凝土砌体时,石块含量可增加 50%~60%,石块净距可缩小 4~6 cm。

(4)采用滑升模板浇筑墩台时,应遵守下列规定。

①应采用流动性小的或半干硬性的混凝土。

②浇筑应分层分段对称进行,必须在同一时期内完成同一层混凝土浇筑,每段都要在离模板上边缘不小于 10~15 cm 处浇筑。

③应使用机械振捣,振捣器插入下层不得大于 5 cm。

④为使模板快速提升,可在模板中加入适量的早强度剂。

⑤在滑升工程中,要小心避免液压千斤顶或油管连接处在混凝土或钢筋上漏油,若有漏油必须及时清理,并选用相应的预防措施。

⑥浇筑应连续进行,若因故中途停止,应按施工缝进行处理。

⑦混凝土脱模强度宜为 0.2~0.5 MPa,若在脱模后出现外表不均匀或其他缺陷,必须进行修补。

(四)吊装索道的安装检验

(1)为了便于吊装,应在桥中轴线上设置索塔中线位置,这样可以保证墩台的横向移动和吊装流程的平衡。若场地有问题,可以在任意中梁的轴线位置设置索塔中线,但是不能设置在边梁或任意两梁轴线的中心处。

(2)在架设承重主索时,安装垂度必须以计算得到的无荷载时的跨中最大垂度为准,并保证主索下最低工作净空高度为 4~6 m。

(3)安装架设吊装索道完成后,在正式吊装前,要进行试吊和试运转,并对各部位设施及准备工作是否可靠进行检验,主要检查以下内容。

①主索的张紧情况是否一致。

②塔架或支架是否出现偏移,偏角是否超出规定范围。

③风缆张紧程度和地锚埋设状况能否满足设计要求。

④卷扬机在空载状态下的技术性能是否优良,各导向轮和转向轮安装牢固与否。

⑤牵引起重索有无断丝情况。

⑥通信是否顺畅,是否事先对使用的旗语、手势、哨音做明确规定和说明。

⑦试吊重物(钢轨、型钢等)有无称重和捆绑坚实。

⑧所有操纵设备人员、观察人员、指挥人员和安全人员是否都已经就位。

(五)支架、模板和钢筋布置的检查

1. 模板的制作与安装质量检查

(1)木模板

①木模板应采用质量好的木材,至少 3 cm 厚,一般用 4 cm 厚的,没有疤节、环裂和表面翘曲,含水量小于 25%。所有用于混凝土外露面的模板均应为"精制"木材,并予抛光。木模宽度不宜超过 20 cm,以防变形。圆木料应坚硬、平直、风干、没有腐朽和其他缺陷。

②木模板与混凝土接触的表面应平整、抛光,接缝可做成平接搭缝或企口缝。

③木模板的拉杆应用螺栓,螺栓应配垫圈,其尺寸按计算决定。当拉杆需抽出时,拉杆应加套,在拆出拉杆和螺母以后,套筒必须用水泥砂浆填孔。

(2)金属模板

①金属模板及其配件必须在模架上制作,要求下料尺寸准确,模板面平整,转角光滑,接缝平整,连接孔位置准确,并应采取必要措施以减少焊接变形。为避免漏浆,金属模板宜做成搭接缝。

②应保持金属模板不生锈、不受油脂及其他杂物的玷污,以免造成混凝土表面变色,故对模板及其金属配件均应涂防锈漆,与混凝土接触的表面则应涂隔离剂。

(3)滑升模板

①滑升模板适用于较高的墩台和吊桥、斜拉桥的索塔施工。滑升模板的支撑杆和提升设备应能保证模板竖直均衡上升。提升设备的配置应按构件截面形状及提升模板的全部质量决定。为使模板不致发生倾斜和扭转,宜采用液压千斤顶同步提升。如用其他提升设备,应采取相应措施。直坡式模板宜有 0.5%~1.0%H(H 为模板的高度)的锥度,以保证模板的顺利提升。承包人应做好滑模方案的设计并在施工前得到工程监理批准。

②模板的高度和提升速度与混凝土达到脱模所需要的时间有关,一般模板高度宜采用 1~1.2 m,提升速度为 200~300 m/h。

③滑升模板在组装时,应使各部分尺寸的精度符合设计要求,组装完毕须经全面检查试验后,才能进行灌注。应根据工程情况和起吊设备能力,决定是地组装还是整体吊装。

(a)模板提升时,顶架间高差不大于 20 mm,顶横梁水平差不大于 5 mm。

(b)每次提升高度应等于灌注厚度。

(c)如混凝土凝结后直线或高程发现偏扭时,承包人应查明原因,采取措施,经工程监理批准后通过提升过程调整,逐渐扭正,每次扭正量不能过大。如工程监理有指令,承包人应将新灌混凝土铲除重灌。

(d)每次提升后应及时检查中线和水平情况。

(4)模板清理和脱模剂使用

①模板在浇筑前应清理干净,底部应完全没有锯末、刨花、铁锈、污垢、泥土或其他垃圾,模板应设计有活动板以便清扫,并经过工程监理检查。浇完后,在浇筑第二层混凝土前,模板外露表面上黏附的混凝土必须清理干净。

②模板必须用颜色清澈的石蜡基石油或脱模剂涂抹,这道工序在模板安装完后,放置钢筋前进行,涂的油或脱模剂应被木板充分吸收,且不致造成混凝土表面变色或损伤,更不能使任何钢筋表面粘着这类涂料。

③不得在同一结构的模板上使用不同的油或脱模剂。

2. 支架的制作与安装

(1) 支架应根据设计进行制作与安装,而设计支架时,还须进行强度和稳定性验算。为保证构造物竣工时尺寸准确,支架应预留施工拱度,并考虑下列因素。

①支架承受荷载引起的弹性变形。

②载重时由于杆件接头的挤压而产生的非弹性变形。每一接头处的变形数值规定为:在木料与木料接触的情况下,顺木纹为 2 mm,横木纹为 3 mm;在木料与金属接触的情况下,为 1~2 mm。

③支架基底的非弹性变形。该变形视地基土壤类别而定,其沉陷值按下列规定:梁底置于砂质土上时为 5 mm;梁底置于黏土上时为 10 mm。柱的载重低于极限荷载时为 5 mm,与土的种类无关。

④由恒载引起的梁或拱圈的变形以及由活载引起的梁的弹性挠度,按设计图提供的数据进行设置。

(2) 支架、拱架应有调整高程的设施,能在其底部使用千斤顶或者对楔支架,还应考虑由于热胀冷缩产生的纵向或者横向位移所造成的负荷。支架应进行允许这些移动的设备安装,还应有足够的纵向、横向联系构件,以保证支架的稳定。支架、拱架安装完成后,如果工程监理认为刚度不够,则应增设附加联系构件。

(3) 基础处理。没有工程监理的书面允许,脚手架、支架和拱架不准支撑在除基脚以外结构物的其他任何部分。支架脚和基础土壤,或已加固的地基的承载能力应保证临时支架的所有基脚均匀承载。支架基础的设计应防止过多的沉降(包括相邻支撑之间的相对沉降)和支撑转动,并能满足稳定性要求,基脚支撑面应是水平的。在工程监理指导下,应对支架或工作架的基础进行荷载试验。试验荷载与设计荷载相当,并加载 24 h。此试验产生的挠度和沉降均不得超过工程监理所规定的数值。

(4) 承包人还应提供适当的排水设施,防止支架、拱架粘油污;安装拱架、支架以前,拱架、支架下面的地面应加以平整,必要时将地面填筑到适当的高度,防止拱架、支架脚底附近积水。

(5) 在混凝土浇筑过程中,承包人应测量并记录支架、拱架和脚手架的沉降数值,在浇筑混凝土前和浇筑过程中。如果工程监理要求,承包人应使用千斤顶或经过批准的楔块将已发生过大沉降的支架顶起。

(6) 支架在平面和立面上均应稳定坚固,并能抵抗施工中发生的偶然冲撞及震动。故在支架安装完毕后,应对其中平面位置、顶部标高、节点联系及纵向稳定性进行检查,不符合要求之处应进行纠正。

(7) 为便于拆除支架,可用简单木楔、组合木楔、砂筒等作为卸架设备。

3. 模板、拱架、支架拆除

(1) 拆卸拱架的程序按规定办理,并应拟定详细拆卸拱架图。拆卸拱架时支架的降落数值,在每一横断面中应按拆卸拱架设备的位置而定。在拆卸拱架时应注意以下几点。

①在拆卸拱架前,应检查所有拆卸拱架的设备。用砂筒时应检查砂筒上塞子的松紧程度;用木楔、木凳或切锯支柱时,应用记号注明切锯地点及木楔移动长度。

②拆卸拱架时的卸架顺序、操作方法均应先做技术交底,在统一的指挥下进行。多孔拱桥施工时,每组内各孔卸架宜同时进行。

③为保证拱架均匀降落:对于陡拱,宜从拱顶开始,逐次向拱脚对称均匀卸落;对于坦拱,宜从拱脚开始,逐次向拱顶对称均匀卸落。

(2)拆卸拱架木凳时,应切锯木凳的侧边,以减少支架面积。每次切锯后应停止约5 min,使其面积有承重的时间;流放拱架筒中的砂时,每次由筒中放出定量的砂后,操作人员拆除拱架木楔,将木楔打至标出记号的位置。

(3)拆除拱架时,必须设专人用仪器观测拱圈挠度和墩台变化情况,并做书面记录。

4. 钢筋布置的检查

(1)钢筋安装应按预定的顺序并与支模工作互相配合。安装钢筋时,应严格按照设计规定的位置进行排列,经检查无误后,方可扎结或焊接。

(2)为了保证混凝土保护层的厚度,应在钢筋与模板间设置水泥砂浆垫块,混凝土垫块应错开位置,不应贯穿断面全长。为了保证和固定钢筋相互间的横向距离,两排钢筋之间可使用混凝土隔开,或用短钢筋扎结固定。如构件有数层钢筋而上层钢筋很重时,安装时可使用特制的钢筋支架支撑,支架支撑在下层钢筋上,不得直接安设在模板上。

(3)安装好的钢筋架应有足够的刚度和稳定性,使钢筋位置在灌注混凝土时不致改变,如刚度不够时,则应采取加固措施。

(六)锚具、张拉设备及张拉作业的检查

1. 锚具

(1)锚具一般包括锚环、固定锚、螺帽、承压垫板等。

(2)锚具材料。

①锚具材料应按设计规定使用,材料应有化学成分和机械性能的出厂证明书,若无证明书时,须按有关规定进行质量检验和探伤检查。施工单位应向工程监理提供上述证明书或实验报告。

②不得使用有夹渣、裂纹、机械损失等缺陷的材料。

③锚环、锚板材料须按图纸规定进行热处理,然后再进行机械加工。

④锚具器件的钢材为45号钢,且经热处理达到洛氏硬度HRC65-68。

(3)锚具强度检验。锚具零件加工质量检验完全达到图纸要求时一般可不进行强度检验,如未能完全达到图纸要求,但应能够满足以下条件。

①各加工件螺纹具有三级配合精度。

②退刀槽深度符合图纸要求。

③锚环中05.2 cm(或05.3 cm)孔的孔心间距的误差在允许范围之内的锚具零件应按照每一种规格至少抽取3套进行强度检验。

2. 张拉设备

(1)承包人应提供用于预应力混凝土施工和施加预应力所需要的全部张拉设备,并报工程监理批准,若使用液压千斤顶时应配备读数准确的油压表,其精度不宜低于1.5级。千斤顶与油压表应组合一起进行标定,并将标定曲线表,提交监理工程师审批。在工程监理尚未对张拉机具设备检查以前,承包人不得使用。

(2)预应力千斤顶。所有用于预应力的千斤顶应适用于所采用的系统。单股千斤顶在每天使用时及无论何时被移动到不同地点后或工程监理另有所需时,都应对其精度进行校准,校核结果符合要求,经工程监理检查同意后才能继续使用。承包人应为工程监理提供校对装置用于校对千斤顶。该校对装置应附带一台精确的测力环,并附有独立的试验室颁发的试验证明书。无论何时工程监理需要,承包人即应安排独立的试验室对千斤顶进行检验。多股千斤顶的精度应在使用前校核,校验结果符合要求,并经工程监理检查同意后才能继续使用。如果在校准后被拆卸、修理或做过任何方式改动,则应再校,校验结果符合要求,并经工程监理检查同意后才能继续使用。尽管如此,当在施工现场伸长度出现差异时,多股千斤顶应进行重新校验。所有压力表、压力盒、测力计以及其他用于测量应力荷载的设备的读数应在±20%以内,压力计应有不小于 200 mm 直径的读数刻度盘,各压力计应能直接用千克读出负载,或附有一个能将刻度盘读数转换成千克的图表。压力表应具备约两倍于工作总压力的容量,被测试的负载应为压力表满容量的 1/4~3/4,除非审定数据有一个更为广阔的范围,精度有明确一致的关系。压力表应安装在操作员目视水平线 2 m 范围内,以便能无视差地取得稳定而无跳动的读数。

3. 碳素钢丝束的质量检验

(1)碳素钢丝的质量检验。碳素钢丝在使用前应分批进行鉴定,每批质量不超过 3 t,一般规定线盘中的 10%取样进行抗拉标准强度、弯折次数及伸长率试验,不少于 3 盘。试验结果如有一根试件未达到标准要求,应从未检查的盘中抽取两倍试样进行复检。如仍有一根不合格,则逐盘试验,合格使用,不合格不得使用。碳素钢丝的质量检验报告应提交工程监理审查。

(2)碳素钢丝抗拉强度不小于 1 600 MPa。

(3)碳素钢丝下料后,在自由放置情况下,任 1 m 长度范围内弯曲矢高不得大于 5 mm(两边的弯折不以弯曲计),否则必须进行核查。核查后如有碳素钢丝需要卷盘远运时,其盘径应不小于 400 d(d 为钢丝直径)。

(4)碳素钢丝成束时应确保顺直,不得扭转;绑束时要使一端平齐向另一端进行,每 1~1.5 m 绑一道铅丝,铅丝扣应弯向钢丝束内侧,以免影响穿束。绑束完成后按设计编号堆放,并挂牌标示,防止混乱。搬运碳素钢丝束时,跨度不得大于 3 m,两端悬出不得大于 1.5 m。

(5)碳素钢丝束的弹性模量必须按短束(10 m 以下)和长束(30 m 以上)分别进行试验,其试验报告应提交工程监理审核。

4. 预应力张拉作业

(1)一般规定

①当混凝土达到设计规定的强度后,才准施加预应力。

②施加预应力的各种机具设备及仪表,应由专人妥善使用,定期维护和校验。校验期限一般不超过钢筋张拉 100 束,如长期未使用,使用前应全面进行校验。当施工过程中发生下列情况之一时,应重新校验。

(a)张拉时预应力钢筋连续断裂;

(b)千斤顶漏油严重;

(c)油压表指针不能回归零点;

(d)千斤顶调换油压表。

③安装张拉设备时,对于直线预应力钢筋,应使张拉力的作用线与孔道的中心线在张拉过程中相互重合;对曲线预应力钢筋,应使张拉力的作用线与孔道末端中心点的切线相重合,不得偏移。

④张拉时应采用应力和伸长值双控制,实际伸长值与理论伸长值相比较,应控制在±10%以内。如发现伸长值异常,应停止张拉,查明原因,采取措施,予以纠正。应力控制不仅要依靠油压表读数,还须以压力传感器的读数为准。

⑤在张拉过程中,如发现滑丝、断丝、锚具压坏等情况,应立即停止操作,查明原因,做好记录。若滑丝、断丝的数量超过设计图规定时,经工程监理的检查同意后重新换束。

⑥施工方应对张拉作业包括的测量的伸长量、压力表或压力传感器的读数,以及其他观察到的数据(包括管道摩阻损失和预应力钢丝束回松延伸量及其他观察到的数据)做好记录。这些记录应在每次张拉作业后 24 h 内送交工程监理。如有锚具损失或预应力建立不够等情况,工程监理应立即通知施工方返工。

(2)后张法

①施加预应力时,混凝土达到的强度应按设计规定,第一次张拉移梁时,一般不得低于设计标号的 75%。构件应按本章有关规定进行验收,如锚垫板位移,造成垫板平面和孔道中轴线不垂直时,应用楔形垫板予以纠正,梁体如有缺陷,要妥善补强处理,经工程监理验收合格后,方能施加预应力。

②穿束前应对孔道全面检查,进行清孔,确定通道无阻时,再行穿束。

③预应力钢筋的张拉顺序,应按设计规定进行,并且应避免张拉时构件截面呈过大的偏心受压状态,应使已张拉的合力作用线处在受压区截面以内,边缘不产生拉应力。

④曲线预应力钢筋和长度大于或等于 25 m 的直线预应力钢筋,应在两端同时张拉。如设备不足时必须两端同时张拉的预应力钢筋,可在一端张拉完毕后再在另一端补足预应力值。

(3)先张法

①预应力钢筋的张拉顺序,应使台座所产生的偏心应力不超过台座设计容许的偏心应力,否则应先张拉靠近台座重心的预应力钢筋。

②当采用多根预应力钢筋同时张拉时,为使每根钢筋的应力一致,必须在张拉前调整初应力,初应力一般为张拉力的 10%。

③为了减少钢筋预应力的松弛损失,可采用超张拉力方法进行张拉。钢绞线张拉法张拉程序,如设计无规定时,可按 100%~103%(为张拉控制应力,包括估计到的预应力损失在内)进行。超张拉数值超过钢绞线的抗拉强度的 75%时,按此值进行张拉,并将持续加荷时间延长 5 min。安全起见,应在超张拉后放松至 90%控制应力下,装设预埋件、模板、钢筋等。

④张拉完毕后的预应力钢筋的实际位置偏离设计位置不得大于 5 mm。

⑤预应力钢筋的放松,应按设计规定,在混凝土强度达到设计强度的 80%以上时方可放松预应力钢筋。

⑥预应力钢筋的放松速度不宜过快,以采用砂箱放松的方法为宜,如采用千斤顶重新张拉预应力钢筋方法放松时,则所施加的应力值不得超过原张拉时的控制应力。采用单根放松时,其顺序宜先两侧后中间。钢绞线单根放松时,应分阶段对称相互交错地进行,每根预应力钢筋严禁一次放完,以免最后放松的预应力钢筋崩断。

⑦预应力钢筋全部放松后,可用“乙炔-氧气”烧割或用电弧切割外露的钢筋,并对模板、支架,钢筋布置及预埋件进行检查、修整及验收。重要结构应会同有关人员进行隐蔽工

程验收。检查的主要项目如下。

(a)模板的标高、构件位置及其截面尺寸是否与设计符合,构件的预留拱度是否正确。

(b)所装设的支架是否稳定,支柱的支撑和模板的固定是否可靠,拆卸拱架用的设备(如木楔、砂筒等)是否适合。

(c)钢筋的直径、数量、弯曲尺寸、安装位置及间距,钢筋与预埋件的安装及构件节点连接焊缝等,是否与设计相符合。

(d)按设计规定的锚固螺栓,预埋件及预留孔所用的塞子、框子等,以及为下一道工序所必须留设的部件,是否安装齐全、正确。

(e)灌注混凝土前,模板中的泥污及杂物必须清理干净,并将模板润湿。但模板中不得存水,可在模板底部开设小孔,将积水排除干净,再将小孔堵塞。木模在浇水润湿膨胀之后,如仍存有缝隙,应予以堵塞。金属模板中的缝隙和孔眼也应予以堵塞。钢筋上的泥污及洒落于钢筋上的水泥浆等,应予以清除。

(4)混凝土灌注施工

①检查混凝土组成材料的质量规格。

(a)砂石材料规格不符时,应进行级配调整。

(b)每日开工前应检查一次砂石含水量,如遇雨天或天气干燥等情况,应随时检查,并根据砂、石实际含水率调整搅拌用水量。

(c)检查水泥品种和标号是否与要求相符,出厂存放时间是否过长和有无硬化变质情况。

②检查配料数量、水灰比、外掺剂掺量和掺法是否正确,必要时还须检查混凝土的含气量。

③检查混凝土的运输、灌注和养护方法是否符合要求。

④检查模板、支架等结构的稳定情况。

⑤按规定制取试件。对混凝土的性能,一般应取试件做抗压强度试验,有特殊要求时,尚须做抗弯、抗冻、抗渗等试验。抗压强度试件每组应为 3 块,并取 3 块试件抗压强度的平均值,作为该组试件的极限抗压强度。如 3 块试件试验结果中的最小值比次大值相差超过 20%时,则只取两个较大的平均值,作为该组试件的极限抗压强度(计算精度 0.1 MPa)。

⑥应根据施工需要,另留几组与结构或构件相同条件养护的试件,作为拆模、吊装、张拉、放松、加荷等施工阶段强度控制依据,并用以考核设计龄期结构或构件的实际强度。

⑦评定试件极限抗压强度的合格条件如下:

(a)同批试件的极限抗压强度的平均值不低于设计标号。

(b)任意一组试件的平均值不低于设计标号的 85%。

(c)当试件为 3~5 组时,在同批试件中,低于设计标号的试件总数不多于 1 组;当试件为 6~16 组时,在同批试件中,低于设计标号的试件总数不多于 2 组;当为 17 组以上时,在同批试件中,低于设计标号的试件总数不多于总组数的 15%。同批试件,在整体结构中系指每一结构物的同一配合比试件;在装配式结构构件中,系指一种或多种构件用同一配合比的试件。

⑧如果试件试验确定的混凝土强度不符合设计要求时,应查明原因,采取措施,在继续灌注时,应对混凝土配合比做适当修正。对已建筑完毕的结构,应推迟加置荷载日期或用

补强的方法加以保证。注意:当用试件评定结构或构件为不合格时,亦可做非破坏性试验(如用混凝土回弹仪或超声波检验仪检查),或在破坏其能力条件下,从结构本身进行试验,如试验结果合乎要求,则认为结构或构件是安全的,还可以做直接加载试验,以检查结构或构件能否使用,如试验结果满足设计要求,则结构准予使用。

(七)混凝土预制块件和砌筑质量控制

在各工序施工中,质量检验内容主要有如下几项。

1. 混凝土预制块件质量检查

(1)应选平坦、坚实的预制场地,并应按照地基和天气情况选用所需的排水措施,避免场地沉陷,使构件发生变形。

(2)应一次性浇筑每块预制块件的混凝土,不能有停顿。

(3)对于形状复杂、钢筋稠密的大型预制构件,可以在不同部位使用骨粒粒径和坍落度均不相同的混凝土。

(4)预制构件应使用机械振捣。在条件允许时,中小型构件应在振动台上使用附着式振捣器振捣;大型构件应在侧模和底模上使用附着式振捣器振捣。

(5)混凝土在土模中浇筑时,为保证构件的外观尺寸整齐、标准,必须避免侧壁和底胎发生碰撞。混凝土在土模中浇筑时,干硬度不能太高。

(6)在预制预应力混凝土悬臂安装块件时,应在块件(箱梁)和邻座之间设置隔离层。

(7)块件内的钢筋必须支撑稳固。

(8)安装后未露在外面的小块件(如涵洞盖板、人行道板、路缘石)和虽露在外面但计划在表面进行装饰的构件,可以使用翻转模板法来浇筑。浇筑时,混凝土必须是干硬性的,工作度应为 80~100 s,建议混凝土用水量为 140~160 kg/m^3,振捣器的振动频率不得少于 300 次/min,完成浇筑后,必须及时翻转扣模。构件脱模后,要进行合理修整,避免出现扭曲、掉角、开裂等问题。

2. 预制块体砌筑质量检查

(1)使用前,预制块用水浇湿,若表面有污垢、水锈,要进行清洁。

(2)基础的第一层砌块在砌筑时,若地基是土,则不需坐浆;若基底是石质或混凝土基础,必须在清洗并润湿其表面后,先坐浆再进行砌筑。

(3)所有砌体都需分层砌筑,当砌体较大时,分段分层进行砌筑。两相邻作业段间的砌筑高差不能大于 1.2 m。应尽可能将分段地点布置在沉降缝或伸缩缝处。

(4)各砌层必须先砌外圈,然后与内层砌块交叉连接在一起,砌体外露面镶面类别必须符合设计要求。

(5)砌体隐蔽面砌缝可以边切割边刮平,通常外露面则要另加缝,砌筑时在外露的顶面上要留出约 2 cm 的缝槽。

(6)所有预制块之间必须用砂浆黏合,不能直接贴合。砌筑时,必须将底浆完全铺上,并将竖缝砂浆先铺在已砌好的预制块一侧或预制块放好后再填充。

(7)上层预制块在砌筑时要防止下层预制块受波及,砌筑施工中断后继续砌筑时,要清洁和湿润原有砌层表面。浆砌砼预制块的砌缝宽度为 1~1.5 cm。

(八)工程完工验收阶段

桥梁工程竣工后,工程监理的主要工作内容有以下几点。

(1)根据合同规定要求,承包方组织完工检验,并出具自检报告。

(2)所有自检质量达到合同规定技术要求后,由承包方填写“竣工验收申请报告”并向工程监理递交自检报告。

(3)工程监理收到自检报告后,必须及时将已竣工的工程项目通知监理试验室进行验收,同时审核、抽样检查承包方自检报告中的各种检测结果。

(4)检查隐蔽工程项目记录签署情况,并确认合格与否。

(5)审核工程中各个项目各流程的“质量验收单”是否完整。

(6)对每项工程混凝土质量检测报告进行审核,确认合格与否。

(7)对工程中重要材料的质量检验单(或报告)进行审核。

(8)审核总工程与所有子工程的荷载测试报告,以确保其符合要求。

(9)上述项目经检验合格后,由工程监理出具“中间交工证书”并计量。

(10)当桥涵工程为单个合同工程时,工程监理除在对上述项目审核的同时,还须验收由评审组负责验收和检查并出具的验收报告,确定该工程的“竣工交接证书”能否签发。

六、试验室

试验是工程监理进行质量监督检验不可缺少的手段。为了达到质量控制的目的,必须采用可靠的试验仪器,进行严格的试验操作,才能保证满足规范要求的测试结果。监理单位试验室的主要工作是:审核承包方提交的测试结果的精确度,对承包方供应的材料测试存疑时,由监理人员对各项试验进行必要的抽样检验,同时试验室应及时将试验室的统计报告提交给总工程监理及分项专业工程监理。监理试验室的负责人有义务对施工方试验室的试验仪器设施和试验员的技术水平进行检查,若其没有通过审核和验收,则不能进行试验工作。

监理试验室的作用是为工程监理提交对施工单位现场试验室试验资料的检查和核实。监理试验室的工作主要包括以下几方面。

(1)所有与确定质量标准有关的测试,由现场监理人员进行监督与检查后,经过工程监理审批。若工程监理觉得需要时,可指导监督监理试验室做比较试验,所有工程项目的质量控制指标要以已经审批的测试结果为准。

(2)如果现场的专业技术人员对承建方提交的试验数据或可靠性存疑,则由监理试验室审查核实,并发布准确的数据。

(3)负责对各个标段送交或提交的样品检验。对承建方的试验室人员资历与仪器、设备情况进行审核,并上报总工程监理;将试验标准、规范、试验统计报表以及管理试验统计报表提交监理人员。

按照上述任务,监理试验室的具体工作内容应包括以下内容。

(一)材料试验

所有工程所需材料(土、石、砂、矿粉、混合料、水泥、沥青、钢材、木材、土工织物、PVC管子等),都要由承建方陪同监理人员在施工试验室进行抽样试验,同时由现场监理人员与试验负责人签字确认。以上资料须送交监理试验室备案。

(二)标准试验

关于承建方提交的标准试验(击实试验、集料级配试验、混合料配合比及强度试验等),

都应在现场监理人员的监督下进行,监理人员将提交的资料签字确认后上报监理试验室备案查阅。如有必要或工程监理觉得必要时,监理试验室必须做同样的试验进行比较,检测结果由工程监理代表审批。

(三)抽样试验

抽样试验通常可分为任意抽样与随机抽样两种。任意抽样多用在工程施工建设中,随机抽样一般用于工程完工或部分已完成工程交工时。当工程监理觉得需要时,应由监理试验室派出人员取样进行检验,检验报告须提交总工程监理代表审批。

七、监理人员现场监督和检查

监理人员应时常到工地进行巡察与旁站检验。其职责是对承建方的施工工艺、施工方法及施工机械设备进行监督和检验,看其是否与合同规定的要求相符、工程所需的各种材料有没有经过监理人员的审批、承建方有没有配备自检人员、员工素质是否合乎要求、现场记录是不是真实可信,等等。

为实现对工程质量的控制,监理人员还应制定并完善一系列的质量监督程序,并指定承包人履行其职责。在施工中监理人员必须对每道工序进行现场监督与检验,每道工序结束后,经检验达标并验收后,方可继续进行下一步的施工。监理人员在工地查验时,若发现质量偏差,应立即通知承包人采用相应的措施,将此类质量偏差限制在规定允许范围之内。监理人员对已发生的质量问题应根据试验检测和测量数据结果,指导承包人更正工程中的缺陷。

八、质量缺陷的处理

当工程已经出现质量上的缺陷或严重缺陷时,工程监理应按如下方式进行妥善处理。

(1)应有可靠的资料和数据证明存在缺陷或严重缺陷。

(2)当工程质量与规范规定的标准有少量差距时,工程监理应着重注意分析原因,以促使承包人在今后的工程中防止类似问题发生,同时提出建议要求承包人接受和修正。

(3)当工程质量出现严重缺陷和损害时,工程监理可指令承包人暂停工作,并要求改正或拆除重建,对于不合格工程不予计量签证。

(4)当工程质量出现严重缺陷,工程监理已发出停工指令,而承包人仍然继续施工,造成更多严重缺陷时,工程监理应再次书面要求承包人停工,并同时书面报告业主代表,指明缺陷的危害和应拆除的工程部位,必要时也可另行安排其他施工单位拆除严重缺陷工程并重建。为拆除工程所付的费用可从付给承包人的费用中扣除。

九、监理记录和监理报告

监理记录和监理报告是工程监理全面、有效地管理承包合同的重要工作环节,也是工程竣工后管养部门工作时的重要参考数据资料。工程监理必须根据监理程序的有关规定做好监理记录和监理报告。

(一)监理记录

监理记录的工作内容如下。

1. 工地会议记录

工地会议记录包括工地第一次会议和日常例会的记录。这些会议中,凡有关工程质量的汇报、讨论、决定等均应准确记录,作为质量控制的补充依据。

2. 现场记录

现场监理人员必须每天利用统一表式或以日志的形式记录工地上所发生的事情。其记录内容大致如下:记录所转工程范围内的机械、劳力的配备和使用情况;每日气候及水文情况;施工工程部位、完成数量、技术问题和技术措施等;材料供应及储备情况;现场试验项目及结果;缺陷和质量事故的记录。

3. 试验室记录

试验室记录包括监理试验室和承包人试验室工作情况的记录:试验工作内容(包括样品登记、试验方法及结果);承包人试验室的仪器和设备的配备及技术状况,试验人员的技术水平及变更情况;监理对承包人试验室提出需改进的建议;监理试验室监控试验的结果、与承包人试验结果的异同以及对结果的分析处理意见。

4. 竣工记录

现场监理人员或项目监理工程师应对竣工验收组织活动、质量结果做好详细记录;驻地工程师办公室应有专人整理承包人提供的竣工资料,并与现场监理人员参加验收的记录进行核对;将有关竣工资料整理归档。

(二)监理报告

监理报告是各级监理人员根据工作进展情况及存在的问题以报告的格式向总工程监理的汇报。报告可分为月报和最终报告。月报是监理工作的定期阶段汇报,最终报告是对监理工作的最终概括和总结。监理报告中对质量控制的汇报内容包括以下几方面。

1. 工程质量的评价

报告对工程质量情况须用具体的检测数据来表达,如实反映工程质量的好坏并分析其原因,总结经验教训,切忌报喜不报忧。

2. 质量事故

报告中应写明质量事故发生的时间、地点、项目、原因、损失估计等,事故发生后采取了哪些补救措施及其效果。

3. 工程变更

对每次工程变更应说明如下要点引起变更设计的原因:批准机关、变更项目的规模、技术指标的变化、工程量增减数量、投资增减的估计等。

监理记录和监理报告也可用统一的表格形式填报。

第五节 质量监理的程序和方法

一、质量监理的程序

监理程序是合同管理中为保证工程监理有效控制工程质量,而将工程中承包商和工程监理应做的工作按照时间先后顺序而确定下来的工作步骤。这个步骤一旦形成正式规定,承包商和监理人员都必须严格执行。现已采用的工程质量监理程序有工程监理程序和质量管理程序两种。

工程监理程序是在技术规范中明确规定的随工程施工顺序承包商和工程监理应做的工作内容和顺序。这个程序执行好,能有效地控制该项工程的工程质量。工程监理程序是根据技术规范编制的,其根据施工的进展,规定了不同工序工程监理为保证工程质量所应做的工作。技术规范中,几乎每项工程都可以编制出相应的工程监理程序。

质量管理程序是工程监理中一整套管理程序之一。其余还有合同管理、进度控制程序及计量与支付管理程序等。质量管理程序主要控制“开工申请单”“《质量验收单》”和“中间交工证书”三个环节。

“开工申请单”的批准是工程监理对该项工程准备工作就绪的认可。准备工作的充分与否直接关系到工程施工进度和质量。为此,对开工申请应认真、严格地审查,切忌马虎。“开工申请单”中,承包人应填明:拟开工程项目的名称、起止桩号、开工日期、计划完工日期等。还应附加说明:施工组织计划、机械设备情况、技术人员数量、施工工艺及质量控制指标、材料到场情况和各种材料的试验报告或已批准使用的批件编号及复印件等。经工程监理审查认为开工准备工作均已做好后,则予以批准开工。工程监理的批准意见必须以书面形式通知承包人,承包人只有在接到批准开工的书面通知后方可开始实施。“质量验收单”是各工序或各分项工程完工后的专用验收单,是工程监理对该工序或分项工程质量的鉴定书。

每道工序或分项工程一个部位完工后,承包人进行质量自检合格后向工程监理汇报。工程监理在接到通知单之后立即对申请验收的工序或分项工程部位进行检测和复验,并将检查结果填入“质量验收单”。若检查合格,则通知承包人继续下一道工序或转入分项工程的另一部位,否则责令承包商改正或返工。“中间交工证书”是在一个单项工程完工后签订的。它签认的前提条件如下。

(1)具备该单项工程经监理批准的“开工申请单”,而且附件齐全。

(2)有承包商对单项工程质量的自检结果。

(3)该项工程各道工序或部位有“质量验收单”。

(4)该项工程经监理现场验收合格。

“中间交工证书”是工程监理进行质量监理的最后控制手段,也是中间计量和支付的依据,所以这个环节是十分重要的。

在执行监理程序过程中,要坚持做到以下“四不准”。

(1)人力、材料、机械设备准备不足,不准开工。

(2)未经检查认可的材料,不准使用。

(3)未经批准的施工工艺在施工中不准采用。

(4)前一道工序或分项工程部位未经监理人员验收,下一道工序或另一部位不准施工。

现在以路面工程质量监理程序为例进行说明。路面是由各种材料,如砂、碎石、矿渣、水泥、石灰、工业废渣、水等经过拌制、运输、摊和压实而成。路面施工的质量在很大程度上取决于路面材料的制备、摊铺和压实这三个主要环节的质量控制。譬如,沥青混合料的制备,是碎石、石屑或砂、矿粉、沥青等多种材料配合而成的,要把这些材料拌制成合格的沥青混合料,就要保证所用原材料的质量,使其物理力学指标和级配组成符合规范的规定。因此,应首先要求承包人对原材料进行有关试验,然后将合格的材料进行配料,使之达到规范的级配要求,根据规范推荐的沥青用量拌制混合料,并制作马歇尔试验用试件,由该试验确定出最佳沥青用量范围。用最佳的沥青量制作试件进行马歇尔试验测定各项指标,当各项指标达到要求后,试验工程师予以认可,并批准按此种配合比进行试拌。这是沥青混合料配合比设计阶段质量监控的工作内容。

按试验室选择确定的沥青混凝土混合料配合比进行工厂试拌,试拌应重复多次并应严格控制拌和时间与拌和温度,将试拌后的沥青混凝土混合料分组抽样试验,看是否达到规范规定的各项指标,并经抽样试验检查试拌后混合料的级配情况和沥青用量是否有所改变,若各项指标与试验室的结果相符,经试验监理人员认可和工程监理批准后可进行试铺。这是路面试拌阶段的监控工作。

下一步为试铺检查,通过试铺确定松铺厚度、压实系数、符合规范要求密度的不同机具组合的压实遍数,以便给大面积铺筑路面总结出一套合理的、科学的操作程序,使路面铺筑程序化、标准化。在此期间工程监理应严格要求施工单位测试铺温度、碾压温度并做记录;按照规范规定进行其他检测试验,以便获得最佳的碾压遍数、松铺厚度等经验参数;而后对试铺后的路面进行测量,检查其标高、平整度、路面横坡是否合格,并随机取样试验,检查密实度和厚度。如以上各项经检查后符合规范规定,工程监理应同意进行正式路面铺筑工作。当路面面层施工正式开始后,工程监理应不间断地对试验室、拌和厂、运输、摊铺、压实进行监督、检查、测量、抽样试验。随时监督路面面层施工的工艺过程是否按以上控制的步骤进行,直至面层摊铺压实,完成交付验收。

根据上述沥青混凝土路面监控工作内容和步骤,路面面层的施工质量监控可以总结为以下几个程序。

(1)沥青混合料试验室监控。由施工单位按规定的级配范围,参考沥青用量,在试验室制定符合规范的多种沥青含量配合比设计,并将各组沥青含量配合比设计所做的试验结果报工程监理审批。工程监理在审查后,如符合规定,则应以正式文件批准试拌。

(2)拌和厂试拌。承包人应按工程监理批准的沥青混合料配合比设计进行工厂试拌,试拌时应严格控制拌和温度和时间。根据沥青混合料试拌情况可推荐一组最佳沥青用量和最佳拌和时间的混合料。工程监理在选取时应反复检查,并按承包人指示的各组沥青用量、拌和时间认真选择其中最佳一组,并以正式文件批准试铺。

(3)沥青混合料的试铺。承包人应根据工程监理批准的最佳沥青用量的混合料进行试铺,试铺应严格控制摊铺和碾压温度。如果一切符合要求,工程监理应要求承包人提交一份沥青混合料的试铺报告。工程监理以正式文件批准后方可进行大面积的铺筑。

(4)正式铺筑沥青混凝土面层。承包人按上述批准的沥青混合料以及批准的试铺报告进行拌和摊铺压实。正式摊铺碾压时,工程监理应不间断要求承包人对摊铺温度和碾压温度进行测试与记录。待路面摊铺碾压并且各项指标测试一切符合标准后,由承包人填写“中间交工证书”申请报工程监理批准。

(5)计量。在承包人和工程监理都在场的情况下进行实际量测,由承包人填写申请,工程监理审查认可后签字。

其他分项工程和专业的分项质量监控程序可参照上述方法制定。

二、质量监理的方法

工程质量监理是根据合同条款、技术规范和设计文件,对工程施工中各个环节、每个工序进行严格的、系统的和全面的监理,以保证工程质量达到合同规定的要求。工程质量监理的对象主要是原材料、结构和建筑安装工程的质量,以及施工过程中各环节和完工后的总体质量。为了保证达到质量监控的目的,一般可以采用如下的监理方法。

(一)检查(旁站)

检查是工程质量监理的一种主要方法。检查,就是在工程施工过程中,监理人员全部或部分时间"盯"在施工现场(检查有时也叫"旁站"或"旁站监督"),或者通过随机抽查,来检查承包人的施工工艺是否符合技术规范的规定;所用原材料或混合料配比是否合格,以及是否有发生事故的苗头。根据工程施工的难易程度、复杂性和稳定程度不同,对现场检查的时间长短也有所不同。主要可分为三种情况:全过程旁站、部分时间旁站、巡视和抽查。全过程旁站是驻地监理人员对某一工序或某一工程部分自始至终"盯"在现场观察施工全过程的一种监理方式。它主要用在施工条件比较复杂、工程质量难于保证的工序。例如,混凝土钻孔灌注桩工程中灌注混凝土工序;预应力混凝土钢筋张拉;混凝土的浇注及路面施工从摊铺、碾压到成型的整个过程等。部分旁站是指监理人员对某一个施工工序用一定的时间在现场检查、巡视的一种方式。它主要用于关键、重要但施工情况相对稳定的工序。例如,路基分层填筑和压实成型;各种路面混合料的拌和现场,构造物完工后的回填等。巡视和抽查是监理人员仅需利用少量时间或随机抽查的形式进行监理的一种方式。例如,清理施工场地、清表土;钻孔桩钻孔;混凝土工程中的钢筋绑扎和支搭模板的检查、验收;各种材料的抽查等。为了便于工程监理有计划地安排检查和巡视工作,承包人应提交详细的施工进度计划。由于旁站监理对保证施工质量和进度的重要性,因此也要求监理人员认真负责、忠于职守,密切注意工程关键部位和工序的施工过程。

(二)测量

测量是监理人员对承包商的路线放样和有关几何指标进行检查与控制的重要手段。在开工之前,监理人员要对承包商的路线放样进行复核,不合格者要求承包商返工,否则不准开工。对已完工程的几何指标,如高程、宽度、横坡、曲线半径、超高等也要进行测量验收,不合格者亦要求整修或修正。无法通过整修达到质量要求的工程,要坚决予以返工。

(三)试验

工程的施工质量判断,有许多是要通过试验(包括室内试验和现场试验)结果才能做出结论的。因此工程监理对工程质量进行监控,试验是一个重要的手段。试验内容有:各种原材料的物理、力学和化学性质测定;混合料配比、密实度、强度和模量试验;路面整体强度试验;桥梁结构承载力试验等。这些试验的结果直接关系到工程能否验收和支付。

(四)工程监理发布指令文件

在工程质量监理过程中,工程监理有时也可通过指令文件对工程质量进行监控。如工程监理可通过文件向承包商指出施工中存在的问题或质量事故的苗头,提醒承包商加以注意或改进;在工程监理发现或确认发生了工程质量事故后,也可以向承包商发出"质量事故通知单",这将成为永久性的记载存入竣工文件和档案中,这种情况是承包商最不愿意发生的。工程监理还可通过监理指令文件发布变更设计、补充技术标准和质量要求,以及一些通知、备忘录、会议纪要等。这些文件都直接关系到工程质量,一般都能得到承包商的重视,使工程质量得到进一步提高。

第二章　桥涵工程质量控制

第一节　施工准备及测量

一、施工准备

施工单位接下桥涵施工任务后，应及时指派专业人员开展设计资料、图纸、文件以及实地核查作业，检查文件、资料以及施工图纸的完整程度和清晰度，若有缺失、不清晰和偏差等现象，需提醒建设单位及时开展补齐、更改作业。若发现施工图纸不符合实地状况，与现场有所出入，如有必要应立刻开展调查作业。在进行桥涵施工前，施工单位需遵循建设单位和施工任务要求，来设计相关施工规划方案。其中包含设计依据、工期规划、所需建材和器械数量、施工模式、推进进度安排以及品质管控等；同时需制定实施性施工组织设计，让施工规划更加具体、细节化。超大桥和大桥的施工组织设计，需按照具体的施工计划单独设计，通常可结合路基作业设计方案，来开展小型、中型桥涵的施工组织设计作业。设计工序完毕后，监理部门需审查由施工单位提交的施工计划、设计方案以及施工组织设计。

二、桥涵施工测量

桥梁施工测量作业主要是精确地定位出墩台的中心位置、桥梁轴线方向及各细部构件放样。就大型桥梁而言，首先需配备平面控制网、高程体系并检测其轴线的总长度，为桥跨、桥距、梁体大致走向及高程等符合预设要求提供有力的保障。

中线测量一般需要重新测量处于桥梁两顶端端点的控制桩体、桥梁轴线总长、定位补充水准点等。测量定位补充水准点有益于确定桥梁结构的高程，加大施工水准网的推进力度，使其顺利完成。为推动测量作业顺利开展，测量员应高度重视该作业的开展流程，具备娴熟的操作技术、互相合作的工程精神并认真遵守测量规定。测量作业开展前，必须安排好施工流程和协调工作；必须了解掌握设计方案、图纸以及相关测量文件；协助监理部门准备好实地固定桩的交接工序；协调人员分工，重视设备检验工作，安排施工流程等。

（一）桥涵中线测量

桥位中线（桥轴线）和其总长是设计与定位墩台位置的凭据，因此检测桥位中线旨在把控中线走向与长度，从而保证墩台定位的准确性，因此确保中线的测量准度是极其重要的。为了保证中线总长无误差，有时需要单独构建三角网，便于协同国家控制点一起开展联测作业。在开展测量作业时，可与线段上的国家平面控制点一同合作联测，即可确认该线段坐标的一致性。

1. 评估桥轴线长度的精确度

在测量桥轴线总长前，应提前评估桥轴线测量作业完工后所需的精确度，有益于后续科学地规划相关的测量战略和确认各个测量限差的施工标准。桥长、跨径及设计的相关精确度决定了桥轴线测量结果的精确度，因此评估阶段主要考量的即是上述因素。现以某处连续钢桁梁桥为实际案例。此桥共有 9 孔，分为 3 联，每孔又分成 10 节，每节的上下弦杆总长是 16 m。联与联间支座中心距为 2 m，所以桥长 $D=9\times10\times16+2\times2=1\ 444$ m。两桥台支座及联与联间的支座设置限差均为±5 mm。钢梁各杆件总长的误差需小于其预设长度的 1/5 000，所以每节的极限误差为 16 000/5 000＝3. 2 mm。

2. 桥轴线长度的测量方法

测量桥轴线长度的方式，往往选用光电测距法（现今更为简便的电子全站仪）、直接丈量法、角网法等。就直线桥梁而言，上述三类方法都可以直接用以开展测量作业；就曲线桥梁而言，应视曲线桥梁轴线位于曲线的部位来选用测量方法。现分别介绍如下。

（1）光电测距法

目前运用光电测距仪越来越普遍，原因是测量精确度高、施工快、计算快捷，在测量期间不受地理条件限制，因此可以说光电测距仪是测量桥轴线相当合适的测量器械。光电测距需在气候条件稳定、大气条件好以及周围没有光电信号扰乱的条件下使用，且还需在不同时间段开展往返视测。应在反光镜面没有正对太阳的情况下使用观测，当方向准确后，待读数不再出现变化后，将其记录下来，如此重复测量 3~4 次，取得的平均值就是斜距。读取垂直角可以获得平距，待倾斜调正后，就可获得单方向的水平间距测算值（若选用电子全站仪，就能直接获得平距）。若往返观测参数的误差在其允许的区间内，则将往返观测数值的平均值当作此侧的间距观测数值。

（2）直接丈量法

由于地势起伏小，可通视，因此能够以直接丈量法来获得桥轴线总长。这种方法无须太多设备，具有较高的精准性，一般在中小桥中应用较多。在施工丈量期间，为了确保其精度与器械精准度保持高度一致，在开展测量作业前，须严格检验钢尺的精度，获得尺长改正数 Δj。

用钢尺量距的方式如下。

①朝桥轴线 AB 方向以经纬仪放出相应的线，钉出一组如图 2-1 所示的木桩，桩的中心只能在直线 1 cm 内变化。为方便后续开展丈量，桩间距应小于钢尺总长（约 2 cm）。

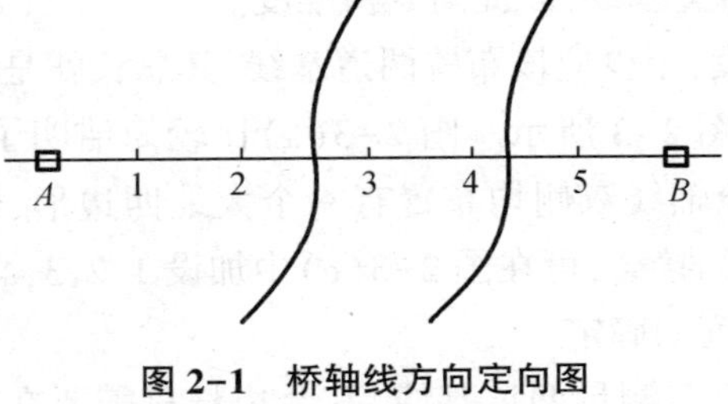

图 2-1　桥轴线方向定向图

②以水准仪测量相邻两桩之间的高差，至少测量两次，将高差精准至毫米级，两次结果的差应在 2 mm 之内。

③丈量期间需对钢尺使用常规拉力,各尺段均可连续测三遍,每次读取数值时都应该更换钢尺的前后位置,误差结果可精确至0.1 mm,三次测量结果之间的差应为1~2 mm。测量距离的时候需要记录测量时的温度,以便及时调整温度参数。

(3)三角网法

若未能选用直接丈量法,或选用其他方法不能保障测量结果的准确性时,可用三角网法测量三角网,以此来获得桥轴线总长,如图2-2所示。桥轴线*AB*即为三角网的其中一道边的长度,测出基线*AC*、*AD*的总长,按照三角丈量的操作原理来开展测量并及时推算,就能得出桥轴线*AB*的总长。

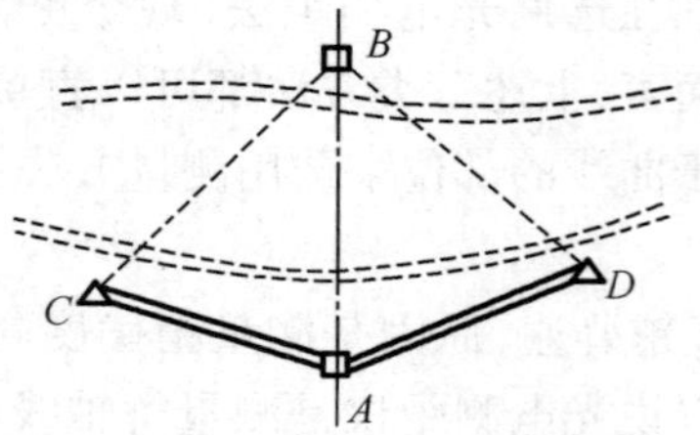

图2-2　桥涵三角网图

(二)桥涵三角网的布置

1.布设桥梁三角网的目的

布置桥梁三角网旨在推算出桥轴线总长和交汇面上墩台的所在地点,因此,设网时必须重视下述几方面要求。

(1)三角点之间应保持开阔的视野,可做到直接通视。

(2)三角点不能配置在可能漫水区域以及土质松散的地区。

(3)绘制清楚简洁的三角网图形,确保三角点基础的强度符合预设要求。

(4)三角网的某边即是所谓的桥轴线,基线某端与桥轴线相互连接,能使桥轴线的准度得到保障。

(5)三角网边长和其实际越过的阻碍物宽有着极其密切的相关性,如在跨河桥梁处开展相关作业时,其边长就与河宽关联。一般边长变化通常呈现为阻碍物宽数值的50%~150%,鉴于桥梁三角网边长数值较小,因此,三角网与边角网具有更好的精准性;测角网和测边网分别能够将横纵向误差把控在额定范围内,因此将这两种测试方法的优势配合起来,就能够保证边角网处布置基线,以提高其精准度。

(6)从校验的角度出发,至少应该布置两道基线,其总长就是桥轴线总长的70%~80%。

三角网的常规图形如图2-3(a)比较简洁明了,通常被用于普通桥梁施工放样。图2-3(b)是在抢轴线双侧均布置有一个大地四边形,通常被用于大桥的施工放样。考量到河岸附近桥墩的接会,可在图2-3(c)中加设1,2,3,4处插点。

2.桥梁三角网必要精度的确定

测量桥梁三角网时,仅需测量两道基线,其余边长只需要在基线和角度的基础上演算出来。在测算平差时,基线不用更改,仅调节相关角度即可,因为与角度差相比,基线存在的误差影响性极小,可忽略。为了使桥轴线精准度的稳定性得到保障,必须使其基线精准度超过桥轴线 2~3 倍。鉴于各边角网状况的差异,测量作业的主要任务并不是仅仅针对两道基线,而是针对整体边长,因此平差时,不仅要调整角度,也要调整边长。

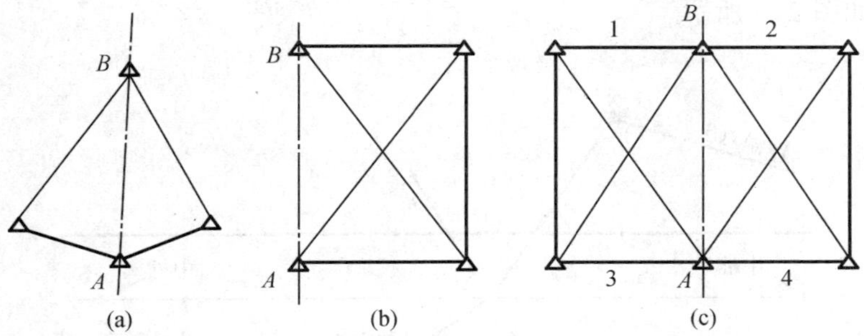

图 2-3　三角网的常规图形

外业完工后,应及时校验观测的结果,基线相对误差应遵循控制网的级配设置,并确保其符合相关规定与标准,角度误差则能够从三角形闭合差推算出来。检验外业结果完毕后,即可获得内业平差及坐标。鉴于桥梁控制往往配置单独运行的控制网,故应该确认控制网所在部位定位的准确性。

(三)桥涵施工的高程测量

桥梁作业期间,除了控制构建平面,还需同时控制高程。通常在河的两岸均布置诸多个水准基点,为作业期间高程放样和桥梁运营时观测下陷状况提供凭据。因此,在布置水准基点时,必须综合考虑点的密度和高程控制的精准度这两个控制要素。可通过国家水准点指派专业人员来布置水准点,经重复测量后投入使用。应在基点的基础处配置诸多个作业水准点,便于推动工程施工。基点是永久使用的,在符合施工要求的同时,也要符合形变观测时永久运行的要求。施工水准点通常只在作业期间进行使用,且必须尽量挨近施工位置。

不论是基点还是施工水准点,都应该确保其施工地点基础稳固、便于施工并且不易破坏。按照地理状况、运行时间和精确度要求,可分别埋设混凝土标石、钢管标石等。桥梁开展相关作业期间,鉴于水准网和桥梁各处高程放样的精确度之间有着高度密切的关系,水准网测量结果的精确性必须得到相应的保障。按照有关规定,超过 2 000 m 的超大型桥即判定为二等,1 000~2 000 m 的特大桥为四等,小于 1 000 m 的桥梁为五等。需要跨河才能测量有关的路线时,选址通常在桥周边河宽最小的位置。水准视线不要经过沙滩或多个施工现场叠加的区域,可有效避免折光的直接影响。确定观测的天气和时间点能够完整地使得物镜成像,并且选在成像清晰度最高的时间点。跨河桥梁处的河宽超过 300 m 时,为了保证其精确度,往往以双线过河的模式来组合构成闭合环。

(四)涵洞基础定位与轴线测量

就涵洞而言,设计文件往往会明确标识出中心桩号、斜交角以及涵洞总长等,按照标识出的施工参数,就可以推进涵洞中心桩和轴线相关测量作业的开展。在测量涵洞时,主要作业就是测量涵洞中心桩位和涵洞轴线的线路方向。接下来就这两个方面进行详细的阐述。

1. 涵洞中心桩位的测量

涵洞基础往往以涵洞中心桩位的测设结果为凭据开展定位作业。可利用测设完工之后且处于桥涵附近的中桩配合直接丈量法，来测量前面和后面所配置的中装与桥梁中心点之间的距离，如图 2-4 所示。

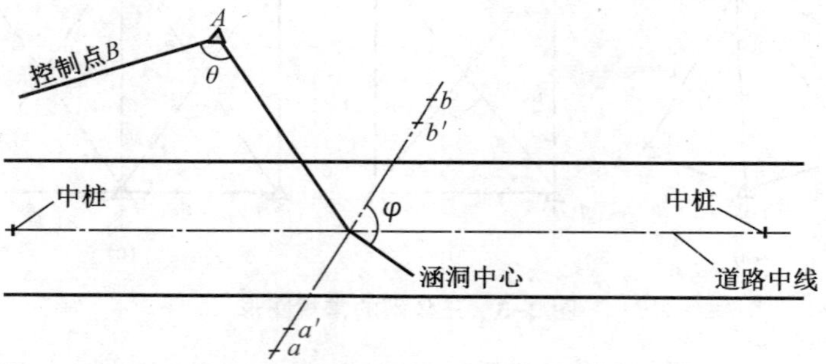

图 2-4　涵洞中心桩位及轴线测设

当涵洞现场附近存在可使用的导线点时，就可将其完整地利用起来，用以推进涵洞中心桩位和轴线的测设。以涵洞中心测设所得的坐标为凭据，可推算出相关距离和夹角。遵循极坐标的放样流程来加大涵洞中心测设的推进力度，如图 2-4 所示，把经纬仪安在 A 导线点，后视导线点在 B 处，然后根据照准的点来改变 θ 角，以涵洞中心线上的 A 点作为开端，去测设其和 φ 间的间距，就可获得涵洞中心位置。

2. 涵洞轴线的测量

涵洞轴线和线路走向是否垂直，是判定其属于正交还是斜交涵洞的凭据。就正交涵洞而言，在清晰地记录下涵洞中心所在的部位后，就可沿方向架去测设其轴线方向。或把经纬仪安装在涵洞中心桩点处，后视路线方向盘左、盘右均转动 90°（或 270°），再获得它的平均位置，就能够清楚地判定出轴线走向。在整条轴线上选址来安设护桩，如图 2-4 所示，可便于在作业期间恢复轴线。针对斜交涵洞，可把经纬仪安装在斜交涵洞中心桩的部位，后视路线方向盘左、盘右转动合适的角度构成斜交角 φ（或 $180°-\varphi$），取其平均位置，就能够得知涵洞轴线的走向。若周围存在可利用的导线点，也能够按照设计文件，来确认轴线上某 a 和 b（即取得涵洞中心朝轴线方向至 a、b 的间距，a、b 在涵洞外侧边的总长）两点的坐标，则 a（或 b）和两导线点构成夹角，测算出夹角与间距，再按照极坐标测设模式来定位 a 和 b 的实际地点，并为其安设 a' 和 b' 两护桩。

（五）桥梁墩台定位与轴线测量

桥梁测量期间，主要工程任务是精准地标识桥梁墩、桥梁台的中心以及纵横轴线。按原设计的文件资料来标识出直线桥梁的墩台，并可以直接查看其涉及的相关里程，如桥轴线控制桩和墩台中心的里程参数，在此基础上即可直接测算出桩体和墩台中心点之间的间距，以该间距参数为前提即可获得墩台中心点的实际坐标。

曲线桥除可利用原有的文件资料来了解和把握桩体与墩台中心的里程之外，还包含桥梁偏角、偏距和墩台间距等曲线要素。按照上述内容可直接测算获得墩台的基础点。鉴于测算任务对象状态时常不稳定，在水内难以及时安设并稳定地运用测量设备，可转为以方向交汇法来进行测设；若墩体处于河水深度较低或水流干涸区域，可选用直接定位法；在稳固性能较好的墩基处定位期间，可选用方向、距离等交汇法，极坐标法或直角坐标法测量。

1. 直线桥梁的墩台定位

当桥梁在同一直线上时，即它的墩台中心均在桥轴线上，如图 2-5 所示。以桥轴线控制桩 A、B 与各墩台中心的里程为基础，能够得出它们间的距离。测设墩台时，选用直接丈量法、光电测距法或方向交汇法。

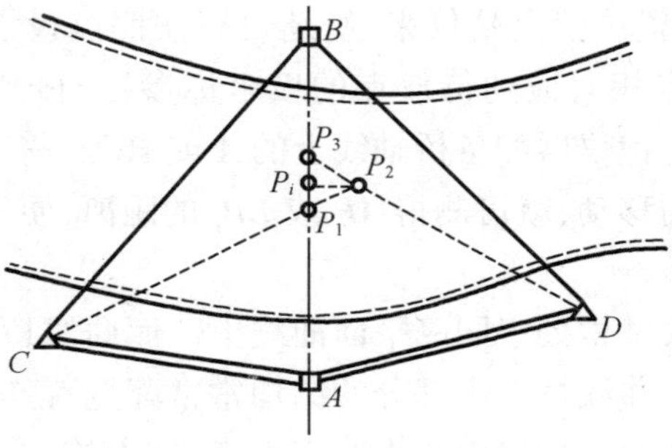

图 2-5　方向交汇法的误差三角形

(1) 直接丈量法

当桥墩位于地势起伏较小的区域，可通视，施工人员确认选择的位置是否能通过后，再用直接丈量法开展相关作业。测量前必须对钢尺进行核查。其丈量方式和桥轴线施工方式类似，其不同点在于，此次测量主要是测已知长度。在测设前，必须综合考量尺长修正数、温度调整数以及偏斜修正数，把已知长度演化为测量长度。为确保丈量结果的精确性，测量时所用的钢尺拉力必须与检查阶段的拉力保持一致。

(2) 光电测距法

若墩台中心位置可配置反光镜，且反光镜和经纬仪直接可以通视，那么，采用光电测距法是非常便捷快速的。但测设期间必须按照实地测得的气压、气温以及测设距离，再改正气象状况，获得的测设结果即为斜距。将斜距按照垂直角换算为平距后，与原有的(设计的)预设平距进行比对，看两者之间是否保持一致。按照其差值前后调整反光镜，直至两者保持一致，此刻，反光镜的位置就是要测设的墩位。

(3) 方向交汇法

如图 2-5 所示，AB 是桥轴线，C、D 是桥梁平面控制网上的控制点，P_i 为第 i 个桥墩预设的中心位置(待测设的点)。A、C、D 三处均配置一架经纬仪，A 点上的经纬仪瞄准 B 点，即可测设出桥轴线方向；C、D 两处的经纬仪均先瞄准 A 点，并分别测设根据 P_i 点的设计坐标和控制点坐标计算的 α、β 角，以正倒镜分中法定出交汇方向线。

理论上，由 C、A、D 放出来的三条方向线最终都能够在一处交汇，此交汇的具体位置就是后续准备开展测设作业的桥墩中心位置。但鉴于在实地开展相关作业时，其结果往往存有误差，导致这些方向线难以聚集在同一个地点，而是形成误差三角形 $\Delta P_1P_2P_3$。若此三角形在桥轴线上的一边的总长(PP_3)处于限定范围内(墩底放样为 2.5 cm，墩顶放样为 1.5 cm)，则取 C、D 两点放出来的方向线的交汇位置点 P_2 在桥轴线方向上的投影 P_i 来作为桥墩放样的中心位置。随着桥墩高度持续增加，需要重复在其中心点开展放样作业，并保证中心放样的施工效率和精确性。为此，在首次正式确认桥墩中心位置 P_i 后，将 CP_i 与

DP_i 的方向线延长至河岸对面位置，并建立固定的瞄准标识 C'和 D'。后期每开展一次方向交汇放样，就能够从 C、D 处直接出发对准 C'、D'标识点，能够直接确定恢复点的放射方向。

(4)极坐标及直角坐标法

在被测设位置可以安设棱镜的基础上，运用经纬仪和测距仪(或全站仪)来开展测设作业，若能够用坐标法将桥墩中心位置清楚地标识出来，就能够保证其精确度和便捷性。针对极坐标法，从原理上来说，可以将仪器放置在任一控制点上，按放样参数、角度和距离等来确认其测设点所在的位置。就全站仪来说，还可以按照测设点、后视点以及待放点的直角坐标，自动获得和测设点相对应的待放点的极坐标参数，再来确认测设点的所在位置。若要测设桥墩中心，最好是把仪器配备桥轴线上的 A 或 B 处，将其对准另一边桥轴线，即可确定其方向，并沿着此方向移动，就可测得 AP 或 BP_i 的距离，便于后续标出桥墩中心点 P_i。

2. 曲线桥的墩台定位

整条线路上，诸多桥梁常常处于同一平面曲线上。而曲线桥的设计不同于其他桥的设计模式，其定位更为繁杂。曲线桥上半部分的结构常常配置有连续弯梁与简支直梁等桥梁结构，下半部分则在墩台中心点位置生成折线交汇点，进而构成弯桥。路线设计时，一般会将其设计为圆形曲线和缓和曲线，此类曲线通常配置有相对稳定的测算公式以获得相关要素。相关设计信息中已经配有墩台定位的相关施工参数，只需待重检流程通过后，即可遵循相关施工流程来落实放样定位作业。但给出的参数往往难以完全符合实地作业的有关需求，还要按照路线检测文件、曲线有关要点，通过计算公式得出各墩台中心，构成顶点的直线，再在偏角的基础上开展定位。针对坐标值，一般直角坐标系中将其计算作业落到实处，这样的计算方法更为便捷、精准。坐标轴的局部坐标系的原点为墩台中心，再配合切线和法线的方向来建立坐标轴；再以墩台中心的路线坐标为施工参数，把上述已知的坐标值换到路线坐标内。定位墩台时，可依据条件的差别来选择各类测算方法，如偏角法、坐标法等。曲线桥放样主要任务在于获得放样参数，其基本流程与上述流程大致相同。

3. 墩台纵横轴线的测设

先开展墩台中心的测试定位作业，待施工完毕后，再测设纵横轴线，上述两项流程可为墩台细部放样提供施工凭据。在直线桥中，墩台的横向轴线和桥梁的纵向轴线存有叠合状况，且各墩台处均有类似的现象，因此通过利用桥的轴线端点处的控制桩来确认横向轴线方向，而无须额外对其余标志桩开展测设作业。在墩台中轴线处测设时需配备一台经纬仪，然后盘左、盘右用作后视，旋转 90°(或 270°)后，获得的平均点即为轴线方向。鉴于作业期间墩台位置往往需要对轴线位置进行恢复流程，因此桥轴线的双侧方均需配置稳固的护桩。桥墩位于水中时，既不能配置护桩，也不能安置仪器，所以暂时不用开展轴线测设作业等。待筑岛、围堰等水位下降以后，再在其上方配置护桩，并精准地测量出墩台中心和纵横轴线。在等跨曲线桥处，墩台中轴线一般是在梁体中心线所在的顶端端点所对应的分角线上，横向轴线与纵向轴线呈现出相互垂直的趋势，所以，在开展测设作业时，需将仪器安置在墩台中心位置点，将临近的墩中心当作后视，测设 180°就能够直接得出其纵向轴线走向，将该方向转动 90°就能够知道横向轴线的方位。或把全站仪安置在墩台中心位置点，将中心坐标、后视点坐标录进全站仪测量仪器，放样点就是曲线法线(切线)方位上随意一点的坐标位置，借助此位置就可以知道横向、纵向轴线的大致方向。无论轴线处于哪一个方向上，都必须在四个方位安设的护桩位置开展测设作业。当墩台定位和横纵轴线的测设作业全部开展完毕后,即可局部进行作业放样。

(六)全站仪放样技术

随着科技的发展,测量器械也持续更新换代。在测量作业期间运用的通常是精确度和便捷度更高的测量器械,为推进施工进展,减小施工困难程度以及确保测量精确度,提供了强力的保障。目前较为普遍运用的是全站仪。最新研发的全站仪,在某一测站上测量水平角、竖直角、间距(斜距、平距和高差)以及三维坐标的同时,还能按照视测参数自动算出所需要的平面坐标与高程。此外,全站仪还配备有大量的应用软件,如设计坐标、高程放样等,能够推动测量作业快速开展,并为提高结果的精确度提供保障。全站仪有多类型号,其设置模式、菜单页面以及屏幕显示方式都有差别,但操作方式大致上是相通的,在此直接跳过其具体型号,只阐述其实际使用方法(具体功能可参照仪器使用说明书)。

1. 观测前准备工作

(1)装进电池。

(2)配备仪器。对中、整平(圆水准、管水准气泡居中)的使用同常规经纬仪。

(3)开启电源进行观测。开启电源后,仪器会自动进行检测,操作人员确保其处于正常工作状态。检测完成,仪器正常,即可定标水平度盘和垂直度盘。打开水平与垂直方位上的制动螺旋,转动照准结构和望远镜,待分别发出一道声响后,就完成了定标作业。若施工完毕后发现存有误差讯息,可利用脚螺旋将仪器放置平稳重新观测。

2. 角度测量

角度测量包含对一般的垂直角和水平角进行观测,以调整水平度盘方位以及左右角的显示等。

(1)一般角度测量

按照经纬仪测量角度的方式来测量一般角度。在测量前必须进行相关准备工作,将望远镜对准第一观测任务对象,记下垂直度盘显示的数值,按照实际测量的需求,记下水平度盘数值或将其数值调整为 0;再对准第二观测任务对象,记下水平度盘或垂直度盘上呈现出的数值,就能及时取得水平角或竖直角。

(2)设置水平度盘读数

全站仪和经纬仪类似,都可以对准某一观测目标后,在水平度盘上显示出相应的读数。

(3)设置左角或右角显示

选择左角或右角显示类似于把水平度盘转动为顺时针或逆时针来记载相关实况。

3. 距离测量

(1)设置棱镜常数和气象参数

鉴于各类型的反射棱镜的常规数值有所差异,在距离测量之前必须遵循所使用的棱镜类型来选择其常规数值。此外,因为温度和气压会对棱镜测量产生直接的影响,故在精细测量距离时,通常仅仅输入温度与气压即可。

(2)距离测量

角度和距离的测量作业须同一时间一起开展。在测量时,须把设备调至测距模式,望远镜的十字丝中心须对准棱镜中心,点击确认键就可获得距离参数。先前调整的施工参数决定了最后呈现距离的三种模式(斜距、平距或高差)。斜距为光电测距部分最初的视测施工参数,平距与高差则以垂直角参数为基础,再通过斜距换算获得。

4. 水平角和距离的放样测量

水平角和距离的放样测量，就是通过极坐标法在实地标出所需要的点。若可以在放样的位置安设仪器，并将该安设部位清楚地标识出来，就可以选择此类方式放样，并在其局部位置设置多点放样。全站仪安装到测站点处，对准后视点，把水平度盘上呈现的参数调至0°00′00″，录进水平距离和水平角放样的相关参数，再配备一架棱镜，确保全站仪照准棱镜。首先，将其照射的走向清楚地确定下来，再按照其显现的角度（放样预设值和实际值间的误差）来调整棱镜位置，直至其角度值显现为0；其次，距离确定下来，在此方向上选中某一距离，将仪器与棱镜互相呈对准状态，按照其真实的距离（放样值与实测值的差）来调整棱镜位置，该位置就是待放样点。也可以按照相关的距离差，在方向上测量距离差为0的位置，安装棱镜进行检验。

5. 直角坐标放样测量

针对全站仪，选择直角坐标来放样，既便捷精确，又能够较好地符合施工预设标准，特别适用于曲线桥的测量作业。鉴于桥梁作业时，一般以同一坐标系为基础，运用相同的数据模型测算模式来取得其各处控制点的直角坐标值。全站仪被安设在测站点所在的部位，校准后视点，将测站点、后视点的直角坐标值全部输进仪器，就能够获得测站点和后视点互相叠合后构成的基线，进而取得基线的极坐标值（平距及水平角度）。在此基础上，仪器会自动测算获得的放样点。之后的放样流程按照上述水平角与距离放样的方式来开展。

（七）桥涵细部施工放样

1. 桥梁细部施工放样

（1）明挖基础的施工放样

在地基良好、基础较浅的前提条件下，通常选用明挖施工方式。在挖掘机出钱，须先按基底尺寸、挖掘总深和放坡实况等的测算获得原有的地表挖掘边线，再以墩台中心及其纵横轴线为施工基础，就能够准确地获得基坑的边线方向。待基坑挖到合适的标高后，可在基底部位开展处置作业或找平作业，之后再放出墩台纵横轴线及其中心线，来推进模板设置、基础混凝土浇筑以及墩体相关作业的进度。应重点关注基坑底部的大小规模，需按照实地工况来预设尺寸每边加至50～100 cm的空置区域，便于后期排水以及设置模板。基础、承台模板中心与墩台中心之间的距离误差须小于±2 cm，墩体模板中心则应该小于±1 cm；墩台模板限差为±2 cm，模板位置同一高程则限差为±1 cm。

（2）桩基础的施工放样

在墩基中心与纵横轴线均测设完工时，就能把纵横轴线转换为坐标轴。按照设计方案中标出的桩、墩重点的所在位置，以支距法将各桩的中心点清晰地标识出来，限差就是±2 cm。放样桩位通过复检后即可开展相关作业。针对数量较少的单排桩，可按照现有的资料，以极坐标法来推进放样的开展。河内桩位或沉井各处地点开展放样时，需遵循水中墩位的有关放样方法，在水中各处结构上测量、放样，确认桩体与沉井的位置，通过复检后即可开展基础作业。

（3）桥梁墩台的细部放样

墩台的细部放样，一般是依靠纵横轴线来开展，在所建立模板的外侧提前标识出其中心线，再在纵横轴线的某侧护桩处架设经纬仪，将其对准线的另一侧护桩，遵循该光线的走向来有序调节模板的实地作业地点，直至光线与模板中心线的方向重合。作业期间，通常需配置护桩来使墩台纵横轴线恢复，这意味着要在墩台的一侧护桩处架设经纬仪，将其对准另一侧的护桩。但随着墩体高度增加，视线受阻，难以继续开展相关测设作业。此时，可在视线还没有完全被墩体遮掉前，用油漆在完工的墩上清楚地画出轴线方向，待轴线恢复时就能在相对合适的位置上配备经纬仪，将仪器照准此标识即可。

若桥墩位于河内，就很难标识出其纵横轴线，因此，必须以光电测距仪或交汇法来清楚地标识出墩台中心的水平位置。光电测距仪确认其纵横轴线时，其测设凭据是所安设的控制桩，进而判定纵横轴线。选择桥轴线某侧的控制桩，配置相应的照准仪器，将其对准其余侧的控制桩，光线的走向即桥轴线，也就是墩体的横轴线（直线桥）。在该光线照射的线段上，可在墩台的中心点附近设置 a_1 和 a_2 两处位置来配置反光镜，即可获得桩与反光镜间存在的距离 d，在两者之间用钢尺确定墩台中心的相对位置。如图 2-6 所示。

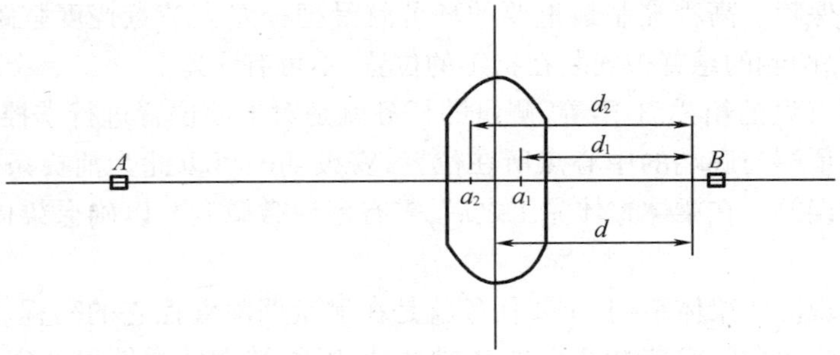

图 2-6　利用光电测距仪定出墩台中心位置

选用交会汇开展墩台中心的测设作业时，最少能选择 3 个以上的方向来交汇开展此作业。在墩朝下 25 mm 和朝上 15 mm 内就能得知误差三角形边的最大数值，三角形的重心点即墩体中心点。在精准安设墩帽、台帽模板完工后，必须重新对其开展检验作业，确定墩帽、台帽所在部位与预设点保持一致。模板中心的测设误差应低于 1 cm，在模板处将墩顶标高清楚地显示出来，便于后续使混凝土标高符合墩体标高。待混凝土施工高度至墩帽顶端时，在墩中心点和纵横轴线处提前埋设中心标识，在纵横轴线双侧的上游和下游河道上提前埋设两处水准点，并获得该中心标识点的准确坐标与水准点的相对高程，就可为支撑垫石施工提供凭据。鉴于确定支座垫石和高程与桥梁荷载间具有极其密切的关系，操作人员必须审慎对待，重新开展测设、放样作业，保证施工放样的精确性。通常以墩体、围堰以及台体等处的临时水准点来管控墩台各部位的高程，可从临时水准点用钢尺直接由上方或下方来测量距离并确定施工需要的高程，或者选用水准仪从浇筑点附近的墩体上配置临时水准点来控制测量距离。但在墩台顶端的最终施工时期，应选用水准仪直接测设以管控高程。

（4）梁体施工时的测量工作

开展桥梁主体结构作业的最后一项流程是梁体作业。桥梁上半部分结构较为复杂，必须确保墩台的走向、测设距离以及作业高程的精确性。鉴于各类桥梁具有不同的结构，作业期间选用的控制方式也各有差异。墩台作业期间，对其中心点位置、中线走向以及墩顶高程等开展有效的测设，将各处墩台算作单独的部分来开展测设。须和周边墩台相互联系以推进梁体作业开展，确保中心线方向、距离以及高差均满足预设需求。

测量桥梁中心线方向，直线上往往选用准直法，以经纬仪正镜和倒镜来视测，绘制方向线。若跨距比较大(>100 m)时，必须有序观测墩的左、右角。在曲线上，可选用测定偏角或坐标法。以光电测距器械来视测邻近的两墩体中心点之间的长度距离，在绘制出的方向线上缓慢地调整中心点实际里程，确保其与预设里程具有一致性。在中心点配备经纬仪并放出里程线，里程线和方向线呈正交形式，即墩台十字中心线，以此为支座底端中心线的精准度提供保障，并用墨线标识。用精密水准来确认墩台的顶端高程，再得出水准路线，将其贴合至两侧岸边的基础水准点处。

梁体实际施工期间有如下测量工作。

①针对大跨度钢桁架或连续梁，可选取悬臂或半悬臂来推进桥梁安设以及测量等相关作业开展。在安设、拼装前，标记出桥梁顶端和底端的中心点所在位置，作业期间就可获得梁体与桥梁各自的中心线的有关误差。在拼装期间，持续地开展测量作业，使梁体的水平位置得到高度的保障。高程控制最重要的环节就是把控好大节点挠度整跨拱度。桥梁跨中合龙时，需确保两侧的悬臂被安装在指定的位置，不可有误差。

②针对预制安设的箱梁、T 梁等，测量的任务就是对平面位置进行掌控。在安装前，应清楚地标识出梁顶端与底端的中心点所在位置，安设期间可以此为前提条件获得桥梁、支座中心线之间的误差。在梁体整体完工之后，需有序地微微调节以确保梁体处于准确的水平位置上。

③针对支架现浇的梁体结构，重要任务就是在测量期间管控它的高程。在预压支架的前项流程和后项流程期间都应持续性地开展测量，以得知它的弹性形变实况，去除塑性形变状况；同时，还应遵循设计内容将预拱度调整至合适数值。在梁体现浇期间，必须跟踪监测支架的实际形变，若形变严重，应立刻停止施工，并及时采取应急措施。

④针对悬臂作业处的梁体结构，测量目的就是为了控制高程。针对挂篮预制荷载前后各个阶段的高程，获得其弹性形变状况，去除塑性变形；同时，浇筑作业前应在各个线段开展测量，设计中明确指出的各节段各有所异的预拱度参数，并配合浇筑完工的上节高程，来调节出合适的预拱度，确保合龙前两端悬臂的预设位置符合施工需求，没有误差积累。

2. 涵洞的细部测量

首先，必须遵循施工图纸的相关标识来精准放样，特别是在斜交涵洞入口处施工时。锥坡、护坡与坡脚呈现为椭圆形的曲线，即可择用多类放样模式，如支距法、图解法以及放射线式放样法等。在斜桥锥坡处还须把斜度指标考量进来，可选择纵横等分图解法来开展放样。上述方式均须提前测算出坡脚椭圆形的轨迹路线，测设至地表处，再根据边坡规范来放出样线，加以施工。安放样线，旨在锥坡挖掘、建筑基础以及砌筑坡表层时，便于来将准绳挂至指定位置，使完工时的铺砌尺寸符合预设需求。在作业期间，必须时时刻刻避免样线移动或脱线开展铺砌，导致后续开展不必要的检测复验工作。

第二节　涵洞与通道的质量控制

一、一般构造

涵洞参照其形式结构可划分为管式涵、盖板涵、拱涵与箱涵等。

每座涵洞均配有进洞口、涵体以及出洞口。

洞口的结构形式主要有八字翼墙式、直墙式、端墙式，若有必要可将洞口位置的路堤铺建完毕，避免水流冲击、侵蚀。

各类标准图纸设计可运用于涵洞的设计作业。

涵洞主要为过水结构。

在设计通道时，一般以穿过的低级别道路路宽和道路级别来设计通道跨宽与净空高度，再参照跨宽择取适宜的构造形式，如拱桥、梁桥与盖板式桥。通道道宽由上部分穿过的高级别的道路路基的宽度来确定。

二、管涵的质量控制

（一）成品要求

钢筋混凝土圆管最终成品，须契合以下要求。

（1）涵管管道的端面平整且和其轴线呈垂直状态（斜交涵进出口管道的外正面，须依据其斜交度来进行设置）。

（2）内外涵管体须平直圆滑，全部涵管不允许存在开缝/裂纹、蜂窝麻面现象。麻面规模须控制在内壁或外壁面积2%以下，并避免钢筋外露和空洞状况。

（3）各部分尺寸，不应超过表2-1中规定的允许偏差。

表2-1　允许偏差

项目	允许偏差/mm
管节长度	−10～0
内外直径	±10
管壁厚度	−5～10

（4）混凝土强度须符合预设要求。

（二）施工要求

（1）在铺设管节与基底前，须及时修整基坑的横断面与坡度，在夯实作业完毕后，将沙砾分层填入基层，再找平、夯实和建造弧形管座。

（2）沟槽处不得存有积水，以便能在干燥状态下开展管涵作业。

（3）管涵安设作业须从下游开始，将整节管体紧密嵌入混凝土管座，严格遵循中线走向和标高来开展敷设作业。若管壁壁后存在差异，及时找平内壁。保证管道接头相互吻合，个别接头错位后,下游管道高度低于上游管道高度不得超过 5 mm。

(4)管节接缝的宽应低于 1 cm,用防水建材将全部接缝嵌塞紧实,避免漏水。

(5)管道安设时,须参照设计图纸来配置沉降缝,沉降缝基础和管道须上下保持通直,接缝端面平整,用填塞材料将其嵌塞紧实。

(6)圆管在输送、装卸期间,须及时配置防碰撞应急措施,避免管道开裂或损伤。

(7)施工允许偏差见表 2-2。

表 2-2　施工允许偏差

项目	检查项目	允许偏差/mm	检查方法
1	轴线偏位	10	经纬仪检查
2	涵管长度	-50~100	钢尺丈量
3	管座宽度	不小于设计	钢尺丈量 2 处

(三)质量检验标准

外观鉴定要求如下。

(1)涵洞平直,进出水口顺畅,无积水状况。

(2)帽石及一字墙表面,轮廓清楚,线条顺直,无翘曲。

三、钢筋混凝土箱涵及通道

通道进口和出口应顺畅衔接老路。针对挖基、支模、扎绑钢筋和浇筑混凝土作业等须遵循相关规定来开展。其检验施工品质标准如下。

(1)混凝土表层整齐紧实,蜂窝麻面程度须控制在内壁或外壁面积 2%之下。

(2)沉降缝平整,填塞材料需嵌塞紧实。

(3)洞口圬工表层整平,轮廓线条清晰顺直。

四、涵洞与通道施工的质量监理要点

干线公路上,由于需泄水、过人和过车,因此涵洞与通道较多。施工监理应多参考涵洞和通道的基础、洞体、附属构造物的相关现场作业,通过这些构造物与路基的衔接程度等要素来掌控其施工品质。品质监理重点工作如下。

(1)检验涵洞与通道的外观大小,如测量涵洞、通道中线部位、台墙厚度及距离、洞顶及底板标高等。

(2)检验基底大小和土壤品质,需重点关注基坑总深和长宽参数等,以及确认基底土壤品质是否符合预设要求。

(3)检验预制管道品质和安设管节的接头处的牢固程度与封闭性。

(4)检验拱架、模板和支架,应满足刚度、预拱度、标高、平整性和密封性等要求。

(5)检验建材品质,如石料刚度、混凝土及砂浆配制混合比和建材强度取样检测报告等。

(6)在开展混凝土浇筑作业前,核查箱涵、盖板涵等配件的钢筋型号及总量。

(7)核查涵顶、台身填土与路基作业的衔接，既要确保填土的紧实程度，又要预防对修建好的涵洞和通道造成过大负载压力。

(8)现场作业时若需更改涵洞或通道所在地点、大小以及标高等，须参照更改程序来办理。

第三节　基础工程质量控制

桥涵的基础形式主要为明挖基础、桩基础以及沉井基础等。明挖基础工序简捷，仅须引进小型施工器械即可完成。其大量应用在中、小型桥梁中。桩基础可负载质量大，因此可引入施工器械，被大规模用于大、中型桥梁。近年来，桩基项目在国内外研发力度极大增强，被用于特殊桥梁(拱桥、钢架桥等)中。若地理环境适合，基础预埋深度较大，多方比较经济和技术因素后，这些特殊桥梁可选定沉井基础来施工。

一、天然基础的质量控制

(一)基础

基坑开挖的尺寸须符合预设要求和设计图纸规定。当开挖到基础标高时，如水文、地形状况与图纸所绘制的有所偏差，应立刻上报工程监理进行处理。

对出现渗水状况的土质基坑，通常在预设的基底大小尺寸之外，将边宽增加0.5~1.0 m，便于将泄水槽、集水槽以及基础模板施工平台配置在基底之外。

基坑边坡规定如下。

(1)地表干燥与基底高出地下水位时，可以不用加固浅基坑的壁身。

(2)当基坑总深低于5.0 m，所耗费周期较短且坑内土壤湿度适宜，土壤分布均匀，可适当地配置基坑边坡。

(3)基坑纵深高于5 m时，可适当降低或增设坑壁的平台。当地表干燥，基坑边坡失稳且漏水状况明显时，难以开展明挖作业，高于地下水位的区域以敞坡开挖的方式进行，地下水位区域则将坑壁加固。基坑开挖期间，不得扰动或让水浸泡基底土壤，在挖到靠近基底标高位置前，须留置10~20 cm宽度的区域。在基础施工前开展突击挖除压实作业，随即灌筑基础。

(二)基础处理

(1)黏性土层基底。基坑面开展找平作业时，须以天然状态开展，摒弃回填土压实的处理方式。在找平完毕后，及时灌砌基础，避免外露或渗水。

(2)碎石类或砂类土层基底。承重面须及时处理找平，砌筑基础时，先铺设一道稠水泥砂浆，当坑底积水难以完全排除时，须将水及时排到基础外排水沟处，再汇入集水坑排除，并在基底标高下方铺设20~30 cm的片石和碎石块，再在石块上方浇砌基础。

(3)基础垫层要求如下。

①灰土垫层。当基底下方的湿陷性黄土被灰土替换掉后，可在基底上面浇筑黏土和熟石灰(最大粒径应低于5 mm)的混合建材，灰土以3∶7的体积比配制，搅拌均匀后，有序分层

铺设、压实,灰土压实后,其干容重应高于 1.6 g/cm。

②砂砾垫层。若在软土地基处施工时,可将砂砾有序压填至基底上方。第一层砂砾铺设厚度为 5~10 cm,以木夯缓慢压实,确保下卧软土的稳定性,之后每层砂砾的铺设厚度为 20~30 cm,压实度须高于 85%。下卧软土层的负载能力决定了垫层的铺设厚度。

(三)基底检验

基底土质及地质状况需提前确认且应通过基底检验标准,并符合预设需求,在通过工程监理判定合格后,再开展基础圬工作业。

1. 基底检验

(1)核查基底平面地点、型号尺寸、基底标高。

(2)核查基底土壤匀称程度、地基稳固性及负载功能。

(3)核查施工日记及相关试验文件等。

2. 桥涵尺寸、地质状况、土壤品质(如溶洞、软弱夹层等)及构造对地基有特别要求时的检测方式

(1)小桥和涵洞的地基核查,通常选用直观或触摸方式,若必要时开展土质解析试验或试压工序。

(2)大、中桥和地基土壤成分复杂且构造对地基有特殊要求时,通常以触摸法检查和通过钻探(最低探测深度为 4 m)对土壤进行取样检测,或遵循特殊规定开展试压沉降等作业。

(3)检验后确认不符合预设要求时,承包商须负责后续处理,经工程监理确认符合预设标准后,才能开展基础作业。

(4)隐蔽项目的基础工序检验记录表,须经质检员及时核查、记录,再由工程监理签字确认后视为技术存档文件。

二、桩基础的质量控制

(一)桩的分类

1. 预制桩

(1)钢筋混凝土方桩(非预应力及预应力桩)。

(2)钢筋混凝土预应力管桩。

(3)开口钢管桩。

(4)其他形式的预制桩(异型钢筋混凝土桩,异型钢桩、木桩等)。

2. 灌注桩

(1)钻孔灌注桩(包括泥浆护壁、用各种钻具正反循环成孔的灌注桩)。

(2)冲击成孔灌注桩(包括用泥护壁、冲击锤或冲钻成孔的灌注桩)。

(3)人工挖孔灌注桩,又称手握沉箱。

(二)桩基工程质量监督

桩基工程质量监督的重点工作在于检验桩基全部作业期间的操作是否符合设计图纸的预设要求,是否符合相关预设标准、规定,是否能够确保最终的施工品质。

1. 预制桩

(1)质量通病

预制桩在作业期间常常会遇到下列情况:一是桩头损坏,导致打桩难以开展;二是桩头完整,但预埋深度没有深入到持力层,作业贯入度却远超打桩器械的贯入度极限值,两因素结合导致桩体大量截断,且通常难以满足预设要求。导致桩头受损的因素较多,如锤击偏移、击打过重、器械晃动或垫层硬度过大等,上述因素均易调节改变。导致桩头受损的主要因素在于桩体品质差,因此预制桩需重点关注制作过程。在击打过程中会出现桩未损伤,但击打作业难以开展,通常是因为引进的桩工器械动力过低或设计不当,须立刻引入新设备或调整设计方案,避免强行击打。

(2)桩的制作

钢筋混凝土预制桩的制作除了核查混凝土标号、钢筋尺寸及总量外,需重点关注下列环节。

①桩顶部分鉴于配置多道钢筋网片,极难浇筑紧实,须要求建设单位出具保证质量的施工技术(如部分区域以细石混凝土浇筑、加强振捣力度等)。

②桩顶须配置有适宜厚度的防护层,主筋应注意遮蔽。

③钢筋笼须安设在两方的中心点,安设偏差也须符合预设要求。

④桩顶平面对桩中心线的偏斜须低于 3 mm。

⑤打桩监督要点。对于支撑桩体而言,在确定的打桩环境下,其贯入程度和其负载功能相符合,因此项目监督的重点任务在于核查打桩环境有没有符合图纸所设。打桩和贯入度检测应符合《地基与基础工程施工及验收规范》(GBJ 202—83)的相关标准。

⑥检验沉入桩控制标准是否符合试桩试验参数,如落距,特别是各种柴油锤,须在常规工作的条件下检验直观落距和测量其贯入度。

⑦锤垫和桩垫是否处于正常状态。当桩头被损伤后,一般换用软垫或增加锤垫的厚度继续击打,并记录贯入度。一般很快达到预设贯入度,但这样获得的贯入度不具有准确性和真实性。

⑧桩头损伤和影响因素。当对沉入桩品质有所怀疑时,须以品质最差的 1 根开展静载试验,指派承包商下仔细记录试桩结果和报告,如试桩允许负载力没有符合预设要求,出具纸质处理建议。

2. 灌注桩

(1)工程质量

无论哪种型号的灌注桩,作业期间均须开展成孔(钻孔、冲击、挖孔、打拔管成孔、爆扩成孔等)和实地浇筑混凝土(干灌或水下浇灌)两大施工作业。由于混凝土为向桩(土)孔内实地浇筑,因此相较于预制桩以贯入度或标高控制来判定最终品质,其品质把控标准过于模糊。最终施工品质往往由施工人员的操作水准和负责程度决定。相较于预制桩,大直径的灌注桩极易出现更多的品质安全事故。

(2)质量通病

①桩身混凝土离析,主要原因是“水”和孔底沉渣超厚。

②断桩,主要原因是混凝土浇筑工序不符合施工要求。

(3)常规检查

灌注桩作业开展需遵循相关建设预设规定,并进行以下常规检查:施工单位的操作技术级别是否能够承担所承包的项目，是否具备相关的项目品质保障体系（包含技术力量、工人操作能力、施工器械品质以及管理水准等）；所选用的桩基作业模式是否符合预设要求（包括成孔、沉管方式，打桩器械的型号，混凝土浇筑工艺等）；各类原材料和半成品是否遵循预设标准开展常规检验，打桩、成孔、沉管及混凝土浇筑工序是否遵循相关要求，桩偏是否符合预设规定；是否遵循标准检验标准对成品（桩）进行抽芯、静荷载和动荷载试验等；是否及时检验资料的真实性和完整性等。

（三）桩基工程质量检测方法简介

桩基项目品质检测通常包含桩体品质核验（构造完备性等）以及单桩荷载功能检验检测，一般由具备相关资质的单位开展检测工作。桩基施工单位通常回避此类检测作业（包含选定检测方式、选定取样检测桩点等），通常不应由被检单位开展检测作业，而是施工单位据实提供抽样试检桩体的相关记录资料和实地状况给检测部门。

1. 常规检测

常规检测包含检测原材料和半成品。施工单位须遵循相关施工验收标准来规划成品数量和品质，按时送至该区域法定质检单位认定的试验室站开展检测作业。针对重要项目，质检站有权利在各个时间段开展实地抽检活动。

2. 人工挖孔桩、孔底检测

人工挖孔桩、孔底检测任务在于确认孔底下方是否存在比孔底外露的土层更为柔性的夹层。通常选用地质钻与风钻来开展检测作业，钻入总深须约为桩径的两倍。

3. 桩身结构完整性检测

（1）抽芯检验

重大项目的大直径灌注桩通常须开展抽芯检验，检验任务主要是为了保证桩体混凝土品质、沉渣高度以及桩底岩体是否符合预设要求。鉴于国内尚无明确要求和相关确认标准，抽芯的实际操作方式陈述如下，供参考。

①抽芯总量。占桩体总量的 10%，且高于 4 根。抽检样品需具备典型性，若存在重大品质问题，在有必要的情况下，设计部门须加倍增加抽芯数量。

②开孔区域通常位于桩中心，芯样直径一般由桩径大小来决定，通常为 6～8 cm，抽芯深度为桩体总长且深入基岩 60 cm。

③所引进的岩芯钻主要为旋转式，在钻进的过程中尽量降低冲击力度，确保不因技术和器械的因素而影响抽芯品质。

④混凝土浇筑作业完成 28 d 后再开展抽芯作业。

⑤芯样按照其深度成段放置在芯样箱中，各个桩孔须抽检 4 根芯样来开展抗压强度试验（混凝土三件，岩样一件）。

⑥抽芯结果须按照每根抽芯桩的混凝土断面图和试验报告，对桩体混凝土品质（包含开裂、蜂窝、气泡、离析、杂质等状况）和基岩质量，开展描述且进行评价，代表性芯样须配置照片。

（2）非破损检验

①断桩动测检验法

断桩动测检验法由湖南大学提出并用于工程检验的，它是目前动测检验中试验方法最简单的一种。但是当裂缝出现在深层时，波形反映不如在浅层时明显。

②机械阻抗法

机械阻抗法是西安公路研究所的一项研究成果。“阻抗”的概念源于电学,由于力学中量的关系与电量之间的关系极为相似,所以用电子元件来模拟机械结构,可以大大地简化试验工作,而且结果也较精确。使用这种方法每天可验约 15 根桩。

③水电效应频谱分析法

水电效应频谱分析法是西安公路研究所研发用来核验大直径灌注桩品质的又一检测方法。试验须将水灌入安设在桩顶的容器中,水在一瞬之间会放出电流,人工模仿雷电状况,水分汽化,在电极周围生成高温高压气体,汽化瞬间可生成几千大气压的压力,使温度直接达到上万度,其间生成的气泡会加速膨胀,可用作振源振桩。一般将水听传感器、传声放大器和磁带录音机放置在水里接收信号,再使信号处理设备处理参数和解析频谱。

4. 单桩承载能力检测

设计时桩的承载能力根据地基设计规范及勘察资料进行计算,当设计部门认为有必要时,应进行桩的承载能力试验。

(1)静荷载试验

①试验应按施工规范及有关规程进行。

②同一条件下的试桩数量不宜少于总桩数的 1%,并不少于 2 根。

③反力架可采用平台重物法或锚桩法。国内静荷载试验已达到千吨以上。

④最大荷载应不低于单桩设计承载能力的二倍,有条件应尽可能做至极限荷载,并收集该场地的土工试验结果、触探资料、打桩条件等与试桩结果挂钩。

(2)动荷载试验

应做足够数量的动静对比试验,以检验方法本身的准确程度(误差应在一定范围内),确定相应的计算参数或修正系数。试验本身可重复,系非破损检验,方法简便快捷。

(四)质量检验

(1)钻孔的质量检验。钻孔、清孔和钢筋笼下放完毕,以及桩的混凝土灌注后,应进行质量检验,将有关施工记录交工程监理查存,并填写钻孔灌注桩质量检查单。

(2)桩的质量检验。主要是在施工过程中控制水下混凝土的配合比及保证浇筑连续进行。对于成桩混凝土也可进行抽查检验。此外,对大桥的钻孔灌注桩还应取岩心钻探检查或用水电效应法或机械阻抗法等检查桩的质量及其极限承载能力。

(3)岩心钻探检查。钻取的芯样直径应不小于 70 mm,桩的抽样数量一般为基桩总数的 3%,每根桩钻 3 个眼。当对受检查的桩质量有怀疑时,应以地质钻机钻通基桩,同时取芯样做抗压强度试验。水电效应及机械阻抗法检查抽查基桩总数的 10%,检验其整体性、混凝土均质性和极限承载能力。

(4)桩的质量检查如果不符合规定的要求,或者在施工中出现不符合规程的现象,则认为该桩质量差,当无法补救时,工程监理有权拒绝签认,并做废桩处理。若能补救,则由施工单位提出处理方案,报请工程监理认可后,才能施工。以上废桩和补救的费用完全由施工单位自负。

(5)如有必要,工程监理有权对所灌注的基桩进行静载试验,抽查数量可依具体情况确定。

第三章　公路桥涵混凝土施工质量控制要点

为充分发挥混凝土的性能优势，使用优质的混凝土提高公路桥涵的建设质量，必须加强对混凝土的质量控制。检测是质量控制的基础环节，检测后评价混凝土的性能参数是否达到要求，其间采用质量管理图表，动态控制混凝土在拌和、施工全流程的质量；秉承着高质量的原则，制定改进措施，根据混凝土的特性优化质量控制机制，更全面地管控混凝土的质量。混凝土的质量控制以循序渐进的方式进行，包含三大阶段：一是初步控制，确定混凝土的配合比，检验可行性，根据施工需求检查原材料的质量；二是生产过程控制，涉及材料的称量、拌制、运输、浇捣、养护等，避免由于方式不当而导致混凝土的质量出现异常；三是产品质量控制，即制品的出厂检验、结构建设成型后的质量验收等，是混凝土施工质量的重要“防线”，包含批次的划分、各批质量的检验及评估等。

第一节　原材料质量控制

水泥、外加剂、碱总含量、氯化物均是原材料控制中的重点考察对象。水泥进场时，从品种、级别、出厂日期等方面进行检查，复验强度、安定性等关键的指标，实测结果必须符合现行国家标准，任何受潮结块的水泥均不可投入使用。水泥出厂时间超过 3 个月，或对水泥的质量存在怀疑时，安排复检，根据复检结果判断原材料是否达到质量要求。对于公路桥涵建设中采用的预应力混凝土和钢筋混凝土，需注重钢筋的防护要求，不宜采用含氯化物的水泥。检查水泥质量时应检查产品合格证、出厂检验报告和进场复验报告。同生产厂家、同一等级、同一品种、同一批号且连续进场的水泥，袋装不超过 200 t 为一批，散装不超过 500 t 为一批，每批抽样不少于一次。混凝土中掺用外加剂的质量及应用技术应符合现行国家标准《混凝土外加剂》（GB 8076—2008）、《混凝土外加剂应用技术规范》（GB 50119—2013）等和有关环境保护的规定。预应力混凝土结构中，严禁使用含氯化物的外加剂。钢筋混凝土结构中，当使用含氯化物的外加剂时，混凝土中氯化物的总含量应符合现行国家标准《混凝土质量控制标准》（GB 50164—2011）的规定。使用外加剂前应检查产品“合格证”“出厂检验报告”和“进场复验报告”。按进场的批次和产品抽样检验方案确定。

混凝土中氯化物和碱的总含量应符合现行国家标准《混凝土结构设计规范》（GB 50010—2010）与设计的要求。使用前应检查原材料试验报告和氯化物、碱的总含量计算书。混凝土中掺用的砂物掺合料、粗细集料、拌合用水的质量控制为一般项目控制。混凝土中掺用矿物掺合料的质量应符合现行国家标准，其矿物掺合料的掺量应通过试验确定。使用前应检查出厂“合格证”和“进场复验报告”。按进场的批次和产品的抽样检验方案确定。普通混凝土所用粗细集料的质量应符合国家现行标准的规定。混凝土用的粗集料,其最大颗粒粒径不得超过构件截面最小尺寸的1/4,且不得超过钢筋最小净间距的3/4。对于混凝土实心板,集料的最大粒径不宜超过板厚的1/3,且不得超过40 mm。

卵石和碎石的出厂检验项目有颗粒级配、含泥量、泥块含量、针片状含量。使用前应检查进场复验报告。按同品种、规格、适用等级及日产量每600 t为一批,不足600 t亦为一批。日产量超过2 000 t,按1 000 t为一批,不足1 000 t亦为一批。日产量超过5 000 t,按2 000 t为一批,不足2 000 t亦为一批。天然砂的出厂检验项目有颗粒级配、细度模数、松散堆积密度、含泥量、泥块含量、云母含量。人工砂的出厂检验项目有颗粒级配、细度模数、松散堆积密度、石粉含量(含亚甲蓝试验)、泥块含量、坚固性。使用前应检查进场复验报告。检验数量按分类、规格、适用等级及日产量600 t为一批,不足600 t亦为一批。日产量超过2 000 t,按1 000 t为一批,不足1 000 t亦为一批。拌制混凝土宜采用饮用水。当采用其他水源时,水质应符合国家现行标准的规定。使用前应检查水质试验报告。同水源检查不应少于一次。

第二节 混凝土拌合物技术性能

混凝土拌合物的质量指标包括稠度、含气量、水灰比、水泥含量及均匀性等。

(一)稠度

各种混凝土拌合物均应检验其稠度。其检测方法应按《普通混凝土拌合物性能试验方法标准》(GB/T 50080—2016)的规定进行。

(二)含气量

掺引气型外加剂的混凝土拌合物应检验其含气量,其检测方法应按《普通混凝土拌合物性能试验方法标准》(GB/T 50080—2016)的规定进行。一般情况下,根据混凝土所用粗集料的最大粒径,其含气量的检测指标不宜超过表3-1的规定。

表3-1 掺引气剂和引气型减水剂混凝土的含气量及其允许偏差

粗集料最大粒径/mm	混凝土含气量最大限值	允许偏差
10	7.0	±1%
15	6.0	
20	5.5	
25	5.0	
40	4.5	

(三)水灰比及水泥含量

依据《普通混凝土拌合物性能试验方法标准》(GB/T 50080—2016)的规定,检验水灰比和水泥含量,要求两项指标均达到要求,以免影响混凝土的性能。

(四)均匀性

混凝土拌合物应满足拌和均匀,颜色一致,不得有离析、泌水现象。当对混凝土拌合物均匀性有特殊要求或有疑问时,应按《建筑施工机械与设备混凝土搅拌机》(GB/T 9142—2021)的规定进行检测。其检测结果应符合表 3-2 的规定。

表 3-2　检测规定

检查项目	指标/%
混凝土中砂浆密度测值的相对误差	≤0.8
单位体积混凝土中粗集料含量测值的相对误差	≤5

第三节　物理力学性能

混凝土物理力学性能包括混凝土表观密度、热工性能、强度及静力弹性模量等。在实际工程中,均须检验所用各种混凝土的立方体抗压强度,其余性能根据需要进行检测。

(一)表观密度

混凝土烘至恒重时的单位体积质量称表观密度,其计算单位通常以 kg/m^3 表示。普通混凝土的表观密度为 2 200~2 400 kg/m^3。影响混凝土表观密度的因素有集料的密度、粗集料最大粒径、混凝土配合比等。

(二)热工性能

1. 比热

将 1 kg 混凝土的温度提高或降低 1 K(1 ℃),所吸收或放出的热量称混凝土的比热。通常用符号 C 表示,其计量单位为 J/(kg·K)。普通混凝土的比热一般为 840~1 170 J/(kg·K)。混凝土比热随其含水量的增加而显著增加。

2. 导热系数

面积为 1 m^2 的混凝土,当其厚度为 1 m,两侧温度差为 1 K 时,通过该块混凝土的热量(W),称为该混凝土的导热系数(A),其计量单位为 W/(m·K)。导热系数是材料传递热量的一种能力。导热系数 λ 值越小,则混凝土隔热保温性能越好,普通混凝土的导热系数为 1.3~1.49 W/(m·K)。影响混凝土的导热系数的主要因素有骨料种类、集料用量、混凝土的温度及其含水量等。

3. 导温系数

混凝土的导温系数表示混凝土在冷却或加热过程中,各点达到同样温度的速度(a)。其计量单位以 m^2/h 表示。导温系数与导热系数成正比,与比热成反比,即

$$a=\frac{\lambda}{C\gamma}$$

影响混凝土导温系数的主要因素与影响导热系统及比热的因素相同。水泥净浆、砂浆及混凝土的导温系数比较见表 3-3。

表 3-3　水泥净浆、砂浆及混凝土的导温系数比较

项目	水泥净浆	水泥砂浆	普通混凝土
水灰比	0. 3	0. 65	0. 65
导温系数/($m \cdot h^{-1}$)	0. 001 2	0. 002 3	0. 003 4

4. 热膨胀系数

随温度的变化，混凝土呈现出热胀冷缩的特性，混凝土的热膨胀系数约为 $8\sim12\times10^{-6}$/℃，体积膨胀率为线胀率的 3 倍。热膨胀系数受水泥品种、集料质量、温度等多因素的影响，因此在控制热膨胀系数时须将各项关键影响因素作为重点控制对象。

(三)混凝土强度

混凝土强度包含抗压强度、抗拉强度、抗剪强度等多项细分指标，不同强度所占比例不同，其中抗压强度远超过其他强度，因此建设成型的结构物主要由抗压强度承受荷载。其他强度及混凝土结构的变形特征可根据抗压强度推定。因此，在评定混凝土质量时可以将抗压强度作为重点指标，同时根据此指标进行混凝土强度等级的划分。

1. 混凝土的正态分布与强度多级

(1)正态分布，又称高斯(Gauss)分布，是概率论和数理统计中最重要的一种分布，也是连续型随机变量中最常用的一种分布。实际工作中常常遇到，如测量误差，工业产品的某些度量，如直径、长度、宽度，以及前述的混凝土强度等，都近似地服从正态分布。正态分布的形状如图 3-1 所示。

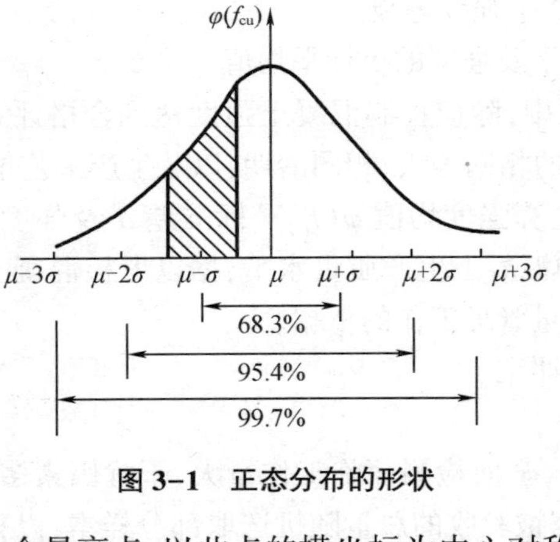

图 3-1　正态分布的形状

在图 3-1 中，曲线有一个最高点，以此点的横坐标为中心对称地向两边单调下降，在正负一倍标准差处各有一个拐点，然后向左右无限延伸，并以横轴为渐近线。正态分布曲线由正态概率密度函数给出。

$$\varphi(f_{cu})=\frac{1}{\sqrt{2\pi\sigma}}e^{-\frac{(f_{cu}-\mu)^2}{2\sigma^2}}$$

其中，f_{cu} 为从正态分布总体中抽出的随机样本值；e 为自然对数的底，e = 2. 718 3；μ 为正态分布的均值；σ 为正态分布的标准差。当参数 σ 相同时，$\varphi(f_{cu})$ 的图形的形状相同，但不同的μ有不同的位置，如图3-2(a)所示；当参数μ相同，而σ不同时，则$\varphi(f_{cu})$的图形有相同的对称轴，但图形的形状不同；σ越大，曲线平缓胖矮；σ越小，曲线陡峭瘦高，如图3-2(b)所示。

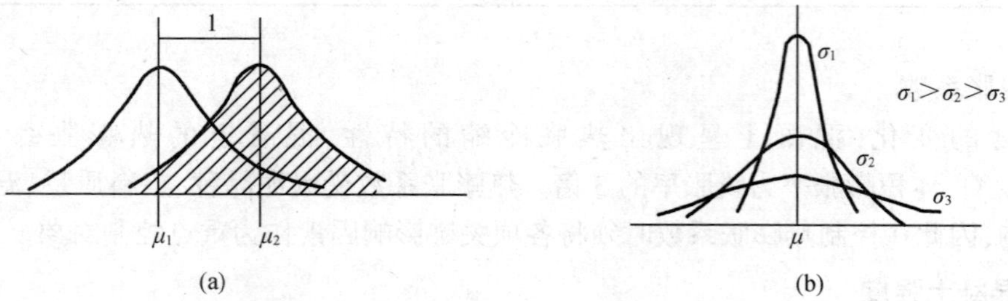

图3-2 正态分布曲线图

可以看出，正态分布取决于μ和σ两个参数，只要有了μ和σ就可将正态分布曲线完全描绘出来，所以，通常把参数为μ和σ的正态分布，记为$N(\mu,\sigma^2)$。所以在混凝土生产质量水平的确定和强度合格评定的统计法中都采用了平均值与标准差两个参数作为评定指标。

(2)强度等级。根据《混凝土强度检验评定标准》(GB/T 50107—2010)的规定，混凝土的强度等级应按立方体抗压强度标准值划分。立方体抗压强度标准值(f_{cu},k)系指按标准方法制作和养护的边长为150 mm立方体试件，在28 d龄期，用标准试验方法测得的抗压强度总体分布中的一个值，强度低于该值的百分率不超过5%。强度等级采用符号C与立方体抗压强度标准值(以N/mm^2计)表示，共划分为C7.5、C10、C15、C20、C25、C30、C35、C40、C45、C50、C55及C60共12个强度等级。

2. 混凝土生产质量水平及强度的统计平均值

混凝土在生产和施工中，除应控制混凝土强度达到合格评定要求外，还应对一个统计期内(1个月或1个季度)的相同等级、相同龄期，以及生产工艺条件和配合比基本相同的混凝土强度进行统计分析，计算强度均值$\varphi(f_{cu})$、标准差σ及强度不低于要求强度等级值的百分率(P)，确定本单位的混凝土生产质量水平，据以考核混凝土质量的管理工作，并作为下一个循环阶段混凝土质量管理工作的依据。

3. 混凝土强度的合格评定

(1)强度的抽样检验

混凝土产品的总量多，全面检测面临工作量大、干扰因素多等问题，缺乏可行性，因此宜采取抽检的方法，即根据被验收的总量随机选取部分样本，以科学的方法组织检验，利用被测样品的检测结果反映所在批次混凝土的质量。为使抽检结果具有代表性，须保证被测样品数量充足同时检验方法科学可行。

①抽样检验的基本原则

任何抽样检验的标准都应包括批量的规定、每批取样的数量(样本容量)、样本的验收函数和验收界限、对不合格批量进一步处置的说明。

②抽样检验方案的确定方法

假定规定一个抽样检验方案为A，当产品的质量水平为($\mu/f_{cu},k$)时，用A方案检验产品批被接收的概率为 $L(\mu/f_{cu}.k)$。$L(\mu/f_{cu}.k)$ 叫抽样检验方案的特性函数。图 3-3 上的 $L(\mu/f_{cu}.k)$ 曲线叫特性曲线，又称 *OC* 曲线。

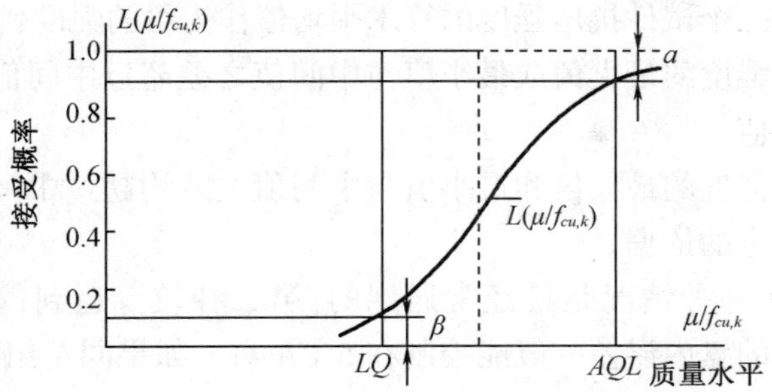

图 3-3　*OC* 曲线

抽样检验时，须设定合格质量水平（*AQL*）和极限质量水平（*LQ*）。质量的检验采取抽样的方法，但抽样的数量有限，且产品质量的特性值具有分散性，因此在 *AQL* 中可能存在部分质量低劣的产品。而随机抽样环节恰好选取的是此部分时，将出现整批产品均被判定为不合格的情况，显然此结果有失偏颇。由于错判而导致的风险由生产厂家承担，用 a 表示。按照类似的思路，也有理由认为 *LQ* 中可能存在少量高质量产品，但并不代表所有产品均达标，因此可能将整批产品视为合格，但事实上难免存在低劣产品。产生的风险由使用者承担，用 β 表示（图 3-3）。

在图 3-3 中，生成与某抽样检验方案相对应的 *OC* 曲线，在评估抽样检验方案的可行性时，需要从现场生产条件出发，综合考虑高效、便捷、有效等方面的要求，确定适宜的抽样检验方案，再依据方案开展质量检验工作，最后根据检验结果评价混凝土强度是否达标。

（2）混凝土验收批的划分

分批检验混凝土的强度。一个验收批的混凝土在生产工艺、配合比、强度等级、龄期几方面须基本一致，以保证检验结果的有效性。对于现浇混凝土，须根据分部工程予以划分，部分分部工程的混凝土量较大时，根据总量划分为多个验收批，依次安排质量检验，分批次加强质量控制。生产工艺涵盖的内容包含拌和、运输、浇筑三大方面，为创设生产工艺相同的条件，从三个方面着手予以控制。配合比相同指的是各类原材料的用量保持一致，即便某类原材料的使用方式发生改变，可及时调整配合比。在多项条件均相同的前提下，使同一批混凝土的强度数据呈现规律性。在抽检时，同批混凝土试件组数称为样本容量，也可将其视为被验收混凝土的批量。

（3）混凝土试样的采取

为使抽取的混凝土试样更有代表性，标准规定：混凝土试样应在浇筑地点随机抽取。其取样按每生产 100 盘，但不超过 100 m^3 的同配合比混凝土，取样次数不得少于一次；每工作班生产同配合比混凝土量不足 100 盘时，每工作班取样次数亦不得少于一次。对预拌混凝土除在厂内按上述规定取样外，混凝土运到施工现场后，每 100 m^3 取样不少于一次；仅当按分部工程连续浇筑混凝土量超过 1 000 m^3 时，每 200 m^3 相同配合比的混凝土取样不得少于一次，现场的抽检结果作为评价预拌混凝土质量的交货依据。

(4)组代表值的确定

混凝土强度检验评定的最小单元是“组”,现行标准规定一组由三个试件(取自一盘混凝土)组成,一组强度代表值按如下规定确定。

①一般情况下取三个试件抗压强度的算术平均值作为组的强度代表值。

②当一组试件中强度的最大值或最小值与中间值之差超过中间值的15%时,取中间值作为该组的强度代表值。

③当一组试件中强度的最大值和最小值与中间值之差均超过中间值的15%时,该组试件的强度不应作为评定的依据。

在正常情况下,第一种情况是最经常遇到的;第二种较少遇到;第三种情况会偶然遇到。因为混凝土强度的盘内误差一般能控制在5%左右。如果同一组三个试件强度之差都超过此值3倍,说明试验误差过大,试验结果不可信,故不作为评定依据。取舍精度为1%,15%后边的数值可按“数据修约原则”处理。

4. 拔出法用作混凝土质量控制

由于短暂负荷而需测定混凝土的强度时,选取立方体试块进行,并将占比较大的抗压强度作为主要考虑对象。若对混凝土试件的强度有所怀疑,或遇到缺少试件的情况,应向结构中钻取试件并进行检测,或采取非破损检验方法,根据检测结果推定结构中混凝土的强度。钻取法操作简单,但耗费较多的时间和物力,且部分试件缺乏代表性,检验结果难以反映整体强度;非破损检验对结构完整性较为友好,但存在检测结果准确性偏低的局限性。在美国、加拿大等国家,特殊混凝土的强度评定采用拔出法,此法产生的结果也可作为普通混凝土吊装、张拉等的强度依据。根据操作形式的不同,拔出法包含预埋法和后装法两种,两者的一致性在于原理基本相同,有所区别的是设备类型和操作方式不同,以预埋法为例进行分析(图3-4)。

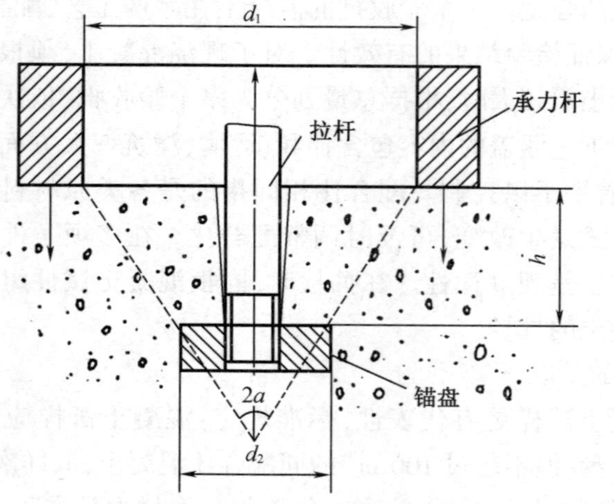

图3-4 预埋法

如图3-4所示,将直径为 d_2 的锚盘先浇在混凝土中,埋深为 h。承力环内径为 d_1,拔出试验时作为承力座与约束圈,拔出夹角为 $2a$;通过拉杆施加拔力,抽拔锚盘。当达到极限拉拔时,混凝土将大致沿夹角为 $2a$ 的圆锥面开裂破坏。大量实践证明,当 d_1、h 和 a 值选用得当时，混凝土的抗压强度 f 与极限拉拔力 F 之间有良好的线性关系，可用下式表示：

$$f=A_1+B_1F$$

其中，A_1、B_1 为常数，由生产厂家提供。

后装法的思路是向待测混凝土开设深度为 45 mm 的 φ18 mm 小孔，距孔口 25 mm 的位置切割环向沟槽，安装胀簧式扩拔器，用胀杆扩开 4 片簧片，施力拉拔，在力的作用下直至破坏为止。测定的关键指标为极限拉拔力 F 和抗压强度 f，两者的关系为

$$f=A_2+B_2F$$

其中，A_2、B_2 为常数，由生产厂家提供。

学者围绕拔出试验的破坏性质开展了大量的研究工作，认为拉拔荷载的破坏是由于环状地带压应力达到极值所致，与拉力破坏存在差异，或是由压应力和剪应力的共同作用所致。预埋法在特种混凝土强度检验以及普通混凝土质量控制中取得广泛的应用，如决定拆模、加载、张拉等可采用此方法。相较之下，后装法的适用范围更广。拔出装置的质量对最终的结果有显著的影响，要求有足够的制作精度。计量设备须精准，配套的锚盘或拉杆应由优质钢材制作成型，装置须兼顾有效性和操作便捷性的要求。

（四）弹性模量

材料在受到荷载作用时变形，卸荷时随即恢复原状的现象称之为弹性变形。在加荷和卸荷两种工况下，混凝土的典型应力-应变曲线如图 3-5 所示。也存在特殊的情况，即卸荷后变形仍持续存在，留下可逆的弹性应变 e，不可逆的残余应变 γ，总应变 δ。从加载流程来看，加荷瞬间产生的变形视为弹性变形，持荷时的变形视为徐变，多次加载卸荷后，减小徐变，测出弹性变形，其间残余应变无增加的变化。混凝土的应力-应变具有线性变化规律，此规律主要集中在加荷应力不大于混凝土抗压强度的 50%～60%时。将混凝土视为弹性体，对关联应力-应变曲线进行分析，将弹性模量分为如下三类（图 3-6）。

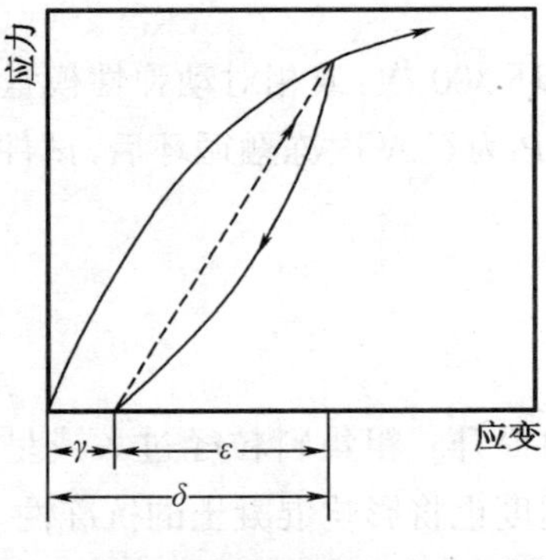

图 3-5　加荷及卸荷时混凝土应力-应变曲线

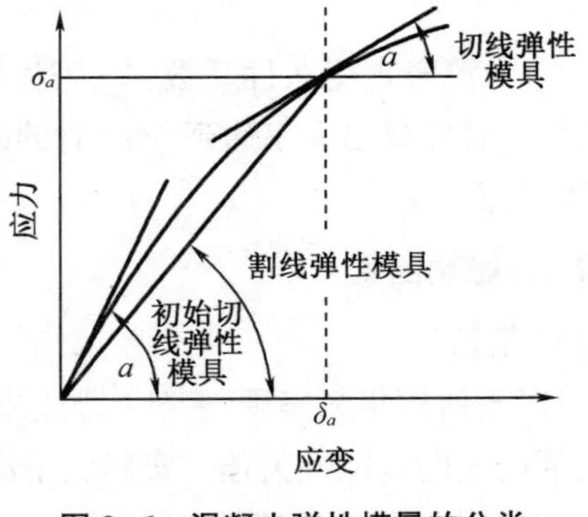

图 3-6　混凝土弹性模量的分类

（1）初始切线模量 $Ef=\tan a$。

（2）切线模量 $Et=\tan aa$。

（3）割线模量 $Eh=\sigma a/\sigma a_0$。

初始切线模量是应力-应变曲线原点上切线的斜率，不易测准，实用性较小；切线模量是应力-应变曲线上任一点切线的斜率，它仅适用于很小的荷载变化范围；割线弹性模量是应力-应变曲线上任一点与原点的连接线的斜率，它表示所选择点的实际变形，并且较易测

准,在工程上常被采用。

第四节　长期性和耐久性控制

抗冻、抗渗、收缩、徐变等是评价混凝土长期性和耐久性的关键指标。对于混凝土的耐久性,指的是其在抵抗各种破坏因素时仍可维持完整、稳定的能力。混凝土和钢筋两部分的性能共同作用于混凝土结构,长期性和耐久性,影响工程整体结构的使用效果。因此,须从影响混凝土长期性能和耐久性能的因素出发,探寻提高质量的策略。

一、抗冻性能

冻融循环对混凝土结构质量有显著的影响,在评价混凝土的耐久性时,将抗冻性视为关键指标之一。

(一)定义

混凝土试件成型后,经过标准或相同条件养护,在规定的冻融循环制度下保持强度和外观完整性的能力称为混凝土的抗冻性。由于抗冻试验方法不同,试验结果评定指标如下:

(1)抗冻标号。以同时满足强度损失率不超过25%、质量损失率不超过5%时的最大循环次数来表示,如D25、D50、D100、D150、D200、D250、D300。

(2)混凝土耐久性。混凝土经受快速冻融循环,以同时满足相对动弹性模量值不小于60%和质量损失率不超过5%时的最大循环次数来表示。

(3)耐久性。以下式计算(适用于快速冻融试验):

$$K_n = PN/300$$

其中,K_n 为混凝土耐久性系数;N 为达到要求(冻融循环300次;或相对动弹性模量下降到60%以下;或质量损失率达到5%)时的冻融循环次数;P 为经 N 次冻融循环后,试件的相对动弹性模量。

(二)影响因素

(1)集料

混凝土所用集料坚硬、密实时,抗冻性得到显著的提升。粗集料粒径过大或呈扁平颗粒时,混凝土的抗冻性欠佳。集料的干湿状态及具体程度也将影响混凝土的抗冻性。

(2)水灰比和水泥用量

在混凝土质量控制中,加强对水灰比的控制和水泥用量的调整,两项指标合理有利于提高混凝土的抗冻性。

(3)外加剂

混凝土拌制中的外加剂包含减水剂、抗冻剂、引气剂等,适度掺入外加剂对于提升混凝土的抗冻性有突出作用,其中以引气剂的应用效果最为明显。在选取合适类型的外加剂后,加强用量的控制,避免由于外加剂用量偏低而难以有效改善混凝土的性能,或由于用量偏多而出现适得其反的局面。

(4)龄期

混凝土的抗冻性随龄期的增加而提升,相对较长的龄期可使水泥充分水化,水中溶解盐的浓度增加,冰点降低,表现出抗冻融破坏能力强、强度高的性能特点。

二、抗渗性能

(一)定义

混凝土抵抗压力水渗透的性能,称为抗渗性。我国一般采用抗渗标号来表示混凝土的抗渗性,有时也采用相对渗透系数表示。

(二)抗渗性的评定指标

混凝土抗渗标号根据标准试验方法以每组6个试件中4个试件未出现渗水时的最大水压力来表示。分级为S2、S4、S6、S8、S10、S12。《水工混凝土试验规程》(SL/T 352—2020)还采用相对抗渗系数来评定混凝土抗渗性能。相对渗透系数按下式计算:

$$S_k = \frac{nD_m^2}{2TH}$$

其中,S_k 为相对渗透系数(cm/h);D_m 为平均渗透高度(cm);T 为恒压经过的时间(h);H 为水压力,以水柱高度表示(cm);m 为混凝土的吸水率,一般为0.03。以一组6个试件测值的平均值作为试验结果。

(三)影响因素

影响混凝土抗渗性的因素有水灰比、集料的最大粒径、养护方法、外加剂及粉煤灰掺合料等。

(1)水灰比

不同水灰比拌制的混凝土在抗渗性方面存在差异,抗渗性随着水灰比的增加而变差。

(2)集料的最大粒径

水灰比一致的前提下,混凝土的抗渗性随着集料最大粒径的增加而减弱,原因在于大粒径集料和水泥浆的界面部位存在空隙,易衍生出较为明显的孔穴。同时大粒径集料下方也易产生孔穴,混凝土结构的密实度不足,抗渗效果差。

(3)养护方法

潮湿养护和蒸汽养护是常见的混凝土养护方法,各自的混凝土抗渗性存在差异,前者优于后者。干燥环境下,混凝土早期失水,产生收缩裂缝,影响混凝土的抗渗性。

(4)水泥品种

精心挑选水泥品种后,混凝土的抗渗性得到改善。根据规律,水泥细度大,浆液孔隙小,致密性良好,抗渗性能突出。

(5)外加剂

为改善混凝土的性能而掺入外加剂,促进和易性的提升,混凝土趋于密实,抗渗性能突出。

(6)粉煤灰掺合料

是否掺入粉煤灰对混凝土的抗渗性仅存在微弱的影响,但磨细粉煤灰较为特殊,此材料的掺入有利于大幅提高混凝土的抗渗性。

(7)龄期

混凝土的抗渗性随着龄期的延长而提升,原因在于水泥水化更加充分,性能得到发挥,混凝土的抗渗表现良好。若混凝土以较低的水灰比拌制成型,龄期的增加将带来抗渗性的提升。

三、收缩

收缩程度对混凝土的抗渗性有明显的影响。收缩剧烈时,混凝土发生变形,产生裂缝,强度降低,抗渗性不足;内部存在微裂缝时,相对稳定的微观结构受损,混凝土的耐久性降低;部分公路桥涵采用预应力钢筋混凝土结构,在收缩作用下出现预应力损失,抗渗性因此而受到影响。

(一)定义

混凝土材料因物理、化学作用而产生的体积缩小现象统称为收缩。混凝土收缩特征值是指从成形加水时算起,经过 3 d 标准养护后放入恒温、恒湿条件下,在不同龄期测得的混凝土收缩值。主要包括物理收缩,也包括化学收缩和碳化收缩,但只有在大体积混凝土中,化学收缩才具有实际意义。

(二)收缩的分类

混凝土按其产生收缩的原因可分为塑性收缩、化学收缩、物理收缩和碳化收缩。

四、徐变

(一)定义

混凝土在持续荷载作用下,随时间增加的变形称为徐变。加荷时瞬间产生的变形,称为瞬时弹性变形,亦称为初始变形。瞬时弹性变形与加荷速度有关。要将弹性变形与瞬间产生的徐变变形区别开来是很困难的,实际上也没必要。试件加荷后,与周围介质有湿度迁移时,通常假定徐变与收缩是可以叠加的,即将徐变看成加了荷载的试件随时间而增长的总变形值,与类似的无荷载试件在相同条件下,经过相同时间的收缩值之间的差值称为徐变变形。徐变变形包括基本徐变和干燥徐变。试件与周围介质没有湿度迁移时,混凝土的徐变称为基本徐变。由于干燥而引起的徐变称为干燥徐变,如图 3-7 所示。

持荷到规定时间后,卸荷时所测得的变形恢复值称为徐变的瞬时恢复。一般情况下,瞬时恢复值较加荷时瞬时弹性变形小。卸荷后,经过 1~2 个月的时间,徐变变形值逐渐减小,称为徐变恢复。最后总有一部分变形残留下来,此称为残余变形,如图 3-8 所示。

混凝土徐变可按规定的试验方法测得,其大小可用徐变变形值、徐变度(单位加荷应力下的徐变变形)和徐变系数(徐变变形值与瞬时弹性变形值之比)来表示。

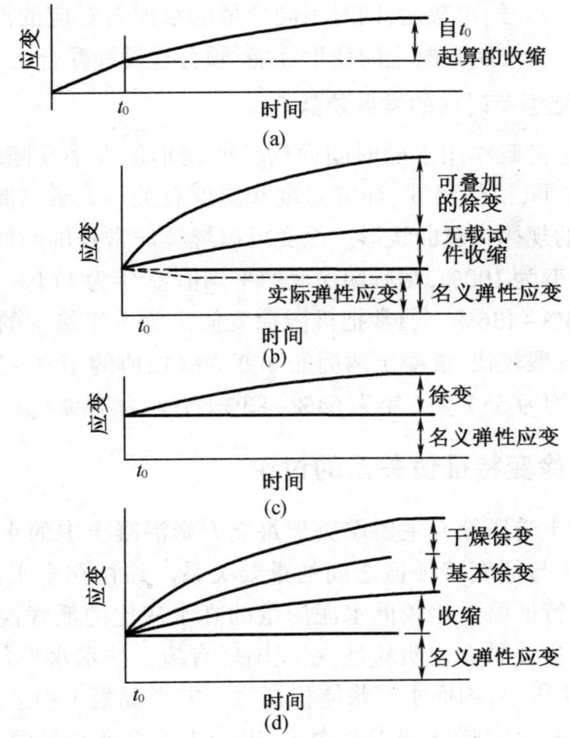

图 3-7　承受持续荷载的混凝土试件的变形随时间增长的曲线

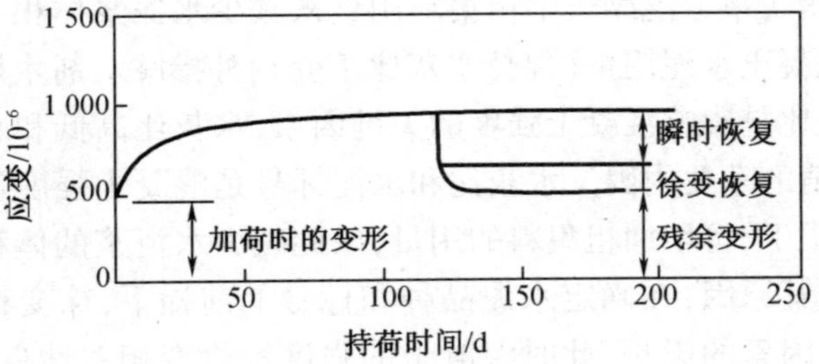

图 3-8　瞬时恢复与徐变恢复

(二)混凝土配合比设计与徐变特征值的预控

合理的配合比是提高混凝土性能的重要因素,配合比的设计除了要保证混凝土的强度以及和易性外,还须注重变形性能的提升,原因在于变形性能指标对混凝土结构有着显著的影响,具体包含收缩、弹性模量、徐变。预应力混凝土结构尤为关键,若缺乏对变形值的充分考虑,易威胁构件的安全性。因此,设计人员必须充分考虑力学性能、变形性能等,妥善设计混凝土的配合比,保证基于特定配合比拌制的混凝土在变形值方面达到要求,同时彰显出混凝土的性能优势和经济效益优势。结合公路桥涵施工情况,总结对混凝土变形性能带来影响的主要因素:一是配合比;二是环境的温度和湿度;三是构件断面尺寸、受荷期龄及应力状态。在影响混凝土变形性能的主要因素中,组成材料及配合比属于内因,是尤为关键的控制因素。其中,粗、细集料具有强度高、变形小的特点,虽然会对混凝土的收缩和徐变造成影响,但程度轻微;关于原材料对混凝土变形性能的影响,须着重考虑的是水泥石,具体涉及水泥品种、标号、水灰比,同时不同含量的水泥石对应的混凝土在收缩、徐变绝对值两方面存在差异。为控制混凝土的变形性能,须合理设计配合比。

(三)混凝土徐变随恒荷时间的发展趋势

混凝土在长期固定荷载作用下随时间而增长的变形值大小及随时间而增加的变形速度与加荷龄期、应力水平、试件尺寸、环境温度和湿度有关。大量试验资料证明,普通混凝土徐变值随时间发展的规律为双曲线形。徐变可以继续非常长的时间,但其变化速率是递减的,如荷载1年的徐变为100%,则后期徐变的平均值:2年为114%、5年为120%、10年为126%、20~30年为133%~136%。通常把极限徐变假定为1年徐变的4/3,即20年作为徐变的终极。早期徐变发展较快,混凝土两周的徐变为终极值的18%~35%(平均为26%);3个月为40%~76%(平均为55%);1年为64%~83%(平均为76%)。

五、其他因素与徐变特征值关系的讨论

有学者提出,混凝土受压徐变主要取决于每立方米混凝土中的水泥用量(或用水量),这种提法忽视了水灰比与徐变特征值之间的重要关系。往往在多水泥用量的低水灰比的较高强混凝土中,徐变特征值要比较低水泥用量的高水灰比的低强混凝土小得多(配合比编号1与4对比)。还应该补充说明的是,在我国现有施工技术水平条件下,混凝土中每立方米粗细集料用量变化很小,因而水泥浆体积在每立方米混凝土中波动也是很小的。这就充分说明,水灰比不但是决定强度的主要因素,也是决定徐变特征值大小的主要因素。因此,混凝土配合比设计者,用混凝土强度(或水灰比)来控制徐变特征值是正确的,然后采取其他补助办法,尽量增大单方混凝土中粗集料用量来减少水泥浆体积。要改善混凝土和易性时不应增加单方混凝土水泥用量(保持水灰比不变),外掺减水剂才是合理的。

水泥标号和水灰比是影响混凝土强度的关键因素,水灰比高低和水泥浆含量是影响混凝土收缩、徐变特征值的重要内因。水灰比和水泥标号是混凝土强度计算中不容忽视的因素,在保证强度的前提下,可增加粗集料的用量,以此减少水泥浆的体积,节约水泥,控制收缩和徐变特征值。究其原因,在确定水泥品种和标号的前提下,徐变特征值主要受到水灰比和水泥浆体积两项因素的影响,此时混凝土的强度和徐变相关性良好,更有利于对混凝土性能预控。在保证混凝土强度的前提下,以调整砂率和增加水泥用量的方式改善混凝土的稠度,随之减少粗集料的用量。按该思路调控后,面临着混凝土收缩徐变特征值增加且经济效益降低的局限性,更为适宜的是采取掺入减水剂的方法。尤为明显的是高强度低水灰比的混凝土,在改善和易性时仅采用增加水泥用量的方法并不能达到预期效果,而外掺高效减水剂更具可行性,无论在技术还是经济效益层面均有突出的优势。以混凝土强度等级推算徐变特征值进而采取控制策略是可行的方案,在此方面需着重考虑单位应力徐变值,并对此项指标进行控制,保证合理性。

第五节　混凝土施工控制

一、主控项目

结构混凝土的强度等级必须符合设计要求。用于检查结构构件混凝土强度的试件，应在混凝土的浇筑地点随机抽取。取样与试件留置应符合下列规定。

(1)每拌制100盘且不超过100 m^3 的同配合比的混凝土，取样不得少于一次；

(2)每工作班拌制的同一配合比的混凝土不足100盘时，取样不得少于一次；

(3)当一次连续浇筑超过1 000 m^3 时，同一配合比的混凝土每200 m^3 取样不得少于一次；

(4)每一楼层、同一配合比的混凝土，取样不得少于一次；

(5)每次取样应至少留置一组标准养护试件，同条件养护试件的留置组数应根据实际需要确定。

检验方法：检查施工记录及试件强度试验报告。

对有抗渗要求的混凝土结构，其混凝土试件应在浇筑地点随机取样。同一工程、同一配合比的混凝土，取样不应少于一次，留置组数可根据实际需要确定。

检验方法：检查试件抗渗试验报告。

混凝土原材料每盘称量的允许偏差应符合表3-4的规定。

表3-4　混凝土原材料每盘称量的允许偏差

材料名称	允许偏差
水泥、掺合料	±2%
粗、细集料	±3%
水、外加剂	±2%

检查数量：每工作班抽查不应少于一次。

检验方法：复称。

混凝土运输、浇筑及间歇的全部时间不应超过混凝土的初凝时间。同一施工段的混凝土应连续浇筑，并应在底层混凝土初凝之前将上一层混凝土浇筑完毕。当底层混凝土初凝后浇筑上一层混凝土时，应按施工技术方案中对施工缝的要求进行处理。

检查数量：全数检查。

检验方法：观察，并检查施工记录。

二、一般项目

混凝土浇筑前，规划施工缝的布设位置，制定作业方案，由专员严格依据方案设置施工缝。

检查数量:全数检查。

检验方法:观察,并检查施工记录。

后浇带的留置位置应按设计要求和施工技术方案确定,后浇带混凝土浇筑应按施工技术方案进行。

检查数量:全数检查。

检验方法:观察,并检查施工记录。

混凝土浇筑完毕后,应按施工技术方案及时采取有效的养护措施,并应符合下列规定。

(1)妥善规划混凝土养护的时间和方法,宜在浇筑后的 12 h 内安排保湿养护。

(2)根据混凝土所用材料的类型控制浇水养护时间,从水泥材料的角度来看,若以硅酸盐水泥、普通硅酸盐水泥拌制而成,养护时间不少于 7 d;从外加剂的角度来看,混凝土中掺入缓凝型外加剂时养护时间不少于 14 d,或存在抗渗要求时也需按照此时间进行养护。

(3)混凝土覆盖塑料布养护时,覆盖必须全面,塑料布内需有凝结水,避免混凝土干燥开裂。

(4)加强对混凝土的防护,强度达到 1.2 N/mm^2 前禁止踩踏。

第六节　混凝土结构子分部工程控制

一、结构实体检验

某些部位的质量对混凝土结构的安全性有显著的影响,须在工程监理的见证下安排结构实体检验,检验工作由施工项目技术负责人开展,参与检验的单位及人员必须满足资质要求。为客观评价混凝土结构的质量,有效检查工程合同约定的项目,包含混凝土强度、钢筋保护层厚度等,必要时辅以其他项目,根据各项目的检验结果系统性地判断混凝土结构的质量。对混凝土强度的检验,应以在混凝土浇筑地点制备并与结构实体同条件养护的试件强度为依据。混凝土强度检验用同条件养护试件的留置、养护和强度代表值应符合规范规定。对混凝土强度的检验,也可根据合同的约定,采用非破损或局部破损的检测方法,按国家现行有关标准的规定进行。当同条件养护试件强度的检验结果符合现行国家标准《混凝土强度检验评定标准》(GB/T 50107—2010)的有关规定时,混凝土强度判为合格。当未能取得同条件养护试件强度,同条件养护试件强度被判为不合格或钢筋保护层厚度不满足要求时,应委托具有相应资质等级的检测机构按国家有关标准的规定进行检测。

二、混凝土结构子分部工程验收

(一)混凝土结构子分部工程施工质量验收时应提供的文件和记录

(1)设计变更文件。

(2)原材料出厂合格证和进场复验报告。

(3)钢筋接头的试验报告。

(4)混凝土工程施工记录。

(5)混凝土试件的性能试验报告。

(6)装配式结构预制构件的合格证和安装验收记录。

(7)预应力筋用锚具、连接器的合格证和进场复验报告。

(8)预应力筋安装、张拉及灌浆记录。

(9)隐蔽工程验收记录。

(10)分项工程验收记录。

(11)混凝土结构实体检验记录。

(12)工程的重大质量问题的处理方案和验收记录。

(13)其他必要的文件和记录。

(二)混凝土结构子分部工程施工质量验收合格应符合的规定

(1)有关分项工程施工质量验收合格。

(2)应有完整的质量控制资料。

(3)观感质量验收合格。

(4)结构实体检验结果满足相关规范的要求。

(三)当混凝土结构施工质量不符合要求时进行处理的规定

(1)经返工、返修或更换的构件、部件的检验批,应重新进行验收。

(2)经有资质的检测单位检测鉴定达到设计要求的检验批,应予以验收。

(3)经有资质的检测单位检测鉴定达不到设计要求,但经原设计单位核算并确认仍可满足结构安全和使用功能的检验批,可予以验收。

(4)经返修或加固处理能够满足结构安全使用要求的分项工程,可根据技术处理方案和协商文件进行验收。

第七节　装配式结构分项工程控制

一、一般规定

对预制构件做结构性能检查,任何一项或多项指标不满足要求的均不可投入使用。对于叠合结构中的预制构件,质量检验着重围绕叠合面进行,要求叠合面的平整性、尺寸各方面均达标。

二、预制构件

(一)主控项目

预制构件应在明显部位标明生产单位、构件型号、生产日期和质量验收标志。构件上的预埋件、插筋和预留孔洞的规格、位置与数量应符合标准图或设计的要求。

检查数量:全数检查。

检验方法:观察。

预制构件的外观质量不应有严重缺陷。对已经出现的严重缺陷,应按技术处理方案进行处理,并重新检查验收。

检查数量:全数检查。

检验方法:观察并检查技术处理方案。

预制构件不应有影响结构性能和安装、使用功能的尺寸偏差。对超过尺寸允许偏差且影响结构性能和安装、使用功能的部位,应按技术处理方案进行处理,并重新检查验收。

检查数量:全数检查。

检验方法:量测并检查技术处理方案。

(二)一般项目

预制构件的外观质量不宜有一般缺陷,对已经出现的一般缺陷,应按技术处理方案进行处理,并重新检查验收。

检查数量:全数检查。

检验方法:观察并检查技术处理方案。

检查数量:同一工作班生产的同类型构件,抽查 5%且不少于 3 件。

三、结构性能检验

(1)预制构件应按标准图或设计要求的试验参数及检验指标进行结构性能检验。

检验内容:钢筋混凝土构件和允许出现裂缝的预应力混凝土构件进行承载力、挠度与裂缝宽度检验;不允许出现裂缝的预应力混凝土构件进行承载力、挠度和抗裂检验;预应力混凝土构件中的非预应力杆件按钢筋混凝土构件的要求进行检验。对设计成熟、生产数量较少的大型构件,当采取加强材料和制作质量检验的措施时,可仅做挠度、抗裂或裂缝宽度检验;当采取上述措施并有可靠的实践经验时,可不做结构性能检验。

检验数量:对成批生产的构件,应按同一工艺正常生产的不超过 1 000 件且不超过 3 个月的同类型产品为一批。当连续检验 10 批且每批的结构性能检验结果均符合本规范规定的要求时,对同一工艺正常生产的构件,可改为不超过 2 000 件且不超过 3 个月的同类型产品为一批。在每批中应随机抽取一个构件作为试件进行检验。

检验方法:按相关标准规定的方法采用短期静力加载检验。

加强材料和制作质量检验的措施包括下列内容。

①钢筋进场检验合格后,在使用前再对用作构件受力主筋的同批钢筋按不超过 5 t 抽取一组试件,并经检验合格;对经逐盘检验的预应力钢丝,可不再抽样检查。

②受力主筋焊接接头的力学性能,应按国家现行标准《钢筋焊接及验收规程》(JGJ 18—2012)检验合格后,再抽取一组试件,并经检验合格。

③混凝土按 5 m^2 且不超过半个工作班生产的相同配合比的混凝土,留置一组试件,并经检验合格。

④受力主筋焊接接头的外观质量、人模后的主筋保护层厚度、张拉预应力总值和构件的截面尺寸等,应逐件检验合格。

(2)"同类型产品"是指同一钢种、同一混凝土强度等级、同一生产工艺和同一结构形式的构件。对同类型产品进行抽样在受力最不利、设计荷载最大的构件中抽样,安排质量检验;对于同类型的其他产品,为加强质量控制,也须定期抽样检验。

四、装配式结构施工

(一)主控项目

(1)进入现场的预制构件,其外观质量、尺寸偏差及结构性能应符合标准图或设计的要求。

检查数量:按批检查。

检验方法:检查构件合格证。

(2)预制构件与结构之间的连接应符合设计要求。

连接处钢筋或埋件采用焊接或机械连接时,接头质量应符合国家现行标准《钢筋焊接及验收规程》(JGJ 18—2012)、《钢筋机械连接技术规程》(JGJ 107—2016)的要求。

检查数量:全数检查。

检验方法:观察并检查施工记录。

(3)接头和拼缝承受内力时,需在强度达标的前提下吊装上一层构件,以防混凝土变形、受损;若工程项目在此方面无特定的要求,吊装安排在混凝土强度不超过10 N/mm^2 时进行。对于已安装的装配式结构,在强度达标后才可完全承受设计荷载,否则有受损的可能。

检查数量:全数检查。

检验方法:检查施工记录及试件强度试验报告。

(二)一般项目

(1)预制构件码放和运输时的支承位置和方法应符合标准图或设计的要求。

检查数量:全数检查。

检验方法:观察检查。

(2)在构件及对应支承结构上做好中心线、标高等标记,以此为参照基准,规范吊装预制构件;严格依据图纸要求进行钢筋的连接,保证连接的准确性与稳定性。

检查数量:全数检查。

检验方法:观察,钢尺检查。

(3)预制构件应按标准图或设计的要求吊装。起吊时绳索与构件水平面的夹角不宜小于45°,否则应采用吊架或经验确定。

检查数量:全数检查。

检验方法:观察检查。

(4)预制构件安装就位后,应采取保证构件稳定的临时固定措施,并应根据水准点和轴线校正位置。

检查数量:全数检查。

检验方法:观察,钢尺检查。

(5)装配式结构中的接头和拼缝应符合设计要求;当设计无具体要求时,应符合下列规定。

①对承受内力的接头和拼缝应采用混凝土浇筑,其强度等级应比构件混凝土强度等级提高一级。

②接头和拼缝不承受内力时,可用强度等级不低于 C15 的混凝土浇筑,或用不低于 M15 的砂浆浇筑。

③接头和拼缝部位需尽快成型,因此在拌制混凝土或砂浆时需采取快硬措施;为使得接头和接缝具有严密性,采取微膨胀措施;浇筑期间适当振捣,提高混凝土的密实度,再安排养护,使混凝土或砂浆在适宜的环境中稳定成形。

检查数量:全数检查。

检验方法:检查施工记录及试件强度试验报告。

第八节　现浇结构分项工程控制

一、外观质量控制

(一)主控项目

现浇结构的外观质量不应有严重缺陷。对已经出现的严重缺陷,应由施工单位提出技术处理方案,并经监理(建设)单位认可后进行处理,对经处理的部位,应重新检查验收。

检查数量:全数检查。

检验方法:观察并检查技术处理方案。

(二)一般项目

现浇结构的外观质量不宜有一般缺陷。对已经出现的一般缺陷,应由施工单位按技术处理方案进行处理,并重新检查验收。

检查数量:全数检查。

检验方法:观察并检查技术处理方案。

二、尺寸偏差

(一)主控项目

现浇结构的尺寸偏差必须处于可控状态,实际偏差不可对结构性能和使用功能造成影响;设备基础的尺寸偏差不可对结构性能和设备安装尺寸造成影响。某部分的实际尺寸偏差超出许可范围且对结构的安装和使用功能造成影响时,由施工单位提出处理方案,监理(建设)单位审核通过后安排处理,直至偏差被控制在许可范围内为止。

检查数量:全数检查。

检验方法:量测并检查技术处理方案。

(二)一般项目

检查数量:按楼层、结构缝或施工段划分检验批。在同一检验批内,对梁、柱和独立基础,应抽查构件数量的 10%,且不少于 3 件;对墙和板,应按有代表性的自然间抽查 10%,且不少于 3 间;对大空间结构,墙可按相邻轴线间高度 5 m 左右划分检查面,板可按纵、横轴线划分检查面,抽查 10%,且均不少于 3 面;对电梯井,应全数检查;对设备基础,应全数检查。

第九节　拌合物试验

拌合效果对混凝土的性能产生影响，不同拌合状态下，混凝土的强度和耐久性存在差异。在混凝土拌合中，必须严格控制原材料、配合比等，同时要求拌合物的可塑性较佳，确保在振捣后混凝土的空隙被消除，以保证混凝土结构的密实性，浇筑期间不可出现分层、离析现象。原材料需均匀分布，使硬化后的混凝土在强度和耐久性两方面均达到要求。混凝土拌合试验是检验拌合方式可行性、确定科学拌合方案的关键所在。常规试验中，重点测量流动度、密度、含气量等指标，根据实测结果对混凝土的性能做全面的评估。为加强对混凝土的质量控制，部分工程中还组织水灰比分析试验，预测混凝土的质量，若存在异常或性能未达到要求，则予以纠正，在源头上强化对混凝土的质量控制。水灰比检测方法的操作便捷，检测结果富有参考价值，是一项可行性较佳的方法。

一、一般要求

混凝土拌合物试验应按照国家《普通混凝土拌合物性能试验方法标准》(GB/T 50080—2016)规定进行。

(一)取样

试验所用材料取自同一盘搅拌机口，按照每一工作班至少检验2次的频率进行，必要时增加检验次数，保证检验结果的可靠性。在合理选择取样源外，还需规范取样方式，保证试验分析结果真实有效。

(二)拌合物制备

(1)试验室拌制混凝土时，集料的干燥程度必须达标，原材料的温度和试验室的温度基本相同，减小温度差异对试验结果准确性产生的影响。拌合全程，试验室的温度宜稳定在20±5 ℃。每班组拌制混凝土前，先针对拌合所用的砂、石集料的含水率进行检测，确认无误后方可投入使用；遇雨雪等极端天气时，集料的含水率更易发生变化，需适当增加测定次数，加强管控，根据材料现状对砂、石、水的用量加以调整。

(2)在搅拌第一罐混凝土前，应先开动搅拌机空转，运转正常后，加入清水，空转2~3 min，润湿搅拌机内壁，然后排尽筒内积水，再上料，拌第一罐混凝土时，宜按配合比多加10%水泥，水、细集料的用量或者减少10%的粗集料用量，以防止第一罐混凝土拌合物中的砂浆损失。

(3)掺外加剂时，搅拌时间要适当延长。冬季施工时，搅拌时间应比规定的时间延长50%。拌合物取样后应尽快进行试验，试验前，试样应经人工略加翻拌，以保证其质量的均匀。

(三)样品留样

试验室拌制完混凝土的原材料，尚需留取复检备用的试样，留样时间一般为15 d。

(四)审核

试验中应做好各类原始记录。试验后，应交试验负责人校核，然后写报告，经技术负责人审查,最后盖章,方可发报告。

二、试验方法

(一)坍落度试验

1. 试验目的

本试验适用于集料粒径不大于 40 mm,坍落度值不小于 10 mm 的混凝土拌合物稠度的测定,用以评定塑性混凝土拌合物的流动性及和易性。

2. 仪器设备

坍落度筒;捣棒。

3. 试验步骤

坍落度试验步骤应按图 3-9 和《普通混凝土拌合物性能试验方法标准》(GB/T 50080—2016)执行。

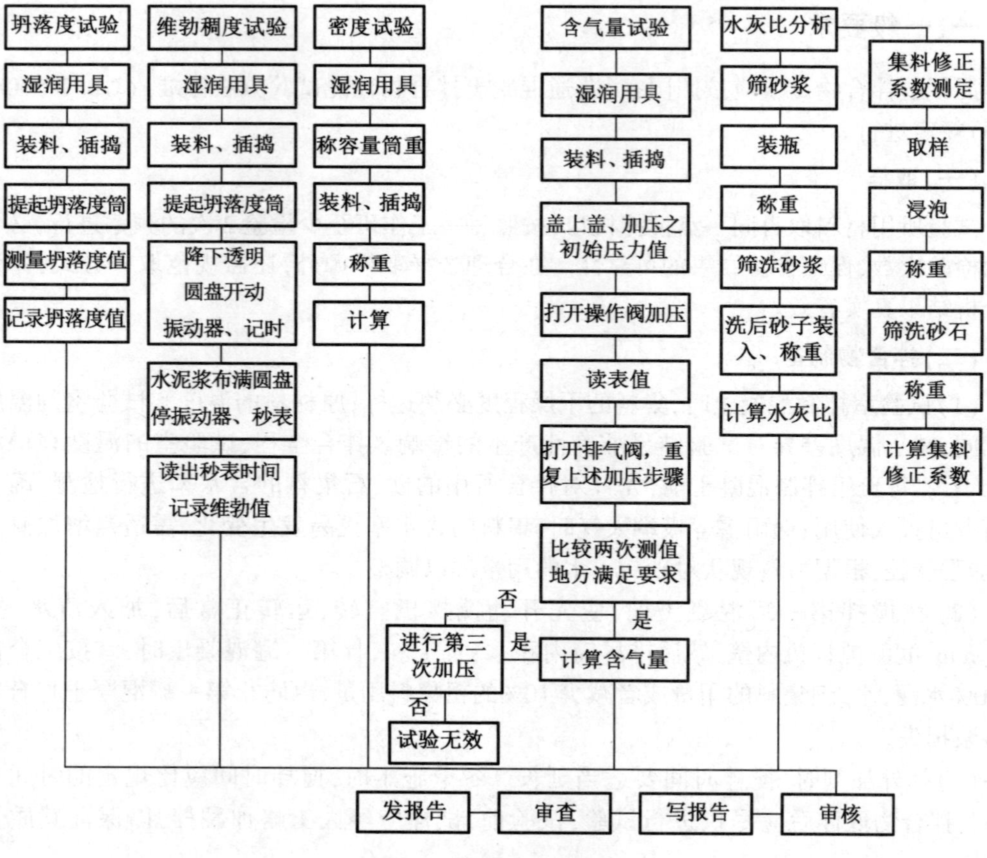

图 3-9　坍落度试验步骤

操作要点如下:

(1)试验前应润湿工具与仪器;

(2)应分三层均匀加料,每层插捣 25 次;

(3)坍落度筒提起过程为 5~10 s,整个试验过程在 150 s 内完成;

(4)测量筒高与坍落后混凝土试体最高点之间的高度差。

4. 结果测定

提起坍落度筒后,量测筒高与坍落后混凝土试体最高点之间的高度差,即为该混凝土拌合物的坍落度值。混凝土拌合物坍落度以 mm 为单位,结果测定精确至 5 mm。

(二)维勃稠度试验

1. 试验目的

本试验适用于集料最大粒径不大于 40 mm、维勃稠度为 5~30 s 的混凝土拌合物稠度的测定,以评定干硬性混凝土的流动度及和易性。

2. 仪器设备

(1)维勃稠度仪,其由以下部分组成:

①振动台;

②容器;

③坍落度筒;

④旋转架。

(2)捣棒。

3. 试验步骤

维勃稠度试验按图 3-9 和《普通混凝土拌合物性能试验方法标准》(GB/T 50080—2016)执行。

操作要点如下:

(1)试验前湿润工具;

(2)分 3 层均匀加料,每层插捣 25 次;

(3)在启动振动台的同时,用秒表计时,当透明圆盘的底面布满水泥浆的瞬间停表。

(4)结果测定在开启振动台的同时用秒表计时,当振动到透明圆盘的底面被水泥浆布满的瞬间,停表计时,并关闭振动台。秒表读出的时间(s),即为该混凝土拌合物的维勃稠度值。

(三)密度试验

1. 试验目的

本试验适用于测定混凝土拌合物捣实后单位体积的质量,以修正、核实混凝土配合比计算中的材料用量之用。

2. 仪器设备

(1)容量筒。

(2)台秤。

(3)振动台。

(4)捣棒。

3. 试验步骤

操作要点如下。

(1)不得用试模替代密度筒。

(2)密度筒的最小尺寸应至少等于集料公称粒径的 4 倍。

(3)根据混凝土的坍落度采取合适的捣实方法,坍落度<70 mm 时,用振动台捣实,坍落度≥70 mm 时,采取人工插捣的处理方法。经过振捣后,混凝土须具有密实性。

(4)振动台捣实时,混凝土一次灌满密度筒;捣棒捣实时,注重分层方式和插捣次数的控制,具体视密度筒的规格而定。

4. 结果计算

混凝土拌合物密度 γh 按下式计算:

$$\gamma h=\frac{W_2-W_1}{V}\times 1\,000(\mathrm{kg/m^3})$$

其中,W_1 为密度筒质量(kg);W_2 为密度筒及试样总质量(kg);V 为密度筒容积(L)。

试验结果计算精确至 10 kg/m^3。

(四)气压法测含气量试验

1. 试验目的

本试验适用于集料最大粒径不大于 40 mm 的混凝土拌合物含气量的测定,以评定混凝土内含气量是否满足质量要求。

2. 仪器设备

(1)气压式含气量测定仪:由容器及盖体两部分组成。

(2)捣棒或振动台。

(3)台秤。

3. 试验步骤

气压法测混凝土拌合物含气量试验步骤按图 3-9 和《普通混凝土拌合物性能试验方法标准》(GB/T 50080—2016)规定执行。

操作要点如下:

(1)试验前先绘制出含气量与压力表读数值之间的关系曲线。

(2)先测出集料中的含气量值,混凝土的含气量应减去集料的含气量。

(3)重复操作步骤时,要打开排气阀,解除压力后再操作。

4. 结果计算

从含气量与压力表关系曲线中查询含气量值,若结果显示两次测值超过 0.2%(绝对值),对结果产生疑问,需安排第三次测定,再将最新的测量结果与前两次最接近的值对比分析,若相差量仍超过 0.2%,认为试验无效。

混凝土拌合物含气量应按下式计算:

$$A=\overline{A}_0-A_g$$

其中,A 为混凝土拌合物含气量(%);$\overline{A}_0$ 为两次含气量测定的平均值(%);A_g 为集料含气量(%)。

第十节　力学性能试验

混凝土的基本力学性能试验方法包括立方体抗压强度、轴心抗压强度、劈裂抗拉强度、静力受压弹性模量、抗折强度等。标准试验方法适用于施工、设计和科研工作中，从而在确定或检验混凝土基本力学性能时，有一个统一的试验准则，使所有的试验及其试验结果具有一致性和可比性。

混凝土的强度指标丰富，抗压强度是反映混凝土力学性能的重要指标，原因在于混凝土结构须抵抗作用力并承受荷载作用，抗压强度的高低直接影响混凝土的承受效果，并且混凝土其他物理力学性能均与抗压强度有关，如抗冻性、抗渗性会随着抗压强度的增加而提升，鉴于抗压强度的重要性，在评价混凝土质量以及控制时均将抗压强度作为关键的考虑对象。在测定混凝土 28 d 抗压强度时，标准试验是常规的方法，但为了更加高效地测定此项指标，相关技术人员相继进行探讨，提出快速试验方法，用于测定 28 d 强度。本节着重考虑的是“半小时推定 28 d 抗压强度”的方法。

一、一般规定

(1)本试验按照《混凝土物理力学性能试验方法标准》(GB/T 50081—2019)的规定执行。

(2)混凝土力学性能试验一般以三个试件为一组，每组所用的拌合物应从同一盘或同一车运送的混凝土中取出或在试验室用机械或人工单独拌制。用以检验现浇混凝土工程或预制构件质量的试件分组及取样原则如下：

①同配合比的混凝土≤100 盘，取样不得少于一组；

②若以台班计，每工作班至少一组；

③现浇楼层，每层取样不得少于一组。

为了检查结构或构件的拆模、出池、出厂、吊装、张拉、放张及施工期间临时负荷的需要，应留置与结构或构件同条件养护的试件，试件的组数可按实际需要确定。

(3)试件应在取样后立即制作。确定混凝土设计特征值，强度等级或进行材料性能研究时，试件的成型方法应根据混凝土的稠度而定。检验现浇混凝土工程和预制构件质量的混凝土，试件成型方法与实际施工采用的方法相同。

(4)棱柱体宜采用卧式成型。离心法、压浆法、真空作业法及喷射法等特殊方法成型的混凝土，其试件的制作应按相应规定进行。

(5)采用振动台成型时，应将混凝土一次装入试模，人工插捣时应分两层装入，每层每 100 cm^2 不少于 12 次。

(6)试件成型后应覆盖表面，以防止水分蒸发，静停一昼夜后，编号拆模，进行养护。

(7)试块须置于标准养护室内，维持温度 20±3 ℃、湿度 90%以上的状态，或置于 pH 值不超过 7、温度 20±3 ℃的不流动水中进行养护。同条件养护试块的拆模时间与实际构件拆模时间保持一致，拆模后的混凝土仍将继续成型，因此拆模后保持同条件养护，直至混凝土有效成型为止。

二、试验方法

(一)立方体抗压强度试验

1. 试验目的

此试验适用于测定混凝土立方体试件的抗压强度，用以检验原材料质量，确定、校核混凝土配合比,以及为控制施工质量提供依据。

2. 仪器设备

(1)试验机。

(2)钢板尺。

3. 试验步骤

混凝土立方体抗压强度试验步骤按图3-10和《混凝土物理力学性能试验方法标准》(GB/T 50081—2019)规定执行。

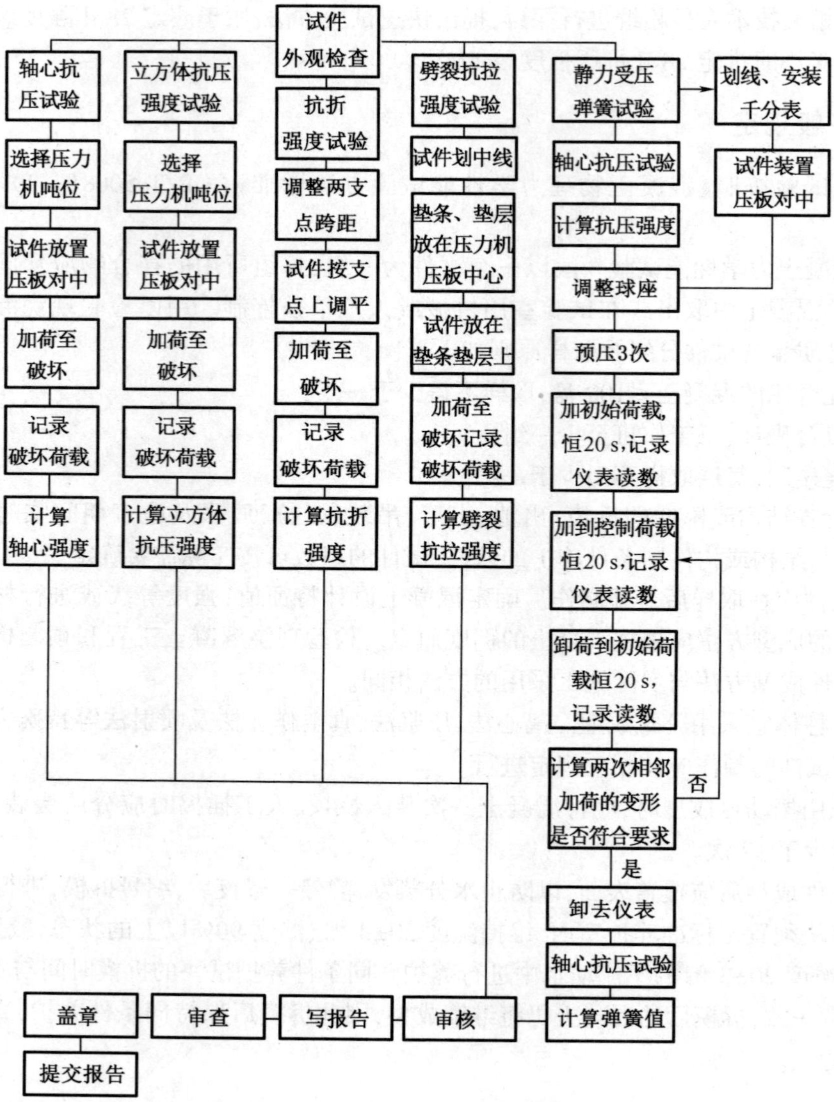

图3-10 混凝土力学性能试验程序图

操作要点如下:

(1)试件的中心应与试验机下压板中心对准,调整球座仪接触均衡。

(2)加荷速度:小于C30取每秒钟0.3~0.5 MPa,大于C30取每秒钟0.5~0.8 MPa。

4. 结果计算

混凝土立方体试件抗压强度按下式计算：

$$f_{cc}=\frac{P}{A}$$

其中，f_{cc} 为混凝土立方体试件压强度(MPa)；P 为破坏荷载(N)；A 为试件承压面积(mm^2)。

混凝土立方体抗压强度计算应精确到 0.1 MPa。

5. 结果评定

以 3 个试件测值的算术平均值作为该组试件的抗压强度。3 个测值中的最大值或最小值中如有一个与中间值的差值超过中间值的 15%时，则把最大及最小值一并舍除，取中间值作为该组式件的抗压强度值；如有 2 个测值与中间值的差均超过中间值的 15%，则该组试件的试验结果无效。

(二)抗折强度试验

1. 试验目的

此试验测定混凝土的抗折(即弯曲抗拉)强度，检验其是否符合结构设计要求。

2. 仪器设备

抗折试验机。

3. 试验步骤

混凝土抗折强度试验步骤按图 3-10 和《混凝土物理力学性能试验方法标准》(GB/T 50081—2019)规定进行。

4. 操作要点

(1)试件在 1/3 梁受拉区内不得有直径大于 7 mm、深度超过 2 mm 的孔洞。

(2)加压头及支座均不能前后倾斜时，则各接触不良之处应予以垫平。

(3)加荷速度同前。

5. 结果计算

试件破坏时，折断面于集中荷载之处时，抗折强度应按下式计算：

$$f_f=\frac{PL}{bh^2}$$

其中，f_f 为混凝土抗折强度(MPa)；P 为破坏荷载(N)；L 为支座间距即跨度(mm)；b 为试验截面宽度(mm)；h 为试件截面高度(mm)。

6. 结果评定

试件结果取舍原则与混凝土立方体抗压强度相同。如有一个断面位于两个集中荷载之外(以受拉区为准)，则该试件的试验结果应予舍弃，混凝土抗折强度按另两个试件的试验结果计算。如有两个试件的折断面均超出两集中荷载之外，则该组试验无效。

(三)半小时推定混凝土 28 d 强度试验

1. 试验目的

本试验适用于普通硅酸盐水泥和矿渣硅酸盐水泥、粉煤灰水泥所制成的普通混凝土。用加速水泥水化反应的砂浆试件强度，与养护 28 d 的混凝土强度建立关系，以达到控制混凝土生产中的质量的目的。应注意粉煤灰水泥需延长 15 min。

2. 仪器设备

(1)试验机。

(2)专用压力锅。

(3)3. 16×3. 16×5 cm 的三联试模。

(4)促凝剂。

3. 试验步骤

半小时推定混凝土 28 d 强度试验步骤按图 3-11 执行。

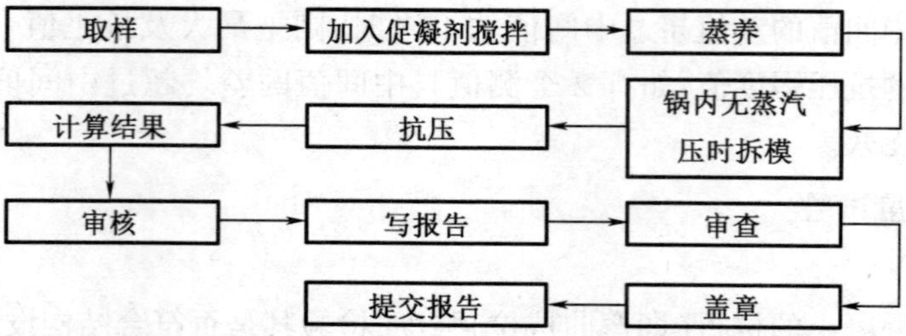

图 3-11　半小时推定混凝土 28 d 强度试验程序图

4. 操作要点

(1)全面清理试模内壁上附着的杂物,均匀涂刷机油。涂刷量不宜过大,否则将导致试验精度偏低。

(2)对砂浆进行筛选,待集料表面基本不粘砂浆时结束。

(3)从筛选后的砂浆中取样,倒入搅拌锅内,撒入促凝剂,充分插捣,使砂浆具有密实性。

(4)压力锅始终保持 0. 1±0. 01 MPa 的压力,以低于蒸屉 10 mm 左右的高度要求控制水面。锅内无蒸汽压力时,揭开盖子,取出试样,安排试压。

5. 结果计算

快硬砂浆强度 $R_{30\ \mathrm{min}}$ 按下式计算:

$$R_{30\ \mathrm{min}}=\frac{P}{F}$$

其中,$R_{30\ \mathrm{min}}$ 为混凝土湿筛砂浆促凝压蒸半小时(或 45 min)的快硬强度(MPa);P 为极限荷载(N);F 为受压面积(mm)。

6. 结果评定

以 3 个试件测值作为算术平均值,如任一测值与中间值的差值超过中间值的 15%时,则取中间值为测定值;当有两个测值与中间值的差值超过上述规定的,则该组试验结果无效。结果计算到 0. 01 MPa。快硬强度与混凝土 28 d 强度的推定式,通常用 Rz8(R 快)等权回归分析的剩余标准差和相关系数以及变异系数为指标,也可用 R 快的加权回归所得的共同变异系数或用经对数变换后的剩余(共同)标准差为指标。

第四章　水泥混凝土桥涵工程病害及防治技术

第一节　概　述

水泥混凝土路面又称白色路面，组成材料包含水泥浆、集料、掺合料、外掺剂等。水泥混凝土路面协同发挥多类材料的性能优势，使建设成型的路面所受荷载均匀分布，在承受荷载的状态下无异常弯曲变形，荷载撤除后恢复原状，作为刚性路面，强度和耐久性均突出。除力学性能外，水泥混凝土路面的耐磨性、平整性均良好，有利于车辆的安全行驶。

第二节　水泥混凝土桥涵的特点

一、水泥混凝土路面的主要类型

基层和水泥混凝土面板共同组成水泥混凝土路面，主要分为如下几种形式。

(1)普通混凝土路面。接缝区和局部范围配筋，除此之外的其他区域均不配筋，因此称为素混凝土路面或无筋混凝土路面。

(2)钢筋混凝土路面。板内配置纵、横向钢筋，改善路面使用状态，防止裂缝缝隙张开。

(3)碾压混凝土路面。按照摊铺、碾压的基本流程施作成型的路面，碾压后混凝土的内部密实性和表面平整性较好。

(4)连续配筋混凝土路面。在与其他路面交接部位设胀缝，并根据工程建设要求适时设置施工缝，沿纵向配置连续的钢筋，按此方式建设成型。

(5)钢纤维混凝土路面。突出特点在于向路面中掺入适量钢纤维，用以改善路面的路用性能。

(6)复合式混凝土路面。参与路面施工的材料包含两层或更多强度各异的混凝土，建成综合形式的路面。

(7)混凝土路面加铺层。以原水泥混凝土路面为基础，经过清理后去除附着的杂物，涂刷水泥浆或其他黏结料，在现状路面的基础上新增面层，改善路面表观质量，提高路面承载性能。

二、水泥混凝土路面的基本要求

(1)水泥混凝土路面的弯拉强度应满足设计要求，表面平整、耐磨、抗滑。

(2)混凝土路面的平整度以 3 m 直尺量测为准。3 m 直尺与路面表面之间的最大间隙,高速公路和一级公路不应大于 3 mm,其他各级公路不应大于 5 mm。

(3)混凝土路面的抗滑以构造深度为指标。竣工验收值,高速公路、一级公路不应低于 0.8 mm,其他各级公路不应低于 0.6 mm。年降水量在 500 mm 以下的地区可适当降低。

三、水泥混凝土路面的优点

(1)强度高。抗折强度、抗压强度均较高,车轮重复作用导致的路面磨耗较小,可承受较重的车轮荷载作用。

(2)稳定可靠。自然因素对水泥混凝土路面的影响较小,路面在使用过程中的水稳性和热稳性均突出,且随着时间的延长,强度呈增加的变化趋势。

(3)耐久性突出。得益于耐磨耗、耐腐蚀等特性,水泥混凝土路面的强度较高,稳定性较好,在设计使用年限内可保持相对良好的使用状态,甚至可满足履带式车辆等运输工具的通行要求。

(4)夜间行车安全性良好。水泥混凝土路面的色泽鲜明,即便夜间行车,驾驶人员也能够观察前方路况,有利于安全行车。

(5)抗滑。表面结构具有耐磨耗的特性,即便车辆以相对较高的速度行驶时仍具有稳定性,尤其是在潮湿的路面,也不易出现车辆打滑现象,对保障车内人员人身安全有重要作用。

四、水泥混凝土路面的不足之处

(1)材料需求量大。水泥混凝土路面建设需消耗较多的水泥和水,以厚度为 25 cm 的 C30 水泥混凝土路面的建设为例,每 1 000 m^2 需消耗约 90 t 的水泥和 14 t 的水,且尚未考虑养生用水。部分地区的水泥供应能力有限或水资源不足,不利于路面的正常施工。

(2)存在接缝。接缝的设置增加施工难度,易由于施工工艺不科学或质量管控不到位而导致接缝两侧路面缺乏平顺性,车辆行驶时跳动感增强,影响行车舒适性,甚至威胁车辆通行安全。同时,接缝属于路面薄弱部位,随时间的延长,有路面板边和角隅受损问题。

(3)养生周期长。水泥混凝土路面施工后,安排 28 d 的养护,难以在路面建设后快速开放交通。

(4)修复难度大。水泥混凝土路面板为脆性材料,抗折强度有限,可能出现局部受损乃至断裂等问题,其中在沟槽部位地基、湿软地基等特殊地基中体现得更为明显。针对水泥混凝土路面的修复难度较大,修复全程涉及的工作量丰富,干扰既有交通,且修复后路面具备的强度偏低,后续仍有可能出现病害,反复的病害修复不利于正常交通,成本投入也随之攀升。

五、水泥混凝土路面的力学特性

车辆荷载对水泥混凝土路面的影响有限,混凝土板保持弹性工作状态,仅存在微小变形,板内的最大应力低于结构可承受的极限应力;并且,基层和土基受荷载作用时的挠度(变形)较小,处于弹性阶段。

水泥混凝土路面属于刚性路面,具有如下力学特性。

(1)从各部位弹性模量与强度两方面来看,混凝土面板的两方面性能远超过基层和土基。

(2)混凝土的抗拉强度约为抗压强度的1/7~1/6,具有抗拉强度偏低的特点,设计强度指标是极限抗弯拉强度。

(3)混凝土板与基层或土基间存在较强的摩阻力,应按照弹性地基板进行水泥混凝土路面结构的分析。

(4)水泥混凝土板受到车辆荷载作用,不同部位受到作用时的力学特性存在差异。例如,板中部受荷载作用时,板底面、板顶面分别存在弯拉应力、压应力;板角受到荷载作用时,板底面、板顶面分别为压应力、弯拉应力。

混凝土板在重复荷载作用下受弯拉应力和压应力作用,若弯拉应力超过板可承受的极限抗弯拉强度时,板的受力状态异常,显现出不同程度的断裂破坏现象。

(5)混凝土板的顶面、底面温度异常,板体内形成温度翘曲应力,导致混凝土板受损。随着板平面拆除的增加,翘曲应力增强。出于提高混凝土板质量的目的,在施工中须综合考虑荷载疲劳应力和温度疲劳应力的作用,并予以控制。

(6)水泥混凝土在断裂时的相对拉伸变形较小,但受荷载作用时,土基、基层的变形直接对混凝土面板产生明显的影响。变形缺乏均匀性时,面板与基层难以紧密贴合,板体发生断裂。因此,需要综合考虑混凝土板土基和基层强度的提高、水稳性的改善等具体策略,除力学性能的优化外,基层的平整度也必须得到有效控制。

第三节　水泥混凝土桥涵工程的设计

一、水泥混凝土路面设计的主要技术指标

(一)标准轴载

水泥混凝土路面设计以重100 kN的单轴荷载作为标准轴载,其他各级轴载均应换算成标准轴载,然后再进行混凝土路面设计。对于单轴荷载,以其实际作用次数和轴重计;对于双轴荷载,后轴经过一次可视作用一次,轴重以双轴的总重计。

(二)交通的分级

交通量和轴载大小是路面设计的基本依据。在路面使用年限内对混凝土强度、面板厚度、基层类型和模量等各方面提出了不同的技术要求。为了区分各项要求在程度上的差别,按使用初期设计车道上每日通过的标准轴载作用次数,将交通划分为轻、中等、重和特重4个等级,见表4-1。

表4-1　交通等级的划分

交通等级	轻	中等	重	特重
使用初期设计车道标准轴载作用次数/(次·日$^{-1}$)	<5	5~200	200~1 500	>1 500

(三)设计使用年限

路面设计使用年限是指路面达到规定损坏标准时所能使用的年限。交通越繁重,设计使用年限越长,见表4-2。

表4-2　水泥混凝土路面的设计使用年限

交通等级	轻	中等	重	特重
设计使用年限/年	20	20	30	30

(四)综合影响系数

综合影响系数所需考虑的因素丰富,例如,由于路表面平整性不足、车辆自振引起的变动;材料性质变异和路面结构厚度与路面疲劳损坏的关系;在超出额定载重条件下,车轮受力的不均匀性。参考国内外资料,确定合适的荷载应力安全系数,具体见表4-3。

表4-3　综合影响系数

交通等级	轻	中等	重	特重
综合影响系数	1.05	1.20	1.35	1.45

(五)当量回弹模置和计算回弹模置(基层顶面)

水泥混凝土路面设计往往采用整体性原则,将基层、垫层和土基视为整体,对该结构做针对性的设计,用基层顶面的当量回弹模量表示强度。路面部分,分新建公路和改建公路,按照各自的要求组织设计。

(六)弯拉强度和弹性模量(面板)

受行车荷载、温度多因素的作用,混凝土路面产生压应力和弯拉应力,而面板所受荷载的能力有限,易由于力的作用开裂损坏。在对混凝土面板产生影响的因素中,以弯拉应力更为显著,原因在于面板可承受的弯拉应力偏低,因此路面面板的设计需将弯拉强度作为重点考虑对象。

水泥混凝土的强度易影响路面的耐久性,设计中须考虑混凝土的强度提高要求,凭借高强度的材料性能优势保障路面有足够的耐久性。对于面板的弯拉强度和弹性模量两项指标,主要根据道路交通等级而定,见表4-4。

表4-4　混凝土设计弯拉强度和弹性模量

交通等级	特重	重	中等	轻
设计弯拉强度/MPa	5.0	5.0	4.5	4.0
弯拉弹性模量/10^3 MPa	30	30	28	27

二、接缝的设置

(一)接缝设置的目的

面板是混凝土路面的重要组成部分,具有热胀冷缩的特性,随着温度的变化,混凝土面板出现膨胀和收缩现象,形态呈现出不同程度的形态变化。一日内的温度发生波动,日间面板顶面温度高于底面,温差的存在迫使面板中部有凸起现象;进入夜间,环境温度降低,面板底面的温度高于顶面,形态上呈现出板四周和角隅翘起的状况。一昼夜内面板发生多种形态的变化,变形受到摩阻力、面板自重等的约束,面板内存在过强的应力,力的作用致使面板拱胀甚至断裂。

为均匀分布面板所受的荷载,降低裂缝的发生率和减小裂缝,在纵横方向设适量的接缝,将路面划分为多个部分。此时,各板块间产生的接缝属于薄弱部位,路面水易经由接缝部位向道路结构内渗入,且接缝部位伴随明显的温度翘曲变形和弯沉问题,加剧板底脱空和板块断裂。

路面接缝形式包含与路线平行的纵缝和垂直路线的横缝,以接缝划分路面板块时,调整好接缝的布设位置,尽可能使板块呈正方形。纵缝两侧的横缝须对接为直线,以免由于纵向相对位移受阻而导致横缝两侧产生感应裂缝。妥善布设接缝后,将起到如下效果。

(1)用于传递荷载,维持受力的合理性,保证路面结构的稳定性。

(2)避免坚硬物质落入接缝缝隙。

(3)控制应力引起的裂缝出现的位置。

(二)纵缝及其构造

纵缝分为纵向缩缝和纵向施工缝。纵缝间距通常按车道宽度确定。路面宽为 9 m 的公路,板宽可按路面宽的一半(4.5 m)确定。由于板块过宽易产生纵向断裂,特别是在旧路加宽或半填半挖的路段上。因而《公路水泥混凝土路面设计规范》(JTG D40—2011)规定板宽不得超过 4.5 m。

纵向缩缝可采用假缝加拉杆型,设置拉杆可以防止板块横向位移使缝隙扩大,拉杆设置在板的 1/2 处;在缩缝上部设置的槽口,应在混凝土达到一定的抗压强度(碎石混凝土为 6.0~12.0 MPa,砾石混凝土为 9.0~12.0 MPa)时用切缝机切缝。槽口深度要适中,过浅时混凝土截面的强度削弱得不够,不能保证混凝土开裂准确地发生在接缝位置上;过深时不规则断裂面面积过少,使接缝传荷能力降低。切缝深度一般为板厚的 1/5~1/4,切缝宽度通常为 3~8 mm。

在混凝土面板施工时,当一次铺筑宽度小于路面宽度需分两次以上浇筑时,应设置纵向施工缝。纵向施工缝按其构造的不同,可分为平缝和企口缝两种形式。企口缝式易产生破坏,其原因如下。

(1)榫舌过长,降低了接缝处的强度,并导致槽口破坏。

(2)企口大而深时,浇筑混凝土容易出现漏浆、槽舌和棱角变形。

(3)拆模困难。

(4)震动大,常给企口造成早期损伤,有时甚至震坏企口,需重新修补,这些损伤以细微裂纹潜于企口处,在重复荷载作用下,产生局部应力集中,导致裂缝发展直至破坏。

(5)施工比较麻烦。

因此,纵向施工缝一般采用平缝,并在板厚中央设置拉杆,防止接缝张开和板的上下错动。

(三)横缝及其构造

横缝包含胀缝、缩缝、施工缝三种类型,不同横缝间距对应的板内温度应力存在差异,通常按4~6 m的间距布设横缝时可取得较好的应用效果。面板厚度增加,适当加大横缝间距;路面结构相对刚度半径较大,也可加大横缝间距,否则减小。

1. 胀缝

为给混凝土板提供充足的膨胀伸长空间而设置胀缝,胀缝沿着缝壁贯穿设置,宽度为2.0~2.5 cm不等,胀缝间距小或环境温度高时,以较小的缝宽进行设置,否则采用高值。

缝隙下部设填缝板,应用效果较好的有沥青预制板、油浸木纤维板,有效适应混凝土板的膨胀收缩,维持稳定状态。填缝板需有足够的弹性,环境温度偏低时胀缝增大,板随之伸长,填充胀缝以免杂物进入其中;环境温度偏高时,胀缝缩小,填缝板压缩。考虑到混凝土浇捣具有扰动性的特点,选用有足够硬度的填缝板,以免在施工扰动下变形。填缝板的上部3~4 cm浇灌沥青填缝料。在板厚的中间位置布设传力杆,此装置的设置分两部分,一半涂沥青或加套塑料套,另一半固定在混凝土内,套底和杆头间留出约3 cm的空隙,用木屑或其他弹性填料进行填充。最外侧的传力杆与接缝的距离控制在15~25 cm。构筑物交叉处的胀缝不具备设置传力杆的条件时,采取面板加厚或在边缘增设钢筋的处理方法。

非必要时尽可能少设胀缝,但某些细节部位具有设置胀缝的必要,如临近桥梁或固定构筑物处、凹形曲线纵坡变化处、板厚断面改变处。根据板厚、施工材料的膨胀特性、现场环境温度等因素灵活控制胀缝间距。板厚达到20 cm或更大时,若施工恰逢夏季,无须设置胀缝,原因在于环境温度较高,此时的混凝土已经达到相对较大的膨胀值,后续温度降低膨胀值减小,即便未来某年夏季的温度高于施工阶段的温度,膨胀量也无明显的差异,混凝土板的伸长数值无异常的波动,厚度达到20 cm或以上的混凝土板可有效承受温度应力。对于除夏季之外的其他季节,施工采用砂岩等膨胀性强的集料,宜按照100~200 m的间距依次设置胀缝。

胀缝属于混凝土路面的薄弱部位,胀缝质量不达标时,将成为路面水的流动通道,水渗入地基迫使其发生软化,板在胀缝部位受损。随着胀缝受损程度的加重,相继有砂石进入其中,胀缝病害愈发严重。胀缝的出现易导致车辆跳动,不利于车辆行驶的舒适性与安全性,施工和养护的工作量增加。

2. 横向缩缝

为控制混凝土的温度翘曲应力和收缩应力而设置横向缩缝,通常采用假缝的形式。受荷载的反复作用,接缝部位的传荷能力减弱,有错台现象,为规避此病害,宜在板厚中间部位设传力杆。临近胀缝的三条缩缝内设传力杆是可行的,传力杆尺寸及间距见表4-5。借助此装置减小板边弯沉和温度翘曲变形量,维持结构的稳定性。

横向缩缝间隔应根据当地气候条件、板厚和经验等确定,一般采用4~5 m,最大不得超过6 m,板宽与板长之比以1∶1.3为宜,当混凝土面板较窄时,横缝间距相对也要短些。缩缝必须用切缝机进行切缝,缝深为路面板厚度的1/5~1/4,缩缝宽度为3~8 mm,缩缝内必须浇灌沥青填缝料,防止水分渗入基层、砂石等杂物进入缝内。

表 4-5　传力杆尺寸及间距

板厚 h/cm	直径/mm	最小长度/cm	最大间距/cm
<20	19	40	30
21~25	25	45	30
26~30	30	50	30

3. 横向施工缝

结束每日的施工后,设横向施工缝,或在混凝土浇筑中断时采取此方法。施工缝宜设置在胀缝或缩缝部位,以平头缝构造的形式为宜,传力杆两端的处理方法是一端稳固在混凝土中,另一端可滑动(涂沥青)。

三、混凝土路面板厚的设计

(一)路面设计的思路

按弹性地基板理论组织刚性路面的设计工作,设计时做出如下基本假定。

(1)板为等厚体结构,具有泊松比 μ 和弹性模量 E。

(2)作用至板上的荷载,施压范围的长度和宽度超过板厚时,设计工作可基于薄板弯曲理论进行;仅存在较小的施压面时,以厚板理论为依据,做优化设计。

(3)地基和板间不存在摩阻力,地基与面板完全接触,且此特性在反力向下时仍是如此。

(二)路面厚度的设计

经验法和解析法是路面厚度设计的常见方法。

经验法:取具有代表性的路段进行试验,汇总观测结果,建立经验公式(标准轴载作用次数、路面厚度和使用性能),进而做好路面厚度的设计工作。

解析法:以弹性地基板理论为支撑,将结构分析作为重要工作方式,解算荷载应力;兼顾路面破坏临界状态,即对应的是疲劳开裂的状态。

路面厚度与混凝土弹性模量、基层的力学性质、交通量组成、环境温度等多因素有关,设计标准主要考虑如下两点。

(1)面板在使用期截止前未出现使用特性无法达到行车不允许的情况。

(2)以面板在使用年限末期出现疲劳开裂为临界状态作为标准,此标准在我国的公路建设中取得广泛应用。

(三)临界荷位的确定

以荷载应力和温度应力产生的综合疲劳损坏为依据,开展混凝土路面的设计工作,临界荷位对应的是路面板存在最大综合疲劳损坏的部位。若横缝不考虑传荷能力的假缝,具有较强传荷能力的企口缝时,横缝边缘中间区域属于临界荷位,除此之外的其他情况的临界荷位均选择的是纵缝边缘中部位置,相较而言,前者的发生概率较低,因此绝大部分情况下路面的临界荷位均考虑的是纵缝边缘中间区域。

(四)混凝土板厚的计算

按照如下思路,确定混凝土板厚。

(1)资料的收集。初始年的交通组成和日平均交通量、车道分配系数、方向分配系数、交通量的年增长平均率等均属于混凝土板厚设计中所需参考的交通资料,须做好资料的收集工作。

(2)资料的分析及基础参数的确定。针对收集到的交通资料进行分析,确定交通等级、设计年限 T、车道初始年日标准轴载作用次数 N,选择合适的轮迹横向分布系数 η,计算标准轴载累计作用次数 Nt。

(3)路面结构的初步设计。综合考虑路基土质、垫层及基层的类型,设计基层和路面垫层两部分的合适厚度,估算面板的平面尺寸和厚度。

(4)根据混凝土设计弯拉强度的最低要求,进行混凝土混合料组成设计。通过对混合料的强度测试,确定 28 d 或 90 d 设计弯拉强度 f(cm),确定混凝土的弯拉弹性模量 Ec。

(5)确定基层顶面计算回弹模量。对于新路,按初拟路面结构,确定各层的弹性模量和基层顶面当量回弹模量;对于老路,用承载板或弯沉法确定基层顶面的当量回弹模量 Et,然后计算基层顶面的计算回弹模量。

(6)计算荷载疲劳应力 σ_p,确定标准轴载产生的荷载应力。依据纵缝类型和交通等级,选定应力折减系数 K_r 综合影响系数 K_t,和疲劳荷载应力系数 K_f。将以上各项相乘后即得到荷载应力 σ_p。

(7)计算温度疲劳应力 σ_t。按公路所在自然区划选取最大温度梯度 T_g;计算路面结构的相对刚度半径 r,按相对板长 L/r、板厚 h 和温度应力系数 k_x,计算确定最大温度梯度时的温度应力 σ_{tm}。按 f(cm)和公路所在地区的自然区划,确定温度疲劳应力系数 k_t 同相乘即得到温度疲劳应力 σ_t。

(8)检验 σ_t 与 σ_p 之和是否满足要求。如满足,则初估厚度可以作为设计厚度。如不满足,则重新拟定路面结构,重复第(5)步以后的计算,直到满足要求为止,设计厚度取整至 cm。

四、水泥混凝土路面与构造物的衔接

道路建设中,部分路段的路面与桥梁、涵洞等构造物相接,衔接部位的平整性不足或稳定性欠佳时均易诱发跳车事故,不利于车辆的安全通行和路面的长久使用。原因在于衔接的两部分的沉降不相同,差异沉降的出现诱发一系列的问题。为此,须高度重视两部分的稳定连接,切实保证结构的整体性与稳定性。下面对常见的衔接类型及要点进行探讨。

(一)水泥混凝土路面与沥青路面的衔接

混凝土面板的末端存在水平推力,沥青路面难以承受此部分力的作用,导致衔接部位受损。水泥混凝土路面和沥青路面的沉降存在差异时,衔接区域的平整性下降,车辆行驶至该处时颠簸增强。对于两种路面的衔接,可采取在沥青路面下方埋设长 3 m 混凝土板的方法,衔接部位的厚度与混凝土面板保持一致,另一端按不少于 15 cm 的要求进行控制。混凝土板与混凝土路面衔接部位按 40 cm 的间距依次设置拉杆,材料可选用螺纹钢。部分公路的车流量较小,车辆行驶速度慢,可以采用混凝土预制块相连接的处理方法。

(二)混凝土路面与桥梁的衔接

综合考虑公路等级、通行目标及类似工程项目的经验等因素,应采取合适的处理方法。

对于高等级公路,宜设置桥头搭板,在搭板与钢筋混凝土面板的接缝部位设传力杆,与混凝土路面间用长度不短于 5 m 的钢筋混凝土面板过渡;与桥梁斜交时,着重加强对面板锐角部位的防护,原因在于此处偏脆弱,有磕碰受损的可能,防护措施可考虑钢筋网补强的方法;在搭板与钢筋混凝土面板衔接部位设置拉杆。对于低等级公路,在桥头铺筑混凝土预制块,沉降趋于稳定后安排混凝土路面的铺筑作业。桥头无搭板时,长度不短于 8 m,有搭板时不短于 5 m。

(三)构造物横穿公路

横向裂缝、错台等是构造物横穿公路时易出现的异常状况,为予以规避,对构造物顶部及两侧的混凝土面板做加强处理,具体方式有设置钢筋混凝土面板和钢筋网补强两种。

当箱状构造物顶面至板底的距离小于 80 cm 时,其顶面及两侧各 6 m 范围内的混凝土板应采用钢筋网补强。当距离小于 30 cm 或嵌入基层时,应采用双层钢筋网补强。钢筋网分别布设在距板底和板顶 1/4~1/3 板厚处,钢筋为直径 10~12 cm 的光圆钢筋,纵筋间距为 10~15 cm,横筋间距为 20~30 cm;如构造物顶面上的基层厚度小于 10 cm,基层应改为混凝土找平;当构造物顶面至板底距离为 30~80 cm 时,可采用单层钢筋网补强,钢筋网布设在距板顶 1/4~1/3 板厚处,钢筋采用直径为 8~10 mm 的光圆钢筋,纵筋间距为 10~15 cm,横筋间距为 20~30 cm。

管状构造物如圆管涵、管线等的顶部至板底的距离小于 80 cm 时,其两侧各 6 m 范围内的混凝土面板应采用钢筋网补强。当距离为 30~80 cm 时,采用单层钢筋网补强,钢筋网布设在距板顶 1/4~1/3 板厚处,钢筋采用直径为 8 mm 的光面钢筋,纵筋间距为 10~15 cm,横筋间距为 20~30 cm;当距离小于 30 cm 时,采用双层钢筋网补强,钢筋网分别布设在距板底和板顶 1/4~1/3 板厚处,钢筋直径为 10~12 cm 的光圆钢筋,纵筋间距为 10~15 cm,横筋间距为 20~30 cm。

第四节　水泥混凝土桥涵工程的施工

一、混凝土材料要求

混凝土混合料由水泥、粗集料与细集料、水和外加剂四部分组成。

(一)水泥

以高强度、抗冻、耐久的水泥为宜,例如硅酸盐水泥、普通硅酸盐水泥,交通等级是水泥取用时的重点考虑对象,例如特重交通路面选用标号不低于 525 级的水泥,其他等级路面以不低于 425 级的水泥较为合适。若为中等和轻交通的路面,矿渣硅酸盐水泥也具有可行性。

(二)集料

砂或石屑为细集料,碎石或砾石为粗集料。各类型集料的级配须合理,具有质地坚硬、耐久、干净的特点,不掺杂有损集料及混凝土性能的杂物。细集料的细度模数须在 2.5 以上,粗集料的最大粒径不大于 40 mm。

（三）水

路面施工和养护采用一般饮用水即可，若由于条件限制或其他原因而选用非饮用水，在使用前检验 pH 值和硫酸盐含量，各项指标均达标后方可作为水泥混凝土路面施工和养护用水。

（四）外加剂

向混凝土中掺入适量外加剂用于改善混凝土的性能，常见有流变剂、调凝剂等。外加剂的使用方式不当反而会制约混凝土的性能，须严格依据现行标准进行选取与应用。

二、施工流程及具体方法

（一）模板的安装

根据设计图纸测放路面的边缘线和中心线，加强复核，检测路拱横坡度和基层顶面标高，确保无误。模板采用长度为 3 m 的钢模，辅以拼装配件用于稳固接头，模板高度与混凝土面板厚度保持一致，底面与基层顶面贴合。检查表面的平整性，对于低洼部位，用水泥砂浆填补并振捣，直至恢复平整状态为止，两侧打入铁钎。

模板安装结束后，检查模板内侧和相邻模板拼接部位，判断是否存在不平整、高差等问题。若错位或高差超过 3 m，模板安装质量不达标，须重新安排安装。在确认模板安装质量无误后，清理内侧面附着的杂物，均匀涂刷薄层油，避免由于混凝土黏附在模板上而导致脱模异常。

（二）接缝的施工

接缝属于路面的薄弱部位，若接缝的质量欠佳，易导致面板受损，车辆行驶的平稳性乃至安全性受到影响，接缝部位受车辆的冲击，加剧受损。因此，妥善施工接缝尤为关键。

1. 纵缝

公路工程中，常采用如下三种方法设置接缝。

（1）在模板上开设合适规格的孔洞，将模板支设到位后穿设拉杆，再安排混凝土浇筑，此方式的不足在于拆模环节耗费较多的时间，效率偏低，尤其是在工期紧张的项目中缺乏可行性。

（2）将拉杆加工成直角形式，立模后绑扎另一半（被混凝土浇筑覆盖），混凝土达到特定强度后拆模，将外露部分的拉杆弯直。

（3）采用带螺丝的拉杆，首先用支架将一半稳定布设在基层上，拆模后另一半拉杆与既有的拉杆（被浇筑在混凝土内）稳定连接。

2. 横向缩缝

混凝土固结后，用切割设备切割横向缩缝，切缝时间的把控必须合理，以免混凝土产生早期裂缝。施工人员规范操作切割机，控制切缝的深度。

（1）切缝

切缝采用金刚石或碳化硅锯片，在混凝土固结硬化后随即安排切割。准确控制切缝的时间，若偏早，混凝土尚未有效固结且强度偏低，切割的扰动导致混凝土中的粗集料从砂浆中脱落，切割产生的缝不够整齐；若偏迟，混凝土由于水分减少和温度降低而表现出收缩变化，且此时的混凝土具备一定的强度，切割的难度加大，易形成早期裂缝。根据适中的原则，在混凝土强度适宜且收缩应力未超出强度许可范围时切割最具可行性，具体根据现场施工条件、混凝土材料的性质等因素做灵活的调整。为保证切缝时间的准确性，按照规范组织试验，根据试验结果确定最为合适的切缝时间。混凝土经验切缝时间见表 4-6。

表 4-6　混凝土经验切缝时间

昼夜平均温度/℃	常规施工方法/h	真空脱水作业法/h
5	45~50	45~50
10	30~45	25~30
15	22~26	18~32
20	18~21	12~15
25	15~18	8~11
30	13~15	5~7

(2)压缝

每隔 3~4 条切缝做一条压缝，防止早期裂缝的出现。向新鲜混凝土中用振动刀压缝，深度达到要求后开始提起压缝刀，检查缝槽，根据实际形态用原浆适度修补，向其中放入尺寸相配套的嵌条，再次修平缝槽。嵌条的取出时间安排在混凝土初凝前、泌水后，需要适当修整缝槽以保证其具有平整性。

①横向胀缝

沿着与缝壁垂直的关系设置胀缝，缝中不得连浆，缝隙宽度保持一致。在一天浇筑混凝土终了时设置胀缝较为合适，此时胀缝传力杆长度的 1/2 穿过端部挡板，或在施工中择机设置。混凝土浇筑首先从下层开始，逐层有序进行，各层用插入式振捣器捣实，检测传力杆的布设位置并加以调整，确认无误后安排上层混凝土的浇筑。加强对每层的质量检验与控制，本层施工质量不达标时禁止施工下一层。在临板混凝土浇筑时，首先将顶头木模拆除，再设下部胀缝板及其他的配套装置。

胀缝施工环节，传力杆的一半长度穿过胀缝板，搭配钢筋支架以起到稳固的作用。传力杆的位置必须合理，在此前提下从胀缝两侧开始摊铺混凝土，逐步到达板面位置。对摊铺到位的混凝土做充分的振捣，抽出端头板，随即填补产生的空隙，采取捣固措施。

②施工缝

在胀缝或缩缝处设置施工缝，多车道施工时，禁止在相同横断面设置施工缝。若在缩缝部位设施工缝，沿着与缝壁垂直的方向设置传力杆，将其按长度分为两部分，一半锚固至混凝土，另一半套装至套管内。

(三)混凝土的拌和与运输

1. 混凝土的拌和

按照拌和机械结构形式的不同，主要分为以下两种形式。

(1)自落式。提升材料至特定高度后下落，使材料均匀混合，达到充分拌和的效果。优势在于对拌和设备的精度要求不高，配置相对简单，耗能较低，塑性和半塑性混凝土的拌和中具有可行性。工程要求混凝土的坍落度较小时，拌和缺乏可行性，原因在于拌和阶段叶片可能黏附大量材料,导致拌和无法顺畅进行。对于干硬性混凝土的拌和,不宜采用自落式拌和方式。

(2)强制式。准备合适规格的密闭搅拌筒,按照配合比向其中掺入材料,搅拌叶片做高速的旋转,以强制性的方式使原材料均匀混合于一体。干硬性及细粒料混凝土的拌和宜采用强制式拌和方式,以此发挥出高效性、灵活性的优势。根据构造的不同,强制式拌和机有立轴和双卧轴式两种可供选择,从拌和速度和能耗控制的角度来看,以双卧轴式更为可行,属于优先选择对象。

原材料用量对混凝土的性能有明显影响,拌和时精准控制材料用量尤为关键。各类材料的计量容许误差:水泥和水为1%,外掺剂为2%,集料为3%。配套的称量装置必须具有较高的精度,优先考虑电子秤等自动计量设备,条件不允许时选用磅秤计量的方法。立轴式、双卧轴式拌和机的混凝土最佳拌和时间分别为90~100 s、60~90 s(以坍落度为1~5 cm的混凝土为例)。

2. 混凝土的运输

混凝土拌和后,若通过出厂质量检验,开始运输到指定作业点位。尽可能缩短拌和后至浇筑前的时间,以便提供充足的时间用于现场混凝土施工。必要时掺入缓凝剂,以防混凝土在正式施工前发生固结。根据混凝土运输需求适配运输设备,常见运输设备见表4-7。

表4-7 混凝土常见运输设备

类型	容积范围/m^3	运输距离/m	通道宽度/m
手推车	0.10~0.16	30~50	1.6~1.8
机动翻斗车	0.40~1.20	100~500	2.0~3.0
自卸车	2.40	500~2 000	3.5~4.0
混凝土搅拌车	8.90~11.80	2 000~5 000	2.5~3.5

(四)混凝土的摊铺与振捣

1. 摊铺

混凝土摊铺前,检测模板的位置、基层的标高、钢筋的稳固程度等,确认各项基础条件均无误后正式摊铺混凝土。到场的运输车根据摊铺规划将混凝土卸载至基层,若有离析现象要二次拌和。遵循均匀摊铺的原则,混凝土板厚度不超过24 cm时一次摊铺到位,否则分两次有序摊铺,且适当增加下层的厚度,以总厚度的3/5较为合适。若用铁锹摊铺,现场作业人员规范操作,采用"扣锹"的方法,否则混凝土易发生离析。在模板周边摊铺时,将灰浆捣出,杜绝蜂窝质量缺陷。

2. 振捣

摊铺好的混凝土混合料应迅速用插入式振捣器和平板振捣器均匀地振捣。插入式振捣器宜选用频率6 000次/min以上的。振捣时应先用插入式振捣器在模板边缘角隅处或全面顺序插振一次,每一位置不宜少于20 s。插入式振捣器移动间距不宜大于其作用半径的1.5倍,至模板的距离不应大于其作用半径的50%,避免碰撞模板和钢筋。平板振捣器的有效作用深度一般为18~25 cm。不采用真空脱水工艺施工时,宜采用2.2 kW的平板振捣器;采用真空脱水工艺施工时,可采用功率较小的平板振捣器。

首先用平板振捣器振捣,再调整为插入式振捣器,振捣时间根据水灰比而定。水灰比低于0.45时,不短于30 s,在0.45以上时适当缩短时间但不短于15 s,具体根据混凝土表面的状态做灵活的调整,待无气泡冒出、泛浆且具有平整性时方可结束振捣。全面振捣后,用振动梁往返拖拉2~3次,做加强处理,保证混凝土表面的平整性。以1.2~1.5 m/min移动振动梁,经过处理后若局部仍缺乏平整性,由人工挖填补平。振动梁的振捣遵循连续性原则,禁止中途停顿,宜配套足够长度的牵引绳,加强控制,防止振动梁底部倾斜。振捣期间注重检查,若振动梁底面弯曲超过2 mm,须及时采取调整措施,必要时换新。除了规范操作振动梁外,日常防护也尤为关键,不使用时须清理设备上附着的杂物,再置于平整的部位,避免雨淋和烈日直晒。在前述基础上,进一步用平直的滚杠进行滚揉,材料可选择形态良好的无缝钢管,管端设端头板并配套推拉定位销,以便进行滚拉或平推、提浆、赶浆。若发现混凝土表面与模板存在明显的高差,先明确具体状况,适度挖除并重新找平。

(五)表面修整和拆模

1. 表面修整

真空脱水后,经振捣梁复振、滚拉杆各一次,精细化的修正后板面有足够的平整性。未做真空脱水处理时,按照如下思路进行施工:用大木抹对表面做多次抹面,修整混凝土表面使其具有光滑性;经过一段时间后,用压纹器对初凝的表面混凝土压纹,或采用刻纹机器,在混凝土强度达到要求时刻制。

2. 拆模

浇筑混凝土60 h以上且强度适宜时拆模,要求混凝土结构尤其是边角部位不由于拆模而受损。不同工况的拆模时间有所不同,例如气温不低于10 ℃,车辆未直接在面板通行时,在20 h后即可拆模;气温在10 ℃以下,适当延长至36 h后拆模。首先拆除模板支撑及其他的配套设施,向模板与混凝土间插入扁头铁撬,经过撬动后使模板发生松动,根据撬动量适时填入木块,起到防护作用。拆模后,清理模板上的混凝土、圆钉,筛选出具有利用价值的部分,经过修整后平稳存放,以便后续重复使用。

(六)养生和灌缝

养生是提高混凝土路面施工质量的关键措施,在此阶段加强防护,避免混凝土由于风干或含水量异常偏低而出现收缩裂缝;混凝土板的温度应力需稳定在合理的区间内,不可大幅波动;加强现场管理,禁止车辆在尚未完全成型的混凝土面板处行驶。混凝土路面的常见养生方法有如下两种。

(1)湿法养生:混凝土表面用手指轻压无痕迹时进行养生,时间通常在抹面2 h后。向表面覆盖湿草袋或草垫,每日根据当前的温度和混凝土的成型状态适时洒水数次,以混凝土表面始终保持湿润的状态为宜。部分工程施工现场的环境温差偏大,采取保温措施,以免由于温度的异常波动而出现收缩裂缝。养生期间加强现场管理,禁止出现车辆通行以及影响混凝土养生效果的状况。

(2)塑料薄膜养生:安排在手指压无痕迹且混凝土表面无浮水时进行,向表面均匀喷洒溶液以便形成致密性良好的薄膜。例如,按照苯二甲酸二丁酯:过氯乙烯树脂:轻油剂=3:9:88(质量比)的配比取用材料并进行配制,使涂刷后的薄膜具有不透水的特性,避免混凝土的水分向外剧烈蒸发。此外,覆盖塑料布也是可行的方法。养生时间以混凝土的抗弯拉强度为准进行控制,要求的是该值超过 3.5 MPa。

养生结束后安排填缝,下部填入多孔柔性材料,总体灌注深度控制在 3~4 cm。填缝前,用小铁钩子将堆积在缝内的砂、石等杂物清理干净,再用吹风器或其他设备吹除缝内的尘土,避免由于杂物的混入而影响填缝料与混凝土的稳定黏结。清理效果较差时用水冲洗,待缝内保持干净和干燥的状态后开始灌缝。缝口两侧涂石粉水,作为防粘剂使用,每侧的宽度均按 10 cm 的要求予以控制。填缝料需同时具备耐久、弹性良好、不透水的特性,对环境温度的适应性较强,低温无缩裂,高温不流淌。常见的填缝方式有两种,即预制嵌缝条和现灌液体填缝料,对于后者,主要又细分为如下两种形式:一是沥青橡胶填缝料,其特点在于兼具弹性和塑性,具体包含沥青、石粉、橡胶粉和石棉屑四类原材料,按特定的比例配制而成。二是聚乙烯胶泥,它具备黏结稳定、耐久性、对环境适应能力强、防水效果良好等多项性能优势,常见原材料包含硬脂酸钙、煤焦油聚氯乙烯等。

前述提及的两种材料在缩缝、纵缝及胀缝的上半部分取得广泛的应用。

(七)特殊环境下的施工

环境因素对水泥混凝土路面的施工质量有明显的影响,尤其需要考虑的是高温、低温、雨季,具体做如下分析。

1. 高温环境下的施工

现场气温≥30 ℃时属于高温施工,易引起混凝土和易性异常变化、坍落度降低等状况,不利于混凝土摊铺、振捣。高温使混凝土中的水分快速散失,砂浆磨耗层的成型状态差,导致表面整平和收水抹面的难度增加,表面成型质量差。受高温的影响,混凝土表面有收缩裂缝,如相比于混凝土允许的 1~1.5 L/m^2(以每小时计)的蒸发量而言实际值明显偏高,会产生长度 20~100 cm 不等、深度 3~5 cm 的直线形裂缝。

高温将加速混凝土的水化,混凝土的含水量异常降低,板面产生裂缝。为适应高温的施工环境,须采取降低混凝土浇筑温度的方法,在不删减工序、不影响施工质量的前提下缩短浇筑至表面修整结束的时间,减小高温产生的不良影响。根据高温环境的特殊性科学养生,为混凝土的成型创设良好的条件。为最大限度控制高温环境中水分的蒸发量,提出如下措施。

(1)立足施工条件,估计混凝土运输、摊铺期间的水分蒸发量以及由于此状况导致的坍落度降低情况,据此适时调整配合比,维持混凝土中含水量的合理性。拌和用水的增加量需根据运距、温度、风力等级等条件而定,如施工环境温度在 30 ℃时,维持 20 ℃时的坍落度,混凝土中单位用水量增加 4~7 kg。混凝土在运输过程中可能散失水分,因此在装车后及时覆盖,并尽快将混凝土运送到位。

(2)加强施工协调,缩短摊铺、振捣、收缩抹面、养护各道工序的不必要间歇时间,在保证施工质量的前提下加快进度。

(3)路面混凝土摊铺完成后,搭设凉棚,隔绝烈日暴晒,减少混凝土的水分蒸发量。

(4)视现场施工条件设置防风墙,削弱风力,减少由于风而导致的水分蒸发量。

(5)施工恰逢高温烈日和大风天气时,根据温度和风力等级在面层适量洒水,使混凝土保持湿润的状态。收水抹面环节也须适量洒水,否则会由于表面过于干燥而导致扫毛和滚槽无法正常进行。

(6)环境温度超过 35 ℃且难以采取行之有效的高温控制措施时,不宜安排水泥混凝土路面的施工。混凝土拌和物的温度不大于 35 ℃,且在施工期间须及时测量温度,根据实测结果动态管控,确保在相对特殊的温度下依然可有效施工。

2. 低温环境下的施工

环境温度较高时,混凝土中水泥水化快速完成,在适宜的高温环境中,强度于短时间内有效提高;而环境温度偏低时,水化虽然可以发生但有所放缓,强度增长速度慢。最低气温<0 ℃或日平均气温<5 ℃时,采取防护措施,避免混凝土温度异常降低;日平均气温<0 ℃时,混凝土易冻伤,不宜施工。

冬季温度降到 0 ℃以下时(混凝土冻结温度为-3 ℃),混凝土即产生冰冻,表面产生冰晶,混凝土解冻后,这种印迹仍然存在。早期受冻的混凝土,其强度可降低 40%~50%,强度大幅度降低的原因为:结冰时混凝土中水的体积增加 9%,解冻后不再恢复,集料周围有层水膜或水泥浆膜,在结冰后其黏结力被破坏。严重受冻的混凝土可以形成一堆互不起作用的混合物。因此,混凝土路面应尽可能在气温高于 5 ℃时进行施工。当昼夜平均气温为-5~5 ℃时,为保证混凝土受冻前至少能达到设计强度的约 70%,应采取措施,并提出低温施工的施工组织设计,主要包括低温操作和养生的各项措施。

(1)提高混凝土拌和温度

水泥不具备加热的条件,砂石料的加热可采用热空气加热、保暖储仓等间接加热的方法,水的加热温度不大于 60 ℃。砂石料加热后,拌和阶段的温度不大于 40 ℃。若由于施工条件的限制无法有效加热或现场环境温度异常偏低,可添加氯化钠或氯化钙,用量不大于 2%,同时根据此类物质的掺入情况加入等量的亚硝酸钠。收水抹面完成后,覆盖保温,是否洒水根据温度而定,如温度<0 ℃时禁止洒水。

(2)路面保温

为维持混凝土路面温度的合理性,采用蓄热法保温养生,根据温度控制要求准备适量的保温材料进行覆盖,蓄积水泥的水化热量和混凝土热量,尽可能减小路面热量损失。路面保温的方法操作便捷,成本较低,是低温环境下混凝土路面施工中常见的保温方法。

根据“因地制宜、就近取材”的原则选用保温层施工材料,以保证保温效果为前提,尽可能追求操作便捷性、经济效益最大化的目标。常见保温材料有麦秸、油毡纸、锯末等,保温层的厚度不少于 10 cm,具体材料选择方式和厚度根据气温而定。

(3)其他注意事项

按照不超过 0.6 的水灰比拌制混凝土,搅拌时间较常温状态延长 50%左右,使混凝土具有均匀性。制定并实行定时测温制度,加强对混凝土温度的全流程控制,例如拌和站测定原材料在拌和前的温度、拌和阶段的温度、出料温度;混凝土到场时测定温度,禁止任何温度不达标的混凝土投入使用;摊铺过程和养护阶段测定温度。不同阶段的测温频率存在差异,其中混凝土浇筑后前 2 d 每 6 h 安排 1 次测温,后续每昼夜安排 3 次或适当增加,且必须在凌晨 4 时气温最低时安排一次温度检测。考虑到测温的便捷性和测温结果可靠性的要求,在路面板边缘部位设置测温孔,深度 10~15 cm,路面纵向每 50 m 设置一对,测温计在孔内停留时间至少达到 3 min。及时采集并汇总测温数据,绘制各测温孔的温度变化曲线,判断温度是否合理,预估温度变化趋势,以便主动防控。摊铺后,72 h 内的养生温度须超过 10 ℃,后续 7 d 须在 5 ℃以上。

3. 雨季施工

密切关注天气预报信息,在雨季来临前制定适应于雨季的施工方案。施工路段的汇水面积和历年水情均属于重点考虑内容,须评估桥涵和人工构造物是否可高效排水,以免造成积水现象。为拌和现场搭设雨棚用于遮雨,防止材料遭雨淋;及时测定砂石料场的含水量,根据实测结果动态调整拌和的用水量;雨季施工时空气偏潮湿,水泥在此环境中可能出现受潮结块的现象,须采取防雨淋措施。混凝土装车后进行遮盖,以免雨水流入车厢内。若混凝土路面摊铺现场存在积水,必须在清理干净后方可排除。向混凝土路面覆盖塑料膜,在混凝土终凝前禁止揭开,否则雨水渗入将导致路面的施工质量受到影响。由于工期需要必须在降雨天气施工时,在现场搭设轻便性的雨篷,根据施工进度适时移动,在获得遮挡的前提下进行施工。

第五节　水泥混凝土桥涵病害分级及其特征

一、路面损坏状况的分级

水泥混凝土路面按损坏的位置可分为断裂类、竖向位移类、接缝类、表层损坏类等类型。面层断裂类主要指纵向、横向、斜向裂缝,交叉裂缝,断裂板等;面层竖向位移类主要指沉陷、胀起等;接缝类主要指接缝填缝料损坏、纵向裂缝张开、唧泥、板底脱空、错台、接缝碎裂、拱起等;表层损坏类主要指磨损、露骨、纹裂、网裂、起皮、活性集料反映病害、粗集料冻融裂纹、坑洞、修补损坏等。水泥混凝土路面损坏状况分类分级表见表 4-8。

表 4-8　水泥混凝土路面损坏状况分类分级表

损坏类型		分级标准
断裂类	纵向、横向、斜向裂缝	轻:缝隙边缘无碎裂或错台的细裂缝,缝隙宽度小于 3 mm; 中:缝隙边缘中等碎裂或错台小于 10 mm 的裂缝,缝隙宽度小于 15 mm; 重:缝隙边缘严重碎裂或错台大于 10 mm,缝隙宽度大于 15 mm
	交叉裂缝、断裂板	轻:板被轻微裂缝分割成 2~3 块; 中:板被中等裂缝分割成 3~4 块或被轻微裂缝分割成 5 块以上; 重:板被严重裂缝分割成 4~5 块或被中等裂缝分割成 5 块以上
竖向位移类	沉陷、胀起	轻:车辆以限速驶过时产生轻微跳动,无不适感; 中:车辆驶过时产生引起不舒适感的较大跳动; 重:车辆驶过时产生过大的跳动,引起严重不舒适或不安全

表 4-8(续 1)

损坏类型		分级标准
接缝类	接缝填缝料损坏	轻:整个路段接缝填缝料情况良好,仅有少量接缝出现损坏; 中:整个路段接缝填缝料情况尚好,1/3 以下的接缝长度出现损坏,水和硬质材料易渗入或挤入; 重:接缝填缝料情况很差,1/3 以上的接缝长度出现损坏,水和硬质材料能自由渗入或挤入
	纵向裂缝张开	轻:接缝张开 10 mm 以下; 重:接缝张开 10 mm 以上;
	唧泥、板底脱空	轻:车辆驶过时有水从板缝或边缘唧出,或在板接(裂缝)缝或边缘邻近的表面残留有少量唧出材料的沉淀物; 重:在板接(裂)缝或边缘的表面残留有大量唧出材料的沉淀物,车辆驶过时有明显的跳动和脱空感
	错台	轻:错台量>5 mm; 中:错台量 5~10 mm; 重:错台量<10 mm
	接缝碎裂	轻:仅出现在接缝或裂缝两侧 8 cm 范围内,可暂不采取修补措施; 中:碎裂范围大于 8 cm,部分碎块松动或散失,但不影响安全或危害轮胎; 重:影响行车安全或危害轮胎
	拱起	轻:车辆以限速驶过时仅引起轻微跳动,无不舒适感; 中:车辆驶过时产生引起不舒适感的较大跳动; 重:车辆驶过时产生过大的跳动,引起严重不舒适或不安全
表层损坏类	磨损、露骨	轻:深度<3 mm; 重:深度>3 mm
	纹裂、网裂、起皮	轻:板大部分面积出现纹裂或网裂,但表面状况良好,无起皮; 中:板出现起皮,面积小于或等于混凝土板面积的 10%; 重:板出现起皮,面积大于混凝土板面积的 10%
	活性集料反映病害	轻:板出现网裂,面层可能变色,但未出现起皮和接缝碎裂; 中:出现起皮和(或)接缝碎裂,沿裂缝和接缝有白色细屑; 重:出现起皮和(或)接缝碎裂的范围发展到影响行车安全或危害轮胎,路面表面有大量白色细屑
	粗集料冻融裂纹	轻:裂纹出现在缝或自由边附近 0.3 m 范围内,缝未发生碎裂; 中:裂纹出现在缝或自由边附近,范围>0.3 m,受影响区内缝出现轻微或中等碎裂; 重:裂纹影响区内裂缝出现严重碎裂,不少材料散失

表 4-8(续 2)

损坏类型		分级标准
	坑洞	不分轻重程度
	修补损坏	轻:轻微破损或边缘处有轻微碎裂 中:轻微裂缝或车辙推移,边缘处有中等碎裂和 10 mm 以下错台; 重:出现严重裂缝、车辙、推移或错台,需重新进行修补

二、病害的特征

(一)水泥混凝土面层断裂类病害

路基横向不均匀沉降段属于纵向裂缝的高发区域,受车辆荷载、温度变化等因素的影响,混凝土结构产生较强的干缩应力、翘曲应力,在单项或多项力的共同作用下,产生横向或斜向裂缝。若仅考虑开放交通前,横向或斜向裂缝产生的关键原因在于锯切缝的时间不妥。角隅部位偏脆弱,可能有断裂的情况,雨水持续向其中渗入,侵蚀结构,同时接缝部位有唧泥问题,接缝的稳定性较差,传荷能力大打折扣。在荷载反复作用、路基浸水软化等多项因素的共同影响下,裂缝板受损问题愈发严重,从而产生交叉裂缝和破碎板。

(二)水泥混凝土面层竖向位移类病害

局部路段下沉引起沉陷病害,而下沉的关键在于地基或路基填土发生不均匀沉降,或由于固结沉降所致。胀起现象将导致路面板呈现出向上隆起的异常形态,而此问题的出现与膨胀土发生剧烈膨胀或路基存在冻胀现象有关。

(三)水泥混凝土面层接缝类病害

纵缝施工时未及时设置拉杆,导致纵向接缝张开病害。在温度、横向坡度多项因素的共同影响下,相邻车道板块存在横向位移,导致原本存在的纵缝裂隙逐步扩大,愈发严重。

板接缝或边缘下的基层细料渗入缝内,同时在压力作用下此部分材料从缝中或边缘部分挤出,即唧泥现象;随着材料挤出量的增加,板底面向基层顶面的范围明显脱空,接缝的密实性不足。唧泥病害的出现与基层材料抗冲刷性能不足、重复荷载作用、接缝稳定性差有关,基层顶面的细料主要集中在近板底脱空的区域,可见此时裂缝的两侧板面有明显的高差,路面的平整性下降。

接缝施工方式不合理,缝隙内聚集不可压缩材料,易产生裂缝,分布范围集中在临近接缝或裂缝约 60 cm 宽度内,严重时混凝土被分裂成多处碎块,即接缝破裂病害。

拱起病害指的是裂缝部位的板块或横向接缝位置膨胀受阻时发生形态异常的变化,鲜明特征是局部向上隆起,部分情况下导致临近板块有明显的横向断裂问题。

(四)水泥混凝土面层表层类病害

(1)磨损、露骨。混凝土的耐磨性不足,或受到行车荷载的反复作用而产生磨损、露骨病害。在车轮持续摩擦时,混凝土表面的砂浆逐步磨损,随着时间的延长,轮迹带的位置产生凹陷,原本存在于路面的表层砂浆减薄甚至完全消失,内部的粗骨料外露。

(2)网裂。混凝土板存在大量的细微裂纹,总体上呈现为网状裂纹。

(3)起皮。板上部有局部混凝土脱落现象,深度普遍在3~13 mm。

(4)开裂。活性集料与水泥的碱发生反应,可见结构显现出明显的膨胀现象,在此影响下,水泥基层受损。开裂的病害特点与网裂类似,但深度相对更大,对结构的影响更为严重。

(5)冻融裂纹。以半月形的细裂纹居多,其中绝大部分集中在接近自由边边缘、纵横向接缝的部位,裂纹表面有较多的氢氧化钙,由于此物质的存在,裂纹周边色泽呈暗色,后续易出现崩解问题。压力是粗集料的冻融膨胀关键诱因,其中最初板的底部是最为明显的部位,可见该处明显崩解。粗集料无法稳固在混凝土中,随着粗集料数量的减少,直径3~10 cm的坑洞逐步产生。

第六节　水泥混凝土桥涵病害的防治与维修

一、接缝的处理

水泥混凝土板块的接缝部位偏薄弱,属于病害的高发区域。为维持接缝处填料的完整性,须及时观察接缝填料的特性,待其老化时尽快安排换新,或在接缝渗水时换新。若未及时采取处理措施,低温环境下混凝土板块收缩,填缝料与板块无法稳定结合,产生空隙,为雨水及外部其他物质的渗入提供了通道,衍生出板块唧泥问题;而在夏季温度较高时,板块受热膨胀,原本缝内的石子将被挤碎。

对于接缝的修补,常采取如下方法。

(1)首先用小扁凿凿除旧缝中的填料,再用钢丝刷清理,将附着在缝壁上的填料处理干净,最后用吸尘器清洁,使缝内保持干净、干燥。

(2)向缝壁涂刷稀释沥青,环境温度较低时,用喷灯烘吹。

(3)向缝的两侧路面撒石灰,控制施工范围,避免接缝料污染路面。

(4)向缝内撒入泡沫塑料嵌条,材料的高度控制在25~30 mm。

(5)向缝内填入配制好的接缝材料,不完全填满,顶部留出5 mm以便为膨胀提供空间。

(6)用烙铁烙平接缝,直至平整、密实为止。

裂缝是混凝土路面的常见病害,同时其形式多样,在修补时须根据裂缝的实际状况选择合适的方法。下文对几种常见的混凝土路面裂缝修补方法进行分析。

(一)压注灌浆法

此法适用于宽度<0.5 mm的非扩展性表面裂缝,主要操作流程如下。

(1)全面检查,确定裂缝的分布范围,用压缩空气清除缝内的杂物,减小对灌浆材料的影响。

(2)按30 cm的间距依次设置灌浆嘴,对裂缝部位做加热处理,向灌浆嘴及胶带部位加封石蜡和松香。

(3)灌缝材料的配合比根据开放通车的时间要求、缝口宽度而定,保证材料的有效性。

(4)向注射器内倒入灌浆材料,于30~40 min将灌缝料灌注到位,上部增设一层水泥砂浆,使表层与周边部位在色泽上保持一致,或用砂浆抹面并喷养护剂。

（二）扩缝灌浆法

此法适应于裂缝宽度<3 mm 的轻微裂缝，主要操作流程如下。

（1）用冲击电钻顺裂缝将缝口扩宽，成型沟槽的深度不超过板厚的 2/3，具体根据裂缝深度而定。槽内可能存在混凝土碎屑，用压缩空气将其清理干净，再向其中填入 0.5 mm 的小石屑。

（2）准备灌浆材料，用灌缝机将其灌注到位。

（3）灌缝后，用远红外灯做持续 2~3 h 的加热处理，待灌缝材料固化后，测定强度，若具备通车的条件，可开放交通。

（三）直接灌浆法

此法适用于非扩展性收缩裂缝，主要操作流程如下。

（1）清理缝内的泥土、杂质，使缝内初步保持干净；用钢丝刷处理缝口，用吸尘器吸取灰尘，直至缝内达到干燥、无水的状态为止。

（2）向缝内及路面铺聚氨酯底胶层，底胶铺设采用涂刷法，用量控制在约 0.15 kg/m^2，厚度为 0.3±0.1 mm。

（3）准备好灌浆材料，将其灌入缝内，加强防护，待灌浆料达到固化状态同时强度达标后，方可通车。

（四）条带罩面法

此法适用于贯穿全板厚同时宽度为 3~15 mm 的裂缝，主要操作流程如下。

（1）顺裂缝两侧约 20 cm 的位置切割横缝，深度控制在 7~10 cm，均与裂缝平行。

（2）用风镐处理横缝内侧，凿除深度为 7~10 cm 的混凝土，沿缝两侧按 50 cm 的间隔依次设钯钉孔，直径比钯钉直径略大 4 mm。

（3）以直径 16 螺纹钢筋为原材，制作尺寸与钯钉孔相配套的钯钉，制作成型后检查尺寸、形态，做好表面除锈作业。

（4）向成型的孔槽填入快硬砂浆，将提前制作成型的钯钉安装到位。

（5）对缝内壁凿毛，以便新浇筑的混凝土与既有部分稳定黏结。

（6）向修补面涂刷环氧水泥砂浆，安排快硬混凝土浇筑作业。

（7）安排养生，在此阶段喷洒养生剂，覆盖范围延伸至相邻旧混凝土内 20 cm 或更大，以免水分经由相邻旧混凝土孔中流出。

（8）根据裂缝的尺寸，用切割机适当加深，最后向缝内填入灌缝料。

（五）全深度补块法

此法适用于错台>12 mm、裂缝宽度>15 mm 的裂缝，应用全深度补块法促进混凝土传递板块荷载性能的提升，依托荷载性能优势减小垂直变形量。针对较为严重的裂缝，宜采用全深度补块的处理方法，建立稳定可靠的工作缝，用于传递荷载。

全深度补块法主要细分为集料嵌锁法、刨挖法、设置传力杆法，根据工程施工要求做合理的选择。

补块尺寸的确定属于全深度补块法应用中的重点内容，具体做如下考虑。

（1）路面基础存在异常的部位，须完全清理干净。

（2）在距离破损部位至少 30 cm 的区域进行锯缝作业。

(3)现有未设传力杆接缝不足 90 cm,或边界距现有横向裂缝不足 180 cm 时,采取适度外移边界的方法,且为了尽可能消除板块松动、唧泥问题,将裂缝或接缝包括在补块内。

(4)补块的施工。

①破损部位的处理。沿横向和纵向边界全深度切割,内侧切割作业安排在距离内侧 4 cm 的位置,按照 5 cm 的深度要求予以控制,切割产生的混凝土块用吊杆或铰链等设施吊出,其间加强防护,以免由于碰撞而导致基层、相邻路肩和路面受损。若由于条件特殊或操作不当等原因导致局部受损,外移补块边界,在进行病害部位补块的同时连同受损部位共同处理。在现场准备足量满足施工要求的补块材料,以免由于材料供应不足而导致补块作业无法正常进行。对于无传力杆的补块,为维持此部分的稳定性,宜设置为接面交错的接缝形式。

②凿毛。半深度锯口间的 4 cm 宽条进行凿除处理,形成毛面以便新增添部分与既有结构稳定黏结,存在全深锯口时也采取此方法。

③垫层、基层的处理。全面清理松散的材料,若垫层过于干燥,适度喷水,水量以摊铺前垫层可完全吸收为宜,过量喷水反而适得其反。对集料级配垫层做逐层摊铺、压实处理,单层厚度不超过 5 cm,压实度不低于 95%,修筑横向地基排水装置,以免施工现场形成积水。

④混凝土的准备。根据强度、和易性、耐久性等方面的要求组织配合比设计,确定各类原材料的用量。原材料的质量对混凝土的性能有明显的影响,须按照《公路水泥混凝土路面设计规范》(JTG D40—2011)选择合适的材料。最大水灰比为 0.4,具体根据混凝土材料组成情况而定,如掺入快速修补材料时,将水灰比适当降低至 0.3~0.4,24 h 弯拉强度不低于 3.0 MPa,坍落度以 2 cm 以内为宜。

⑤摊铺。混凝土满足出厂质量要求后,随即运送至现场用于摊铺,做到混凝土随拌随用。振捣环节采用平板振捣器及插入式振捣器,做充分的振捣,保证混凝土的密实性,谨慎操作,尤其是传力杆周边及板边细节部位须足够密实,但振捣时不可扰动传力杆等既有构件。补块长度小于 300 cm,按照沿着中心线平行的方向找平,补块的尺寸应与相邻路面横断面相配套。用 3 m 直尺测量,纵向平整度允许值为 3 mm。为提升表观质量,按照与原路面一致的纹理设置补块表面的纹理。

⑥养护。根据补块的材料特性选择合适的养护剂,做充分的养护,在此期间加强防护,避免补块由于外部因素的干扰而受损或出现其他的质量问题。

⑦接缝的处理。时间安排在开放交通前的 12 h 内,对板中间的缩缝做锯切处理,向缩缝内填入接缝材料,在后续的 5 d 内封缝。锯缝后或模板拆除后,用水冲洗残留在缝槽内的杂物,向其中吹入压缩空气,直至缝内保持干净为止。经一段时间后,水泥混凝土的强度达到通车的条件,经检查确认无误后,可开放交通。

以上步骤同时适用于集料嵌锁法和刨挖法。设置传力杆方法的施工除完成以上步骤外,还应注意以下几点。

(a)处理基层后,应修复、安设传力杆和拉杆。

(b)原混凝土面板没有传力杆或传力杆折断时,应用与原规格相同的钢筋焊接或重新安设。安装时应在板厚 14 处钻出比传力杆直径大 2~4 mm 的孔,孔中心距 30 cm,其误差不应超过 3 mm。

(c)横向施工缝传力杆直径为25 mm,长度为45 cm,嵌入相邻混凝土板内深22.5 cm,传力杆间距为30 cm。

(d)拉杆孔直径宜比拉杆直径大2~4 mm,并应沿相邻板块间的纵向接缝板厚1/2处钻孔,中心距80 cm。拉杆采用416螺纹钢筋,长度为80 cm,其中40 cm应嵌入相邻车道的混凝土板内。传力杆和拉杆应采用环氧砂浆牢牢地固定在规定位置。

(e)摊铺混凝土前,传力杆的伸出端应涂少许润滑油。传力杆若安装倾斜或松动失效,应更换。

(f)新补板块与沥青路面路肩相接时,应和现有路肩平齐。

(六)表面龟裂的处理

(1)对于表面裂缝较多及表面龟裂,可把裂缝划为一个施工面。

(2)将其施工面中的裂缝凿成一块3~6 cm凹槽,把混凝土碎屑吹除干净。

(3)配制聚合物乳液混凝土或备好其他修补材料。

(4)浇筑修补混凝土,喷洒养生剂养生至规定通车强度时即可通车。

二、坑洞处理

混凝土中夹杂木块或其他密实性不足的杂物时,车辆行驶过程中产生的荷载作用迫使杂物更加密实,路面向下沉陷,产生坑洞,不利于车辆的平稳通行,甚至由于车辆颠簸感增强而产生安全隐患。路面仅存在少部分坑洞时,将洞内杂物清理干净,填充水泥砂浆即可;坑洞较多时,宜采用薄层修补的方法。

(1)适度开凿坑洞,使其边线与路中心线保持平行或垂直的关系,总体上坑洞以规则状为宜。

(2)按照6 cm以上的深度进行切割,对切割面凿毛,使原本光滑的部位具有一定的粗糙度。

(3)用钢丝刷槽内附着碎屑、尘土等杂物清理干净。

(4)向保持干净和干燥的槽内填入混凝土拌和物,做充分的振捣,使混凝土有密实性,同时表面与原面板呈齐平的位置关系。

(5)为使混凝土有效成型,在完成前述处理后安排养生,混凝土达到强度要求后开放通行。

部分坑洞的病害范围较大、数量多、深度在3 cm以内,若发生在低等级公路中,可以用沥青混凝土做修补处理。按2~3 cm的深度要求开凿形成病害处治区,边线与路中心线保持垂直或平行的位置关系,及时清理开凿过程中产生的碎屑。取黏层沥青,根据0.4~0.6 kg/m^2的用量涂抹在槽底面和槽壁。铺筑混凝土,经过养护后若密实度、平整度均达到要求,可开放交通。

三、拱起的处理

板块完好但板块有拱起现象时,用锯缝机在拱起部位两侧板设置横道,适当增加缝的宽度和深度,数量控制2~3道,以便释放应力。随后,向接缝内填入填缝料,使其具有密实性与平整性。若板端拱起板块断裂,按前述提及的裂缝修理方法施工,具体根据病害程度对方法做灵活的优化,保证修理的有效性。

四、错台的处理

首先确定错台病害的严重程度（主要考虑的是错台高度），再采取合适的处理方法。

（1）错台高度为0.5~1 cm，以切削法为宜，经过检查后确定错台病害的发生范围，用带扁头的风镐进行凿除，直至与临近板块平齐为止。

（2）错台高度≥1.0 cm，推荐采用凿低补平罩面的方法，基本思路为：确定错台的具体高度，凿除低陷的一侧水泥板，用J-6乳胶砂浆修补。凿除量取1~2 cm，修补长度以"错台高度除以1.0%坡度"的方式确定。

五、沉陷的处理

顶升施工法在沉陷病害的处理中具有可行性，基本流程如下。

（1）在距下沉处50 m以外的部位设置水准仪，准确测定下沉板的下沉量，根据测量结果绘制纵断面，基于图形确定升起值。

（2）向面板上钻孔，按"板厚+2 cm"的方法确定孔深。

（3）适配千斤顶或起重设备，根据顶升要求进行板块的顶升作业；制备水泥砂浆，用于灌注。

（4）灌注砂浆，每结束一孔的施工后随即用木楔封堵。待所有孔洞的压浆均完成后，将木楔取出，用高强水泥砂浆封孔。

（5）经一段时间的养护后，压浆材料的抗压强度逐步提高，待其达到6 MPa且病害处理部位无异样时，可开放交通。

六、表面起皮的处理

着重考虑剥落、露骨两类问题，根据受损程度和公路等级选择合适的处理方法：对于一般公路的表面起皮，以稀浆封层法较为合适，部分高等级公路存在表面起皮病害，也可采用该方法，或调整为沥青混凝土处治的方法。局部有大范围的表面起皮现象时，可用沥青混凝土罩面法加以处理。

七、板角断裂的处理

综合考虑破裂面的范围和大小，明确待修补的区域，根据要求测量放样，在指定位置用切割机锯缝，适度凿除直至缝壁呈垂直状态。严格控制锯缝深度，以免由于切割而导致混凝土结构中的钢筋被切断，由于切割要求必须割断钢筋时，至少长短交错20~30 cm的钢筋头。若板角在缩缝处断裂，向该处涂抹沥青，以免新旧混凝土粘连；若在胀缝处断裂，宜设置接缝板。在前述处理的基础上，填补混凝土并振捣，混凝土硬化后切出接缝并向其中灌注填缝料。在板角断裂问题的处理中，除了保证修补部位的有效性外，还须使修复部位与既有路面在平整度、接缝等方面保持一致。

八、水泥混凝土路面改善的方法

路面有大范围的磨损、露骨问题时，以施作磨耗层的方法进行处理。磨耗层施工材料可选择稀浆封层、沥青砂等。局部路段有磨光现象，在病害处治时采取机械刻槽措施，使路面恢复原状,摩擦系数和平整度均达标。部分路段的板面有明显裂缝,或有大范围的剥落,在病害处理时宜采用加铺面层的方法进行处理,使受损部位恢复完整,保证路面有足够的耐久性。

以下为加铺层施工方法。

(1)妥善处理旧路面病害,经过调查确定破碎板,将此部分凿除干净,再铺同强度的混凝土,恢复原状。

(2)旧面板表面附着杂物时,须及时清理干净,向接缝内灌注材料,铺设隔离层。根据材料的不同,分为土工布隔离层、沥青混凝土隔离层、沥青油毡隔离层,具体结合工程条件做合理的选择。

(3)若加铺层施工采用水泥混凝土、钢筋混凝土,加铺层的最小厚度不少于 18 cm;采用沥青混凝土时,不少于 7 cm。按照旧路面板的纵横缝设置方式完成加铺层的设置工作,拆模时加强防护,锯缝并设置醒目的标记。横向缩缝间距按 10 m 予以控制,为改善路面板的性能,需设置传力杆,除此之外的其他缝的施工方法可参照普通混凝土板。施工人员严格依据规范施作路面加铺层,保证厚度、平整度、强度各方面均达到要求。

九、板下封堵

板下封堵的处理对象是垫层、基层及路面板下的细小空隙,将其作为浆液的流动通道,做灌浆处理,使板下部位得到充分的填充。灌浆材料从板底空隙中压入,严格控制灌浆压力,保证灌注饱满性的同时避免由于浆液的大量填充而使路面板向上抬升。

(一)板下封堵的适用性分析

板下封堵作为一种预防性维护措施,在道路工程中取得广泛的应用,其侧重于对微小病害的处理。例如,在板角失去支撑时须立即处理,以免诱发大范围的不良影响。路面板未出现严重裂缝时,推荐采用板下封堵的方法,在保证封堵有效性的同时控制成本。若初始弯沉较小,非必要时不灌浆,原因在于板下封堵存在较强的扰动作用,若控制不当,反而易诱发明显的弯沉现象。

板下封堵也有局限性,例如在矫正沉降、消除板内温度异常变化所致的垂直错台中缺乏可行性。但经过板下封堵后的空隙得到充分的填充,结构的完整性有所提升,因此有利于减小弯沉量,换言之,可降低唧泥、错台病害的发生率。因此考虑到板下封堵的适用性问题,对于支撑能力丧失程度有限的裂缝或接缝,才适宜采用该方法。

(二)板下封堵工程设计

板下封堵工程的设计,主要包括选择合格的灌浆混合料,测试路面有没有脱空,预计灌浆的量和决定适宜的灌浆孔等。

1. 灌浆混合料

灌浆混合料应能渗入细的空隙,同时具有足够的强度和耐久性,抵抗荷载、湿度和温度的影响。

2. 脱空空隙位置的测定

用 JN150 黄河车、贝克曼梁、千分表,测定接缝两侧靠近路肩边缘板角弯沉。

3. 砂浆量的预测

每个接缝的灌浆量一般为 0.03~0.09 m^3。

4. 材料

向混凝土中掺入适量的粉煤灰后,可减少水泥的用量,避免由于水泥剧烈水化而开裂。形态上,粉煤灰呈球形形状,具有颗粒级配,可填充空隙,同时在改善混凝土的流动性方面也有一定的优势。外加剂是提升混凝土性能的重要材料,常见于减水剂、膨胀剂等,通过此类材料的应用,可补偿粉煤灰的收缩,使成型混凝土的形态更加合理。

粉煤灰砂浆的配制需用专业的混合器完成,要求产生的胶质混合料呈悬浮状态且具有抗游离稀释的功能。为保证灌注的有效性,可适配水喷射泵,适当施加压力,在压力的作用下推动浆液的流动。配套回流管,避免过度灌浆以及板大幅度移动的情况,若发现板发生移动,须立即停止灌浆。砂浆长期不流动时可能在喷射管内初凝,为防止此现象,适配砂浆回流系统,若砂浆的流动路径被切断,砂浆无须限定在特定的区域,仍可回流至泵中。为满足一天生产的用水需求,配套合适规格的水箱,并搭配加压泵使用。胶喷嘴须具有可扩张的特性,在此前提下,能够使喷射管稳定贴在孔壁处。

5. 封堵砂浆孔的布置

根据水泥混凝土路面的具体状态确定合适的孔分布方式,具体考虑板的长度、性能表现、病害受损状况等,同时还须适时调整板下封堵位置。钻孔的深度以穿过板到达垫层为宜,其中侧孔须穿透垫层延伸至土基内,但禁止过度增加侧孔的深度(不大于 7 cm)。按照不低于混凝土板板底的要求调整喷射管的输出管口,在此位置关系下,可促进砂浆的顺畅流动,充分填充至板下方以及基层下方的空隙,达到由松散到密实的效果。砂浆的流动能力有限,对于砂浆无法到达的部位形成小空腔同脱空部位贯通,进而得以填充密实。

板下封堵过程中加强检查与控制,要求灌注量、灌注速度各方面均合理,禁止过度灌浆。砂浆经由邻孔到达接缝、裂缝部位时,若灌浆达到饱满状态,可结束。

(三)施工准备

板下封堵的思路是拌制性能良好的稀砂浆混合料,在路面钻孔,在一定的压力作用下将其灌入到板下的空隙,随着浆液的固结,板下脱空部位转变为密实的状态,水泥混凝土路面稳定性较好,路面的路用性能有所改善。从实际应用效果来看,空隙部位被混合料紧密填充,产生坚硬块体同时具有不溶解的特点,可满足路面长久使用的要求。

1. 定位

根据弯沉测试数据在水泥混凝土路面板上标出灌浆点的位置。凡弯沉超过 0.6 mm 的板,就应进行板下封堵。

2. 制备砂浆混合料

粉煤灰水泥砂浆配合比可选用水泥∶粉煤灰∶水 = 1∶3∶1.5,7 d 的抗压强度不小于 5 MPa。

3. 机械设备

(1)砂浆成套装置。根据施工要求,采用高速胶体搅拌机、水泥喷射泵(可提供的压力达到 1.75 MPa)和砂浆回流系统。柱形转筒的锥形底连接至胶体碾磨机,在此设备内做充分的搅拌处理,得到均匀性较好的胶状砂浆。胶体碾磨机的转速具有可调性,根据实际需求在 800~2 000 r/min 内做灵活的调整。此设备提供较强的剪切作用和压力,产生均匀性较好的混合物。喷射泵的性能稳定可靠,能够提供 5.7 L/min 的低速泵送功能,以便完成浆液的连续泵送作业。若为散装卸料,须严格根据设计要求计算材料的质量,避免用量出现误差。

(2)水箱。考虑的是水箱和泵与整体装置非一体化的情况,此时水车成为主要的水源供应途径,须在车上适配水泵,根据施工需求及时供水,具体以砂浆的配制要求为准,控制水箱的容量,杜绝水源供应不足的问题。

(3)钻孔设备。为在垫层、混凝土板上钻孔,需要配套钻进能力较强的凿岩机,联合采用空气压缩机。由专员规范操作,控制钻孔的位置和孔的尺寸,得到形态合理的孔洞,为后续施工打好基础。

(4)其他方面。例如,配套适量严密性较好的软管,避免泄漏;配套强制断流器和旁通;配套具备一定扩张能力的灌浆栓塞、带保护的压力计、钢钎和凿子(主要用于钻孔)、冲刷钻孔的工具等。各类配套工具的规格必须合理、性能稳定可靠,有效满足施工要求。

(四)施工方法

1. 钻喷射孔

孔的直径不大于 50 n,要保持垂直和圆形的状态,其深度要穿透经过稳定的基层和垫层,但钻入土基的深度不得大于 7 cm,用吹气的方法形成空腔,便于砂浆的初始分布。

2. 制备砂浆

将水泥、粉煤灰放人筒内搅拌 15 s,然后加入所需的外加剂搅拌 15 s,再加水搅拌,将砂浆送入搅拌器,用泵送出。

3. 板下封堵

将膨胀橡胶灌浆栓塞或与装配有和出料口相接的软管插入孔内,灌浆栓塞或软管的出料口不能伸至混凝土板底部以下。连续地向泵内送砂浆,直至观察到砂浆已从一个孔流入另一个孔。当观察到板开始升高,或砂浆流动线路内的压力迅速升高时停止泵送。持续压力最大允许值为 0.88 MPa,压力将借助一只放在砂浆输送管线中的精密的压力计来监视。压力计带有保护罩,以防稀砂浆流入。

砂浆注入量逐步增加后,空隙中的水被排出,空隙被砂浆有效填充,达到密实的状态。若部分砂浆流至接缝内,须将此部分清理干净,确保接缝缝隙具有合理性。相邻两喷射孔存在横向裂缝时,及时采取封堵措施,材料可以采用环氧树脂。

一个孔灌浆完后,应拔出灌浆栓塞并立即插上木塞,以便有足够的时间使砂浆充分凝固。在恢复压力的作用下不会将砂浆从孔中挤出时,方可将临时用的木塞拔出,并将孔用快凝水泥砂浆永久性地密封,抹平与路面等高。

残留在路面或路肩顶面上的砂浆要趁其尚未沾在面层上时扫掉,并用水冲刷,以免留下斑溃。如果砂浆流到了缝隙内,应趁其尚未将缝隙密封时,及早去除砂浆混合料,并将损坏的接缝及时用填缝料填好。灌浆后至少 2 h 以内要封闭交通,避免车辆通过灌浆区。

十、路面结构的排水

从水泥路面使用过程中发现,水泥混凝土路面的损坏,很多地方是因地表水渗入路基而造成的。为减少水对混凝土路面的影响,应从减少路面结构的渗入水量和从路面结构中排出渗入的水等方面人手。

（一）减少路面水渗入路面结构

（1）设置路面横坡。路面和路肩应具有足够的横向坡度，以便能从路面面层上迅速排走地表水。铺设硬路肩。硬路肩铺筑后，将降水从行车道排至路肩以外，从而使向路内渗透的水量减少。路肩宜采用水泥混凝土，易于维护，便于防水。

（2）设置排水沟和涵洞。对路面径流的处理不能忽略路肩以外的地方，排水沟的维护要得当，使水能迅速排出。水沟内不允许积水。涵洞的设计应能承受预期的荷载和设计流量。

（3）路面维修。实施路面定期维修计划可以减少表面水渗入路面。定期维修包括密封裂缝和接缝，清理排水沟，清理涵洞并保持路面的横坡度。

（二）路面下积水的排除

为使路面内的游离水从路面接缝和裂缝流入纵向边部排水系统排出，应封填接缝和裂缝，减少水分进入路面结构；封填路面及路肩面；为路肩设出水口；设置纵向边部排水设施，排除截留在路面结构内的水。

1. 纵向管及出水管的设置

采用纵向边部排水设施改善路面排水，需要用纵向聚水干管和横向出水管把路面中的游离水排放到道路以外。纵向管一般为有孔管，出水管为管壁无孔的管。可采用 10 cm 多孔塑料管作为聚水管。一般出水口间距不应超过 90 m，它与纵向排水管水流方向的交角应为 45°～90°。如果按 90°交角接出水管，应设便于清理的宽大弯头（60～90 cm）。

出水管的管端应从路面伸出，延伸到排水沟内，或延伸到离它最近的集水结构物内。排水管的流水线应比集水结构物或排水设施的设计水位至少高出 15 cm，最好是 30 cm，这样可以防止雨水回灌到排水系统并回流到路面结构内。设置端墙可以抑制妨碍水流出的杂草的生长，为出水管设置现浇的或预制的端墙要与排水沟的坡度协调一致，以便于除草。

纵向边部排水管的深度为从基层顶部到土基之上。在横断面上，纵向排水管铺设在路面与路肩接缝处。

2. 渗滤层的设置

为了使排水系统能在较长时期里发挥其排水功能，不能让附近的材料堵塞排水层和聚水系统。需要在排水系统和相邻的材料之间设渗滤层。选择集料或织物构成的渗滤材料必须符合以下三条要求。

（1）能够防止细料（通常是土基的土）进入排水管或排水层而本身不堵塞。

（2）有足够的渗透性能，在水通过时无明显的阻力。

（3）具有足够的强度以承受荷载作用，对于集料渗滤层来说，要能够把动荷载分布到下一层。

渗滤织物用来保护排水层不被堵塞，必须具有足够的坚韧性才能在施工中不受损伤，并在所处的环境下保持其稳定性。渗滤织物有编织的布、纺织布和无纺布等三种，确定使用前应认真地检验其渗滤功能，判断其是否既能透水又能挡土。如果渗滤层没有空隙或空隙很小，就不会很快被堵塞，而且可以较长时间地发挥功能。如果在将要被排走的材料和渗滤层之间有空隙，那就给土壤颗粒提供了一种进入悬浮状态的机会，最终导致渗滤物的堵塞。

3. 排水系统的施工

(1)沿混凝土路面的边缘挖出一条沟,宽 15~25 cm。

(2)在聚水管上要围绕管子沿纵向开间距相等的三排孔,纵横约为 3 cm,孔径为 1 cm。在已经铺有面层的区域内设置边部排水和边部排水出水口、通气孔和清理孔,应在面层上画线确定纵向边部沟槽位置,开挖边部沟槽。

在摊铺渗滤织物之前,紧贴织物的表面不应有松散的材料或异物及有棱角的物体,以免在铺放过程中损坏渗滤织物。要以不会发生折皱的方式排列和摊铺织物。相邻的两卷织物应搭接 30~45 cm。先铺的一卷织物应在材料的摊铺方向上搭接到后铺的一卷织物上。在摊铺过程中,织物一旦受损,要用大小足以覆盖损坏部位并足以满足搭接要求的一片织物加以修补,然后填放外围渗滤集料。渗滤集料应是松散的,要有适当的湿度以达到满意的压实度,可用振动板压实器压实。

设置聚水管的具体施工步骤如下。

①铺渗滤布。

②铺设直径 10 cm 有孔塑料管聚水。

③用渗滤布包裹塑料管。

④把横向排水管与集流管接通,把聚水管分成若干独立段,使水由最近的横向排水管排出。

(3)沥青混凝土或水泥混凝土均可用作封盖排水沟的材料,但应使用与路肩相同的材料,以使接缝严密并易于维修。使用水泥混凝土时,应用塑料布将混凝土与排水沟的回填料隔开。使用沥青混凝土时,沟的宽度要能够容得下压实设备。

(4)修筑横向出水管,修筑现浇端墙并标明出水口。设置出水管的沟内避免凸凹不平,横向出水管的坡度至少应大于或等于纵向边部排水坡度。为了防止水被截留,露出来的管口不得朝上,也不得抬高。

4. 排水系统的维护

制定纵向边部排水系统的常规检查、预防性维护和修理的连续性维护计划。

(1)清理聚水管。由于排水系统不均匀沉降以及重沉积物荷载可能造成的管内沉降物的聚积,应使用大量清水冲洗聚水管,或采用管道清理工具疏通。

(2)出水口的维护。出水系统必须在排水系统的使用寿命期内始终保持畅流无阻。对管的出水口,要注意清除植物、淤积、堵塞。进入雨季之前、一场暴雨之后或至少每隔 3 个月应进行一次检查,做好记录。应保存好已建好的排水系统的施工详图,以便于以后修理和更换。记录排水设施的位置、出口,以便于维修、更新。

第五章　桥涵工程病害及防治技术

公路桥涵病害形式多样，包含混凝土外观缺陷、桩基质量缺陷、桥头及伸缩缝处跳车等。本章考虑几项常见的公路桥涵病害，着重分析病害成因及防治措施。

第一节　桥涵混凝土外观缺陷的成因及防治

混凝土外观质量是指以水泥和水组成的水泥浆体为黏结介质，通过振捣，将分散其间的不同粒径的粗、细集料胶结在设计的容积内，使其硬化成为一种具有一定力学性能的人工石材。混凝土应外观颜色一致，平整光滑，接缝平顺，棱面分明，无蜂窝麻面、露筋、裂缝、胀模、掉角等外观缺陷。

混凝土外观缺陷的成因错综复杂，不同形式的病害有其特定的原因，此处以蜂窝麻面为例，探讨病害成因及防治措施。

一、外观设计

混凝土结构表观质量在很大程度上取决于面、线形式及外观形状，若某项因素的设计不到位，易引起混凝土外观缺陷。相同条件下，方柱的棱角偏薄弱，易在拆模期间受损；折面易产生蜂窝麻面病害，表面的平整性欠佳。混凝土防撞墙的内侧普遍为折线型表面，尺寸上具有下大上小的特点，此部位的水泡麻面发生率较高。设置的混凝土保护层较薄时，混凝土的表观质量有可能受到影响。

二、原材料的取用及配合比的设计

水泥、粗颗粒、细颗粒、水是组成混凝土的基础材料，必要时根据性能要求掺入粉煤灰或其他材料，用于改善混凝土的性能。原材料的质量和用量均会影响混凝土的性能，因此需选择优质的原材料，并做好配合比设计，控制各类材料的用量，经过精准称量后充分地拌和，得到优质的混凝土。

水泥对混凝土外观的影响较为明显。水泥的生料按特定的化学成分配制而成，生产中被充分地研磨，材料达到一定的细度，生产设备采用旋窑或立窑，经煅烧后制造而成。伴随着生产工艺的差异化，水泥的品质呈现独特性，主要表现为各类水泥、各批次水泥性能的不同。粗细颗粒的级配尤为关键，为保证拌和后的混凝土有足够的密度，须注重颗粒级配的合理搭配，用次一级的颗粒填充前一级颗粒产生的空隙，除此之外的其他空隙用水泥浆填充，直至各类材料达到紧密接触的状态为止，此时混凝土的外表更加光滑，强度有所提高。在混凝土的原材料组成中，细颗粒起到骨架作用，水泥浆晶体包裹粗细颗粒，构成完善的整体。若水泥的用量偏低，混凝土的强度不足，存在松散麻面或其他形式的麻面；若水泥用量偏多,水化作用剧烈,混凝土凝结期间易产生收缩龟裂病害。部分工程的混凝土拌和中掺入外加剂,其作用在于适度降低水灰比,保证拌和后的混凝土有良好的和易性,充分发挥出材料的性能优势,改善混凝土的状态,经过规范的施工后建成内外部质量均良好的混凝土结构。

混凝土拌和中,水泥的标号须合理,无受潮结块现象;选用级配、颗粒均良好的中砂,有利于排出混凝土中的空气,促进混凝土中原材料的紧密结合,提高混凝土的密实度,使建设成型的混凝土结构有足够的强度。

三、模板的制作与安装

在批量化的预制构件生产或现浇混凝土施工中,优先选用定型钢模板;部分构造物的体积较大,可以考虑木、竹胶合板;部分工程对混凝土结构的外观质量无过高的要求,可以考虑拼装木板或组合钢模板的方式。

钢模和木模是工程中常见的模板材料,各自的性能并不相同,通常采用合适厚度的钢模,配套棱条用于维持模板的稳定,但可能表面过于光滑,反而影响到混凝土外表游离水的吸收,此条件下施工成型的混凝土表面可能存在诸多水泡。木模在工程建设中也取得广泛应用,具有吸水性,相较于钢模,表面更粗糙,易由于振捣防控不到位而受损,影响混凝土结构的形态。钢模和木模对脱模剂的要求也存在差异,若使用钢模,先清理模板上的铁锈,待其干净后涂抹油脂;对于木模,须选择具有防水和隔离性能的脱模剂,其中应用较为广泛的是无色石蜡质油基。为保证混凝土的表观质量,脱模剂不宜采用黑色废机油。若选用的是油脂,则要求颜色不可过深,否则混凝土外露面的色泽欠佳。

模板存在如下问题时,易导致混凝土表面产生蜂窝麻面:模板吸水性过强;模板的表面缺乏平整性,或局部过于粗糙、过于光滑;模板表面附着杂物,未被有效清理干净;涂刷至模板上的脱模剂缺乏均匀性;模板拼缝的严密性不足,混凝土浇筑阶段有漏浆现象;拆模时间偏早,混凝土结构尚未完全固结,局部由于拆模而受损。针对以上提及的问题,须从原材料质量控制、工艺优化等方面寻找突破口,以科学的方法将优质的模板设置到位,以免由于模板的缺陷而导致混凝土外观质量存在异常。

四、混凝土浇筑

混凝土浇筑时配套溜槽、输送泵等装置,减小混凝土的卸料距离,避免混凝土出现离析现象。根据总浇筑厚度分层,逐层有序施工,单层厚度以35~40 cm较为合适。在管理得当的前提下可上下层同步浇筑混凝土,分层往返浇筑时,尽可能缩短层间的间歇时间,确保下层混凝土不超过混凝土的初凝时间,否则混凝土表面易产生施工缝。混凝土浇筑期间采取振捣措施,按直线或交错行列移位振捣棒,插点间距控制在75 cm,逐点有序振捣。遵循快插慢拔的原则,减小混凝土内的空隙。在分层施工的方式下,振捣棒插入下层5~10 cm,连同下层局部共同振捣,保证层间结合的稳定性。具备如下条件时,结束混凝土的振捣:混凝土无明显的沉降,表明具有平整性,无大量气泡且存在泛浆现象。按照以上条件灵活控制混凝土的振捣时间,避免欠振、过振。振捣时间遵循适中的原则,通常以20~30 s为宜,时间过短混凝土的密实度偏低,可能有蜂窝孔洞;时间过长时混凝土易在强烈的振捣下发生离析,同时上部可能有浮浆现象,观察混凝土的表面可知是因为产生了麻面、龟裂问题。振捣是一项专业性突出的工作,必须由具有资质的人员负责,且振捣方案必须科学可行,施工人员严格依据方案的要求采取振捣措施。

混凝土浇筑遵循连续性原则,具备一次浇筑到位的条件时尽可能不设置施工缝,若由于工程需要而必须设置,须规划在不妨碍视线的区域,原因在于若设置施工缝,下层混凝土已经达到硬化状态,体积收缩基本结束,而上层浇筑混凝土中的浆水逐步下渗,最终流动至混凝土的表面,引起局部色泽异常的状况。对于混凝土的外路面,在其达到初凝状态后随即安排收浆抹平,保证表面光滑、平整、色泽均一。

五、混凝土养护

为提高混凝土的强度,避免表面产生收缩裂缝,通常在混凝土浇筑 10～12 h 后安排养护。养护开始时间根据混凝土类型而定,对于干硬性混凝土,宜在浇筑后约 2 h 养护。混凝土直接接触空气时,受环境因素的影响,混凝土中的水分逐步丧失,湿度相对较低,可能有开裂现象,为此用麻袋、草帘等材料加以遮盖,根据气温适时洒水,使混凝土表面维持湿润的状态。部分结构的体积小但外露面大,例如墩柱结构,在混凝土拆模后须立即包裹薄膜,避免混凝土的水分向外散失。在木模覆盖面混凝土的养护中,直接向该处喷水养护是可行的方法。桥涵施工采用基于普通硅酸盐水泥制作的混凝土,养护时间以 7 d 为宜,养护过程中加强防护,避免由于振动、负荷等外部作用导致混凝土出现形态或力学特性方面的异常。对于同一混凝土构件,优先采用相同的养护方法,以此来避免混凝土出现色泽上的差异。

六、混凝土外观缺陷的处理

公路构造物的表面通常不允许装饰,但由于工艺、外界环境干扰等缘故,公路构造物出现蜂窝麻面或其他的缺陷时,有必要安排修补,使混凝土结构表面具有一定的美观性。

混凝土结构外表存在麻面时,清理模板上附着的杂物,涂抹脱模剂(油脂)。为便于修补以及保证修补的有效性,先向存在麻面的部位涂抹稀草酸溶液,经过擦拭后将油脂清理干净,进一步用清水深度清洗,确定原混凝土施工材料,选择相同的材料进行麻面的修补。从工艺角度来看,即便精细调整水泥砂浆的颜色,最终呈现的色泽与原混凝土面难免存在差异,为缓解此问题,宜采用 7∶3的黑白水泥,修补前对比分析拌制的材料和既有混凝土,经过优化后得到最接近原混凝土色泽的材料。在水泥浆的调配环节,在小桶中均匀搅拌原材料,用刮刀将砂浆压入麻点内,安排养护,待砂浆达到终凝状态同时强度达标后,用细砂适度打磨,将表面的粉尘冲洗干净,最终完成麻面病害的处理。

混凝土表面存在蜂窝、孔洞时,先确定病害的程度,若较小可按麻面处理,方法上文已经提出,若病害较为严重,先确定病害部位并凿除,用钢丝刷清理粉尘,向开槽的病害部位塞入湿棉絮,采取此方法使表面保持湿润,最后顺斜槽板将细石膨胀混凝土挤入蜂窝内。对于病害范围较大或混凝土难以一次成型的,分多次压进,并按照麻面的处理方法适度修饰,保证表观质量。

综上,混凝土外观质量取决于设计水平、原材料质量及配合比,工程人员须着重考虑此类因素,采取控制措施,确保混凝土的外观满足质量要求。针对存在的混凝土外观缺陷,如蜂窝、麻面等,根据病害程度采取合适的处理方法。混凝土施工遵循预防为主、防治结合的原则,保证成型混凝土的外观达到质量要求。

第二节　桩基常见病害及其防治措施

桩基属于隐蔽性工程,轻微的质量缺陷不易被发现,如果病害处理不及时,后续会诱发更为严重的问题,严重威胁桥涵的正常使用。因此,应准确认识桩基病害的类型、成因,采取科学可行的防治措施,使建设成型的桩基维持稳定。

公路桥梁桩基成孔方法以泥浆护壁和旋挖干作业两种方式居多,因此,此节重点针对两类桩基工程病害展开分析,即泥浆护壁成孔灌注桩和干作业钻孔灌注桩的病害。

一、泥浆护壁成孔灌注桩的病害

(一)塌孔

塌孔指成孔阶段或成孔后孔壁失稳,伴随坍塌事故。常见情况如下。

(1)冲锤、掏渣筒在上升或下落期间未控制好姿态,与孔壁发生碰撞,导致孔壁失稳坍塌,或钢筋骨架在下放过程中与孔壁发生碰撞。

(2)护筒设置到位后,未及时用黏土对其周边的空隙做填充处理,或护筒埋深不足,水流入钻孔内,由于冲刷作用使孔壁失稳坍塌。

(3)钻孔期间存在泥浆损失但并未根据实际情况补充泥浆,随着钻孔的持续进行,孔内泥浆量减少,浆液面低于孔外水位,或泥浆密度偏低,均易引发塌孔问题。

(4)钻孔作业发生在软淤泥、流砂等稳定性不足的地质中,钻机转速偏快或进尺过大,迫使地层稳定性异常下降,随之塌孔。

针对泥浆护壁成孔灌注桩的塌孔病害,提出如下防治措施。

(1)在冲锤、掏渣筒的提升和下落期间须精准控制装置的姿态,以免与孔壁发生磕碰;下放钢筋笼时也须加强控制,做到垂直运动。

(2)护筒布设到位后,用黏土填封周边部位,阻止水的进入,避免水对孔壁产生冲刷作用。

(3)钻机钻进期间,根据泥浆流失程度适时补充新鲜泥浆,保证全过程中泥浆面高于孔外水位。加强对泥浆性能的检验,发挥出优质泥浆的护壁作用。

(4)钻孔发生在流砂、松散土层时,孔壁更易失稳,须增加泥浆的密度;适当放慢钻进速度,减小进尺;避免在同一区域长期钻进。

(5)钻进期间塌孔时,根据塌孔程度采取适宜的处理方法:轻度塌孔,提高水位、增加泥浆密度;严重塌孔,及时向塌孔部位注入黏土泥浆用于稳固孔壁,后续以低速的状态有序钻进。

(二)钻孔偏移

钻孔偏移指孔位不垂直,难以满足钻孔设计要求。常见情况如下。

(1)钻头磨损,钻机缺乏稳定性,钻杆弯曲,钻杆导架的垂直度不达标。

(2)钻进深度范围内存在大块孤石,在粒径悬殊的砂层中钻进,或基岩存在倾斜状况但未得到处理,钻头由于受到阻力无法正常钻进,钻头作业姿态发生偏移,引起偏孔。

针对泥浆护壁成孔灌注桩的钻孔偏移病害，提出如下防治措施。

(1)根据钻进要求于指定位置安装钻机，检验导架的水平度和垂直度，及时发现偏差并纠正。

(2)加强对钻孔设备的检查，遇钻杆弯曲时，安排换新或进行维修。

(3)根据现场地质条件采取合适的钻进方法，如遇到软土层时适当放慢钻进速度；遇倾斜基岩时，向其中投入块石，利用块石进行修整，使表面具有初步的平整性后，再用锤夯打击至密实状态，基岩平整后开始钻孔。

④若已经出现钻孔偏移病害，向孔中填入石子、黏土，慢速重新钻进。经过多次的扫孔钻进后，使钻孔满足工程要求。

(三)梅花孔

梅花孔指钻孔断面呈梅花形，缺乏规则性。常见情况如下。

(1)钻机转向环失灵，冲孔的可控性变差，冲锤无法自由转动。

(2)拌制的护壁泥浆偏稠，锤头运转过程中遇到较强的阻力。

(3)提锤偏低，留给冲锤的转动时间相对较短，由于时间的限制，冲锤在尚未完成角度转换时便落下，相比前一次冲击钻孔，钻头的冲击位置并无变化。

针对泥浆护壁成孔灌注桩的梅花孔病害，提出如下防治措施。

(1)钻进期间加强对钻机转向吊环的检查，合理控制各道工序的作业时间，以便转向吊环可根据施工要求灵活转动。

(2)适当增加提锤高度以及降低泥浆稠度，也可借助人工操作的方式，有效调整锤头的运转状态。

(3)钻进期间增加掏渣次数。

(4)低冲程钻进时，根据施工进度适时安排一段时间的高冲程钻进，按照此方法有序进行，使冲锤有足够的转动时间。

(四)卡锤

卡锤指冲锤无法正常运动，被卡在孔内，导致施工进程受阻。常见情况如下。

(1)冲锤运转过程中遇到探头石，此物质对冲锤的运动产生阻碍作用(上卡)。

(2)冲锤剧烈磨损，成型孔洞的孔径未满足要求；由于孔径较小，提锤时锤的大径被卡住(下卡)。

(3)钻孔内存在较多的石块，分布在锤与孔壁间，由于石块的干扰，冲锤无法正常下落或提升。

针对泥浆护壁成孔灌注桩的卡锤病害，提出如下防治措施。

(1)合理规划孔径和冲锤的尺寸，保证冲锤的有效作业。

(2)施工期间加强对现场作业条件的观察，主动防控。

(3)上卡时，制作T型钩用于拉紧锤的一侧，将卡住的锤吊起；下卡时，用半截冲锤做多次的冲击，使锤脱落，再将此冲锤吊至孔外；冲锤被石块卡住时，按下卡的处理方法操作，顺畅提出冲锤。

(五)流砂

流砂指桩孔存在明显的冒砂现象，导致孔内的杂物堆积，钻孔堵塞。常见情况如下。

(1)孔内外的水压关系异常(孔内水压低于孔外),护壁在压力的作用下强度降低、呈松散状,产生的流砂逐步聚集至桩底。

(2)施工区域恰逢粉砂层,配制的泥浆密度偏低,难以形成稳固的泥皮,泥浆应有的护壁作用减弱,产生流砂。

针对泥浆护壁成孔灌注桩的流砂病害,提出如下防治措施。

(1)加强对孔内外水压的监测,采取动态控制措施,如增加孔内水压,并使孔内水位超过孔外水位至少 0.5 m。

(2)科学制备浆液,可采用较大密度的泥浆,用于稳固孔壁。

(3)流砂严重时,向孔内抛入碎砖、黏土,做多次的冲击处理,使抛填的材料进入流砂层,固结后产生稳固性较好的泥浆结块,孔壁的稳定性提升,可阻止流砂涌入。

(六)无法正常进尺

无法正常进尺在黏性土层中体现得尤为明显,钻头被泥块卡住,进尺量减小甚至无进尺。常见情况如下。

(1)钻头黏附大量的土块,排渣效率明显偏低,随着钻头的持续转动,堆积的土块数量逐步增加。

(2)未以合理的角度安装钻头合金刀具,刀具虽然可顺畅运行但切土深度不足。

(3)钻头配重偏轻而泥浆密度偏高。

针对泥浆护壁成孔灌注桩无法正常进尺的病害,提出如下防治措施。

(1)合理配置钻头合金刀具,规范作业。

(2)遇进尺异常的状况时,重新安装刀具,对排列方向、角度做灵活的调整;适当加大刀具的配重,降低泥浆的密度。

(3)若糊钻,及时提出钻头,将黏附在钻头的泥块清理干净,再恢复钻进工作。

(七)钻孔漏浆

钻孔漏浆指钻孔无法蓄积浆液,有外漏问题。常见情况如下。

(1)成孔时遇到地下水流动的土层,或现场存在较强的透水性,受地质、水文条件的干扰而引起钻孔漏浆。

(2)护筒埋设深度不足,护筒接缝部位欠缺严密性,护筒周边回填土偏松散,护筒底部和接缝部位漏浆。

(3)孔内水压明显超过孔外水压,在压力异常的条件下,孔壁有浆液渗漏的迹象。

(4)桩基穿越岩溶层,钻进成型的孔壁存在不同规模的孔洞,泥浆经由该处发生渗漏。

针对泥浆护壁成孔灌注桩的钻孔漏浆病害,提出如下防治措施。

(1)成孔时加强对地质和水文条件的观察,遵循因地制宜的原则,优化施工工艺,主动防控。

(2)若遇到钻孔漏浆问题,可向孔洞内倒入黏土,增加泥浆的稠度,放慢钻机的转动速度;在回填土中掺入片石,做多次的冲击处理,直至片石转变为密实状态,此时护壁的强度有所提高;加大对孔内水头高度的控制力度,避免压力异常偏高。

(八)钢筋笼偏位、变形、上浮

钢筋笼偏位、变形、上浮常见状况如下。

(1)钢筋笼偏长,虽然设置箍筋但其作用被弱化,钢筋笼的形态缺乏稳定性,在下放过程中发生变形。

(2)对钢筋笼设置耳环或垫块,或由于钻孔方法不当而导致桩孔本身偏斜。

(3)钢筋笼吊放未达到缓慢、匀速的状态,缺乏对钢筋笼吊放姿态的控制,沿着倾斜的方向吊放入孔。

(4)混凝土浇筑对钢筋笼有扰动作用,随着浇筑量的增加,钢筋笼逐步上浮,例如混凝土向上翻从而影响钢筋笼的稳定性,瞬时产生的冲击力导致钢筋笼上浮。

针对泥浆护壁成孔灌注桩的钢筋笼相关病害,提出如下防治措施。

(1)根据钢筋笼的尺寸划分为多个部分,分节段制作、吊装。

(2)钢筋笼上增设合适尺寸的箍筋,用于提高刚度。

(3)按照特定的间距依次在钢筋笼部分主筋上设置垫块,维持保护层厚度,或采取焊接耳环的方法。

(4)桩孔发生偏斜时,纠正后方可下放钢筋笼。

(5)全面掏渣,将桩基部位的钻渣清理干净。

(6)将钢筋笼固定在孔壁上,确保在混凝土浇筑的扰动下钢筋笼依然保持稳定,或压住钢筋笼的顶面,抑制其上浮。

(九)吊脚桩

吊脚桩指桩身下部的部分区域掺杂泥土,或缺乏足够的混凝土。常见情况如下。

(1)孔底存在过多的残渣,未得到及时的清理,或清理效果差。

(2)清孔后泥浆密度偏低,未及时向孔中灌注足量的混凝土,孔壁缺乏稳定性,有坍塌的情况。

(3)钢筋笼的吊放姿态不合理,与孔壁发生碰撞,产生的松散泥土堆积在孔底。

针对泥浆护壁成孔灌注桩的吊脚桩病害,提出如下防治措施。

(1)及时清孔,保证清孔的全面性,确认清孔效果达到要求后灌注混凝土。

(2)加强对孔内水位的检测与控制,合理状态是始终超过孔外水位 0.5 m 以上。

(3)严格控制泥浆密度。

(4)加大对孔壁的防护力度,规范完成钢筋笼下放等相关操作,避免由于磕碰而导致孔壁受损。

(十)缩颈、糊钻

缩颈、糊钻指在黏性土层施工期间出现的缩颈、糊钻病害。常见情况如下。

(1)黏性土层具有遇水膨胀的特性,且具备较强的造浆能力,钻孔时局部缩颈。

(2)钻头部位黏附大量的黏土,不利于钻头的正常运转,出现抱钻、糊钻的问题。

针对泥浆护壁成孔灌注桩的缩颈、糊钻病害,提出如下防治措施。

(1)科学拌制泥浆,控制黏度,避免黏度异常偏高。

(2)为防止糊钻,适时向孔内投入砂砾。

(3)配套带有肋骨的钻头,在钻进的过程中做多次的上下扩孔。

(十一)孔位倾斜

孔位倾斜指孔位偏离中心轴线且超出许可范围。常见情况如下。

(1)钻进发生在松散地层中,在钻进深度范围内存在探头石或圆弧石,钻头无法沿着正常轨迹运行,偏离钻孔中心,钻进成型后的孔位不满足设计要求。

(2)从软地层向有陡峭角的硬地层钻进,钻头所受阻力发生明显变化,或从黏性差别较大的砂砾层钻进,钻头偏离正常姿态,钻机伴随剧烈的振动,钻机底座下沉,钻进串动。钻机及其配套钻头无法正常运行,导致孔位倾斜。

针对泥浆护壁成孔灌注桩的孔位倾斜病害,提出如下防治措施。

(1)加强对底层土质的分析,适配优质泥浆,依托泥浆护壁的作用维持孔壁的稳定性。

(2)钻进期间遇到探头石时,暂时停止钻进,向其中回填片石或黏土,调整为锥形钻头,经多次的挤压后使探头石挤密至孔壁处,或钻机适当向探头石一侧移动,配套一字型冲击钻头运行,破碎探头石。若按照前述方法进行处理后探头石仍无法被击碎,可以考虑在探头石上钻孔、炸药爆破的方法,钻头以小直径的形式为宜。

(十二)断桩

断桩指桩身截面有泥夹层,不利于桩基结构的稳定性。由于断桩病害的存在,桩基承载力大幅下降。常见情况如下。

(1)封底混凝土不充足,桩底残渣难以完全翻至混凝土上,逐步产生泥浆夹层,影响成桩的连续性和完整性。

(2)导管在混凝土中的埋深不足,顶层泥浆由于未受到混凝土的强烈翻涌而难以持续向上顶推,拔管时部分泥水夹杂在桩体内。

(3)导管接头的严密性不足,有部分泥水渗漏现象。

(4)混凝土灌注阶段未将水抽干,对灌注作业造成影响;地下水持续涌入,水的流动伴随一定的推动作用,导致泥浆流动至混凝土中,此部分浆液固结后产生夹层;在分层振捣的方式下,由于振捣的扰动迫使下层的泥浆涌至上层,两段间夹杂泥浆,出现断层问题。

(5)由于材料供应中断,机械设备故障等原因而暂停施工,中途间歇时间过长,已经浇筑的混凝土发生凝结,出现施工缝。

针对泥浆护壁成孔灌注桩的断桩病害,提出如下防治措施。

(1)加强现场管控,协调各项施工要素,首批混凝土一次浇灌成型。

(2)拌制黏度、密度相对较大的泥浆,发挥护壁的作用。

(3)紧密连接导管接头,为保证接头部位的严密性,采用方丝扣连接的方法,根据导管尺寸适配合适规格的橡皮圈,增强密封性。

(4)适当增加孔口护筒的埋深。

(5)遇桩基断桩的问题时,及时明确断桩的部位及具体程度,视实际条件采取控制措施,断桩问题未被处理时禁止继续施工。

二、干作业钻孔灌注桩的病害

(一)塌孔

塌孔病害的常见情况如下。

(1)钻孔作业发生在卵石、砂砾石、软塑淤泥质土夹层中,土质条件特殊,钻孔后的孔壁缺乏稳定性,有塌孔的可能。

(2)孔壁外的水压过强,或存在土层滞水渗漏现象,引起孔壁坍塌。

针对干作业钻孔灌注桩的塌孔病害,提出如下防治措施。

(1)若钻进深度范围内存在卵石、砂砾石、软塑淤泥质土,为维持孔壁的稳定性,可采用套管法成孔,或先钻进成孔,再将配套的套管下放到位,用于维持孔壁的稳定性。

(2)存在上层滞水时,加强降排水,及时清理滞水。

(3)若局部已经塌孔,向孔内投入填料至塌孔以上 1 m 的位置,用此方法提高护壁的稳定性,然后继续钻进。

(二)钻孔倾斜

钻孔倾斜指钻孔垂直度偏差超过 $H/100$(H 为钻孔深度)。常见情况如下。

(1)钻进深度范围内存在坚硬障碍物,钻进装置无法沿着预先规划的路径运行,表现为钻杆被挤向一侧,使钻进后的钻孔有倾斜现象。

(2)场地缺乏平整性,导向杆到位后未保持垂直的状态,施工成型的钻孔将发生倾斜。

(3)多节钻杆联合作业时,钻杆轴线未共处相同直线。

(4)钻头的姿态未得到精准控制,定位桩尖与钻杆中心线难以共处相同轴线。

针对干作业钻孔灌注桩的钻孔倾斜病害,提出如下防治措施。

(1)钻进深度范围内存在坚硬障碍物时,以适度爆破的方法将其破碎,或重新规划钻进路线,主动避开。

(2)整平施工现场,采取压实措施,保证钻机平稳运行,导向杆保持垂直。

(3)加强对钻头和钻杆使用状态的检查,若有异常须立即调整,必要时换新。

(4)钻进过程中若发现倾斜现象,立即用素土回填、夯实,重新安排钻进成孔作业。

(三)孔底虚土异常堆积

孔底虚土异常堆积指孔底允许存在部分虚土,但其厚度超过 100 mm,不利于桩基的正常施工。常见情况如下。

(1)桩位存在杂填土、松散砂等松软土层,钻孔扰动迫使稳定性本就较差的土层失稳。

(2)钻杆弯曲,孔径超出许可范围,产生过多的钻进渣土,此部分土大量堆积在孔底。

(3)孔口的土未得到有效的清理,在提钻时滑落至孔内。

(4)螺旋钻头叶片的螺距较大,引起渣土量的增加,存在孔底虚土问题。

(5)钻孔后未及时清孔,且缺乏孔口覆盖措施,后续逐步有土落入孔内。

(6)下放钢筋笼时未控制好姿态,钢筋笼与孔壁发生磕碰,土掉入孔内。

(7)成孔后至灌注混凝土前的耽搁时间过长,在此阶段钻孔遭到雨水冲刷,泥土落入孔内。

针对干作业钻孔灌注桩的孔底虚土异常堆积病害,提出如下防治措施。

(1)设计前做好现场地质勘查工作,明确易塌落的部位,在设计阶段主动规避。

(2)钻杆或桩管不满足要求时,随即更换。

(3)密切关注钻孔施工状况,及时将现场的渣土清理干净,运输至指定区域,禁止在孔口大量堆积。

(4)钻进成孔且结束清孔作业后,立即用盖板封盖孔口。

(5)协调施工工序,临近的桩不可同时施工,否则彼此间的扰动性过强,引起塌孔问题。

(6)在下放钢筋笼时必须严格控制装置的姿态,沿着孔的中心顺直下放到位,避免与孔壁发生磕碰。

(7)成孔后，若条件允许须及时灌注混凝土，缩短中途间歇时间。

此外，还须注重以下几项钻进作业细节。

(1)钻进至设计标高以上 1 m 的位置时，提钻甩土，再继续向下钻进，直至达到设计标高为止。

(2)钻孔到位后，原位旋转片刻，再静拔钻杆。

(3)钻进到设计标高后若存在大量的虚土，按照前述提及的方法多次操作，或用勺及其他装置将孔底虚土清理干净。根据清理进度，在孔底虚土较少时填入少量的混凝土，适度夯实，以便桩底部位得到适量混凝土的填充处理。

(四)钻进受阻

钻进受阻指钻进时遇到阻力，无法正常钻进。常见情况如下。

(1)钻机运行时遇到坚硬土层，或钻进深度范围内存在孤石、砌体等障碍物，导致钻进阻力增加，严重时无法钻进。

(2)钻机的功率偏低，或未合理设定转速、钻头倾角等关键的参数，钻进速度放缓。

(3)钻杆倾斜过大或过快钻进，引起卡钻问题，部分情况下无法正常钻进。

针对干作业钻孔灌注桩的钻进受阻，提出如下防治措施。

(1)钻进深度范围内存在坚硬土层或障碍物时，调整钻进方法，按“钻孔倾斜”的方法处理。

(2)钻进过程中遇地质条件变化的情况时，视现场地质特性搭配合适的钻头和钻机，调整钻速。

(3)加强对钻杆和导架的检测与控制，要求各自保持垂直的姿态。

(4)由于存在石块、孤石而无法正常钻进时，先确定障碍物的规模，采取炸药爆破的处理方法，或调整钻进角度，予以规避。

(五)桩身混凝土施工病害

桩身混凝土施工病害常见情况如下。

(1)混凝土灌注期间未及时振捣，混凝土呈相对松散的状态，强度偏低，可见蜂窝、孔洞等问题，桩基的稳定性难以得到保证。

(2)吊放钢筋笼时缺乏控制措施，钢筋笼与孔壁发生碰撞，混凝土中掺杂过多孔壁的泥土，有泥土夹层问题。

(3)混凝土的质量不达标，以较大的高度卸料时未配套串筒或溜槽，混凝土发生离析，成型桩基结构的局部缺乏密实性。

针对干作业钻孔灌注桩的桩身混凝土施工病害，提出如下防治措施。

(1)混凝土灌注期间及时振捣，促进混凝土密实度的提高。

(2)按照配合比科学拌制混凝土，发挥出混凝土的性能优势。

(3)严格控制钢筋笼的姿态，不可与孔壁发生碰撞。

(4)用串筒或其他配套设施下料，以免混凝土离析。

(5)检测并精准控制导管的姿态，要求在混凝土灌注期间保持垂直，且全过程中均要稳定在钻孔中心部位。

第三节 桥头及桥梁伸缩缝处的跳车病害

一、桥头跳车病害

(一)地基的受力与沉降变形

基岩地基、软土地基、冻土地基等均是桥台及后方填方地基的常见形式。基岩地基的稳定性相对较高,其他地基易受到桥台及台后填方的影响,显现出沉降或变形问题,不利于桥梁结构的稳定性。因此,须从地基的特性出发,采取设置桩基础、配套扩大基础等地基加固措施,有效维持地基的稳定性。

地基加固过程中,由于部分工程人员缺乏全面性的认识,仅侧重桥台地基的加固,缺乏对台后填方地基的考虑,导致此部分未得到有效的加固处理,在后续使用中易缺乏稳定性。桥台和台后填方两部分的性质存在差异,地基受到的桥台作用力超过台后填方,但由于加固范围的局限性,不同部位在受力时的稳定状态不尽相同,例如台后填方地基未做加固,产生竖向沉降变形,而桥台基础得到加固处理,非特殊情况下无竖向沉降变形。地基的差异变形将反馈至上部路面,最为突出地表现为桥台和台后填方段两处,呈现出不同程度的差异沉降现象。

(二)台后填料遭侵蚀及变形

桥台由钢筋混凝土和浆砌片石砌筑而成,大气降水易沿着路面锥坡体发生流动,产生的下渗水对桥台的侵蚀作用相对有限,但土类填料遇到下渗水后将有明显的侵蚀、软化现象,受此影响,填方体的压实度不足,稳定性下降,显现出填方体变形的问题。以砂砾石类填料最为明显,根据填方横断面显示结果可知,其两侧以土类居多,中间分布较陡的砂砾石,此结构特点将导致水大量下渗,但缺乏足够的排水性能,即存在横向排泄的问题。地基未得到加固处理时,填方体的压力分布具有差异性,以中间部位最强,向两侧逐步减小,在差异化的力作用下,地基出现凹形沉降变形问题。水沿砂砾石下渗至地基后,使地基发生软化,产生有明显的变形现象。

(三)台后填料压实状况

桥梁工程建设中,桥台填方部位压实度不达标是颇为棘手的问题。为提高桥台填方部位的密实度,工程通常采用人工夯实、填筑砂料、强夯等方法。不同形式的桥台对应的施工方法存在差异,例如:轻型桥台施工采用的是重型压路机,利用此设备在临近桥台的位置压实,但是,压路机运行过程中可能由于控制不到位而导致桥台结构受损;在U型桥台的施工中,通常不具备使用重型压路机压实的条件,在此制约下,临近桥台的填方缺乏足够的密实性,易引起桥台与台后填方的沉降差异。

(四)桥头跳车病害的常见原因

(1)地基强度的差异化。根据工程进度计划,桥涵、通道与路基普遍同年平行施工,对地基的强度要求高,须根据地基的特性采取加固措施,最大限度减小沉降量,但后方填方段地基未得到加固,导致桥台和台后填方出现差异沉降,衔接部位的平整性不足,车辆通行时有跳车现象。

(2)设计不科学。设计人员缺乏统筹兼顾的理念,对填料质量的控制不到位,在选择碾压方式时未做周全的考虑,台背的排水设计缺乏完善性。为满足过水、跨线的要求,桥涵结构物两端路堤的填土相对较高,除了过水的桥涵,两侧路堤容易遭到水的侵蚀,稳定性下降。路堤较高,在填料自重和行车荷载的共同作用下,路堤填土的形态发生变化,产生竖向变形。

(3)台后施工质量差。未根据工程要求妥善选择台后的回填土,施工期间缺乏对填料的质量控制措施,以质量相对低劣的填料填筑台后部位后,该处的稳定性不足,有沉降的可能。除材料外,施工工艺不合理也是引起台后填料下沉的关键因素,例如未妥善协调施工工序,桥头填土施工安排在工程末期,碍于时间有限的缘故,缺乏对台背填土压实度的有效控制,或为缩短施工时间而随意删减工序,填方体由于稳定性不足而出现竖向固结变形问题,后续沉降现象愈发明显。台背与路基无法稳定连接,高差的存在诱发跳车病害。

(4)地基浸水。在水的侵蚀作用下,地基的稳定性下降,有沉降问题,且在湿陷性黄土地基、软土地基中体现得尤为明显。

二、桥梁伸缩缝跳车病害

(一)桥梁伸缩缝的作用

桥梁梁体的长度随温度的变化而改变,可见梁端有一定程度的位移,为适应此结构变化特点,有必要设置桥梁伸缩装置,用于调节结构间的位移,抵御桥梁材料物理特性和车辆荷载作用产生的影响。伸缩缝是桥梁伸缩缝中不可或缺的一部分,若设计不科学,装置质量低劣,安装方法不合理,养护不到位,均易导致伸缩缝产生台阶,影响车辆的平稳通行。

(二)桥梁伸缩缝的破坏形式

1. 嵌填型对接式

破坏形式:夏季环境温度较高,桥梁结构有伸长的变化迹象,导致原本存在于缝隙中的填料被挤出,局部有一定高度的上鼓,出现跳车病害;冬季环境温度偏低,局部结构拉开断裂,此部位发生渗漏。

主要原因:结构设计不合理,无法适应不同阶段的环境特征。铝片或镀锌铁皮偏薄,在接收到源自主梁的水平荷载时存在承载能力不足的问题,引起断裂;从软性填充材料的角度来看,应用较为广泛的是聚乙烯胶泥、沥青砂,随着使用时间的延长,此类材料有老化、脱落的迹象,伴随漏水侵蚀问题,逐步影响到伸缩装置的正常使用。

2. 嵌固对接型

破坏形式:夏季高温时膨胀鼓起,冬季低温时脱落,两侧混凝土失稳,锚固件受损等。

橡胶条伸缩缝的胶条形式多样,常见有单孔、三孔、四孔,胶条使用阶段呈压缩状态,但实际操作中,由于环境因素的干扰、结构尺寸偏差、安装工艺不合理等,普遍存在橡胶条过紧或过松的问题,导致橡胶条脱落、鼓起。安装位置主要安排在混凝土铺装层,而此结构相对较薄,加之锚固件与梁体的预埋件连接缺乏足够的稳定性,引起两侧混凝土受损问题。对于嵌固对接型伸缩装置的破坏,主要归结为施工方面的原因,因此施工工艺的优化、施工规范性的提升是重要的突破口。

3. 橡胶组合剪切式

破坏形式：预埋钢板外露乃至脱落，橡胶板剥离、断裂，两侧混凝土开裂受损，锚固螺栓剪断脱孔飞出等引起伸缩缝装置破坏问题。

板式橡胶伸缩装置在桥梁工程中取得广泛的应用，根据桥梁建设条件、施工要求的不同，衍生出各式各样的细分种类，在应用中可能存在受损的问题。究其原因，主要有如下几方面。

(1)设计原因

上下凹槽间的橡胶具有剪切变形作用，可根据桥梁特点自适应变形，以适应梁体的伸缩。伸缩体中有钢板，两侧有锚固钢板，通常采用每米分块安装的方法，但装置的完整性较差，有失效的可能。

(2)产品质量不达标

桥梁对伸缩装置的质量有较高的要求，例如橡胶材质的性能、钢板与橡胶黏结强度等均要合理，否则易由于细部质量不达标而引起严重的问题，例如脱胶、钢板外露、整板断裂等。归根结底，橡胶伸缩装置的质量较差、刚度差异大等均是不容忽视的因素。

(3)施工方面的原因

施工工艺缺乏可行性，施工人员的日常操作不规范，对施工质量的重视程度不足，由于施工方面的原因而引起伸缩装置受损问题。

以某桥梁的伸缩装置安装为例，温度对伸缩装置的安装质量有明显的影响，合理状态的安装温度约为平均气温。例如，项目施工现场，桥位区多年平均最低气温、最高气温分别约为-13 ℃、39 ℃，按照此温度特点，推荐安装伸缩装置的适宜温度约为 13 ℃。而根据工程进度计划，伸缩装置安装时的气温相对较低。鉴于设计温度与理论温度差异化的状况，要注重安装工艺的优化，主动应对温度造成的影响，如可以预张开一定数值后再正式安装，避免出现早期破坏现象。但是，此类伸缩装置存在较强的水平摩阻力，在产品质量、现场环境、施工工艺多因素的制约下，伸缩量减少约 29%，影响到伸缩装置的正常使用。

并且，预埋钢筋采用的是 φ12 钢筋，偏细，钢板的厚度也仅为 5 mm，此配置方式易引起锚固件焊接质量问题，受车辆荷载作用、冲击时焊接部位易失稳开裂。在此问题的处理中，用橡胶板底垫砂浆找平填高的方法缺乏可行性，原因在于车辆快速行驶时存在较为强烈的冲击作用，导致砂浆粉碎溜边，出现橡胶板脱空飞出现象，严重时局部折断受损，伸缩装置无法正常使用。重新浇筑的混凝土缺乏密实性，可能有蜂窝、空洞病害，日常使用中无法有效抵御车辆行驶时产生的冲击作用，受损现象愈发明显。梁端缝隙未得到有效的控制，结构缝隙逐步加大，随之影响到橡胶板的稳定，易产生折断破坏问题。伸缩装置两侧混凝土与铺装层无法稳定结合，引起开裂、脱落病害，随着病害程度的逐步加重，最终使伸缩装置失去应有的应用价值。

(4)伸缩装置的选型不合理

未根据实际条件和工程要求选择伸缩装置，实际使用中不适性明显，引起螺栓变形、盖帽穿透等问题。设计人员对伸缩装置形式的重视程度不足，或为了控制成本而盲目选择低劣的伸缩装置，伸缩装置尺寸偏小，诸如前述所提的问题均影响到伸缩装置的使用效果。因此，设计人员必须高度重视伸缩装置的合理选型，搭配合理的施工工艺、养护方法等，保证伸缩装置的有效性。

(5)养护不到位

桥梁伸缩装置长期暴露至外界环境中,受到行车荷载、降雨、日晒等多项环境因素的影响,桥梁伸缩装置出现愈发明显的问题。因此,采取科学的养护措施尤为关键,使伸缩装置维持良好工作状态。纵观现状,部分桥梁工程缺乏对伸缩装置的养护,或方法不合理,伸缩装置逐步老化,导致原设计的伸缩量无法正常实现。桥梁超载现象未得到有效控制,车辆未依据规范行驶,逐步加剧伸缩装置的受损程度,其应有的应用效果遭到抑制。

4. 钢制支撑式

以钢梳齿板型和钢平板叠合型居多,焊口开裂是常见的问题。工艺不合理是导致焊口开裂的关键原因,例如焊缝稳定性不足,钢板发生脱落;伸缩量偏大,使用期间有渗水现象;缝隙内附着杂物,由于无法得到清理而影响伸缩功能,甚至出现伸缩功能完全丧失的情况。

除施工原因外,设计和管理不到位也是导致钢制伸缩装置出现异常的关键原因。伸缩装置在加工期间发生变形,无法与齿板和垫板稳定贴合,产生较大的空隙,不利于连接部位的稳定,受力时容易失稳,车辆行驶过程中存在强烈的噪声,或出现跳车现象。在反复荷载作用下,齿板过早疲劳,杂物易落入梳齿间隙中,排水性能减弱,导致桥下出现大量的杂物和污水,引起环境污染问题。

5. 模数支撑式

为适应大位移量的桥梁工程,工程人员研制出模数式系列伸缩装置,迄今为止应用时间相对较短,经验有限,使用中可能存在如下问题:中梁构件开焊,结构的完整性和稳定性不足,有噪声和晃动;密封橡胶带在短时间内老化,出现漏水现象;伸缩均匀性差,甚至完全失效;存在于装置两侧的混凝土产生裂缝;配套的锚固系统稳定性不足,有局部破坏现象。

常见原因如下。

(1)伸缩装置的中梁、边梁通常以型钢或钢板为原材料,按照尺寸要求焊接成型,此类结构的完整性不足,焊接期间可能由于焊材质量不达标,员工操作不规范等原因而引起焊接质量问题。密封橡胶带用压条和螺钉扣紧,此方法的稳固性有限,扣件可能发生松动,或出现锈蚀断裂现象,橡胶带脱落。部分桥梁工程中,伸缩缝的中梁和边梁选用的是挤压成型的异型钢,挤压工艺的特殊性决定了模具有一定程度的磨损,孔型的准确性难以得到保证。

(2)诸如斜向型或其他的产品伸缩均匀性较差,设置多根中梁的方式下,其精度难以得到保证,严重时可能有自锁现象,此时伸缩装置无法正常使用。

(3)路面的泥沙、石子易陷入缝隙内,随着伸缩体张合的动态变化,柔性物质被挤出,或在车辆运行工程中被携带走,还有部分刚性较大的物质被挤出。受车辆碾压作用,密封胶带被刺破,完整性和严密性不足,雨水、尘土下漏而引起污染。为突破该装置的局限性,须针对密封橡胶带进行改进,采取科学的养护措施,保证装置可正常使用。

(4)伸缩装置的预留槽口中存在锚固钢筋和锚固箱,构件的分布较为复杂,不利于混凝土浇筑的有效进行,引起空洞、强度偏低等问题,形态上呈现出裂纹、咬口等。若此类缺陷未得到及时的处治,将发展为坑槽,严重损坏锚固部位。

三、桥梁伸缩装置破坏的原因分析

以下着重从如下几方面着手,探讨桥梁伸缩装置破坏的原因。

(1)交通荷载方面

社会经济良好发展,道路交通呈现出交通量增加、车辆重载化的发展趋势,道路桥梁所承受的外部作用更为强烈。若设计阶段缺乏周全的考虑,或设计时的富余量不足,桥梁伸缩装置均难以适应日益增长的交通荷载,出现受损现象。

(2)设计方面

①部分桥梁桥面板的刚度有限,在汽车荷载作用下,桥面板偏脆弱,加之翼板较薄,容易引起桥面板大幅度变形的问题。

②伸缩装置的锚固件普遍被置于桥面铺装层,绝大部分工程中未与主梁连接,采取该锚固方式的不足之处在于容易由于荷载作用而开裂,且即便局部仅存在微小的变形,后续仍有可能出现大范围的位移现象,最终混凝土的黏结力大幅丧失,装置失效。

③设计阶段未准确计算伸缩量,未顾及温度对伸缩装置的影响;选择的伸缩装置满足桥梁工程要求,不具备调整初始位移量的条件,此类伸缩装置面临着安装困难,应用效果差的问题。

④在斜桥、大跨桥等桥梁的设计中,伸缩装置的构造型式与梁(板)结构不配套,缺乏有效的锚固措施。

⑤伸缩装置两侧须施工混凝土和铺装层,此区域材料的质量对伸缩装置的使用效果有明显的影响,但在设计阶段未考虑到材料选择、配合比设计等具体的要求,影响施工效果。在应用黏结材料或其他新形式的伸缩装置时,未根据装置特性匹配合适规格的材料和构造,缺乏完善的防排水措施,水对伸缩装置的侵蚀作用较强,可见梁端和支座均遭到侵蚀,后续有明显的受损问题。部分桥梁工程中,为减少伸缩缝的数量而倾向于设置连续桥面或连续梁。在连续桥面的设置方式下,须根据桥面结构特点适配连续缝,而从当前技术应用现状来看,连续缝的设置尚有诸多技术层面的不足,变形假缝的深度和宽度也缺乏可行性,容易引起连续缝受损的问题,最终表现为桥面跳车病害。

(3)施工方面

①施工单位未高度重视伸缩装置施工工艺,施工方法缺乏规范性,或在施工前未制定行之有效的施工方案。

②锚固件焊接缺乏规范性,焊接质量不达标,缺乏对内部质量的管理。

③后浇混凝土的密实性不足,混凝土成型后的强度不达标,形态上出现空洞、蜂窝等病害,混凝土结构无法承受车辆荷载作用,受损问题严重。

④伸缩装置两侧混凝土与铺装层有衔接关系,但施工中缺乏有效的碾压,导致结合部位的密实性不足,有开裂、脱落的迹象,受此类异常状况的影响,伸缩装置受损,应用效果大打折扣。

⑤质量验收标准缺乏统一性,质量验收阶段未发现质量缺陷,遗留大量隐患。

(4)维护管理方面

①伸缩缝中掺杂大量的杂物和砂土,影响正常伸缩。

②桥梁随着使用时间的延长而老化,日常使用中缺乏定期维修,部分细微问题逐步加重,容易造成大范围的不良影响。

③道路桥梁交通管理不到位,车辆超载现象屡见不鲜,伸缩装置所受的荷载作用远超出自身可承受的范围。其中以夜间车辆通行尤为明显,由于管理不善,超载车辆大量行驶

于桥梁上，严重破坏桥梁的稳定性和耐久性。

第四节　桥头及伸缩缝处跳车的防治措施

一、桥头跳车的防治措施

（一）桥涵台背填方的土工格栅施工

土工格栅具有水稳性、抗拉强度高的特点，对路基土粒有约束作用。通过土工格栅的应用，提高土基的回弹模量，抑制基层的裂纹，确保此部分裂纹不会延伸至面层；土工格栅在提高路面基层抗拉强度方面也有一定的作用。具体施工方法如下。

（1）开挖基坑砌筑构造物（桥台、通道、涵洞），将构造物砌到一定标高（至少高于地面线）。

（2）用砂砾石或者其他材料把构造物两端场地整平，充分压实，分层填筑至构造物的砌筑标高。

（3）在构造物两端 5~10 m 范围内，铺一层土工格栅，把 30~80 mm 长的格栅伸入构造物内，然后再砌筑下一层，把格栅的一端压入构造物中，压入长度自下而上逐渐减少。

（4）砌筑时，压入层的砂浆一定要充分，背包石压紧格栅末端，不能留缝，以免影响层与层之间的黏结力，其余土工格栅用 U 型钉固定在压实好的填方上，钉子间距根据实际情况确定。

（5）按上述步骤，砌筑一层块石，压一层土工格栅，并控制在 30~40 cm 或 60~80 cm，然后填料并碾压密实。

（二）采用加筋土整体式桥台

对于软土地基路桥结合部位的差异沉降问题，可以考虑设置加筋土整体式桥台的方法。以填料和筋带为主要材料，交替铺设后紧压，制得完整稳定的加筋体，筋带与填料间存在摩擦作用，对于提升内部稳定性有重要意义。加筋土整体式桥台的结构形式更加合理，通过垫梁将梁直接架设至筋体处，建设成型的加筋体可有效承受梁的荷载作用，维持受力时的稳定性。加筋体的高度和对地基的压力与路堤保持一致，无差异化现象，因此加筋体的沉降与路堤相同。

（三）台背回填的“刚柔过渡”

桥梁工程中，通常以钢筋混凝土浇筑或石块砌筑的方法设置结构物台背，此结构属于刚性体，而路基属于强塑性体（由柔性的土以填筑的方式制作而成），因此路基体与结构物间产生明显的刚度差，相对变形差和刚度突变均尤为明显。若刚度差在路基体与结构台墙间渐变，在此变化范围内也有塑性变形的渐变特征，各点的刚度差不致引起跳车，对维持结构的平稳性有重要意义，这就是所谓的“刚柔过渡”设计手法。

台背回填所用材料的刚度介于路基与结构台背材料之间，厚度沿着长度方向的变化而发生改变，台背回填与路基接头以特定的倾斜角进行连接。沿着路长度方向，台背回填整体刚度逐步变化，即达到台背回填部位“刚柔过渡”的效果。

台背回填部位必须稳定可靠,压实属于重要环节,若压实不充分,回填处缺乏密实性,可能产生台背回填沉降及跳车现象。压路机是碾压施工中的常见设备,但其难以触及台背处,导致台背成为薄弱区域,为突破此局限性,宜采用小型压实机具对台背填土进行夯实,且推荐采用分层压实的方法,逐层采取质量控制措施。材料选择方面,优先考虑水稳定砂砾、二灰碎石等水稳性突出的材料。

(四)非必要不采用伸缩缝技术

道路桥梁建设中,若无特殊的要求,应尽可能减少伸缩缝技术的应用频率,可以考虑索马结合料法、预切缝法等,通过此类方法的应用,实现对裂缝的控制,即便冬季裂缝有扩大的迹象,但夏季环境温度升高,裂缝自动愈合,在此过程中无自然裂缝的产生。按照该方法施工后,一方面提高桥面的平整度,有利于车辆的平行行驶;另一方面减少伸缩缝的施工量,降低在此方面的成本投入,是一种可行性较高的方法。

索马结合料(ThormeJoint)是英国一家公司 1976 年前后生产的一种专利新型弹性结合料,它是一种橡胶沥青复合物,代号为 BJ200,用来与石料拌和后摊铺于接缝处形成一种弹性很强的铺装带以代替一般的接缝装置,如图 5-1 所示。

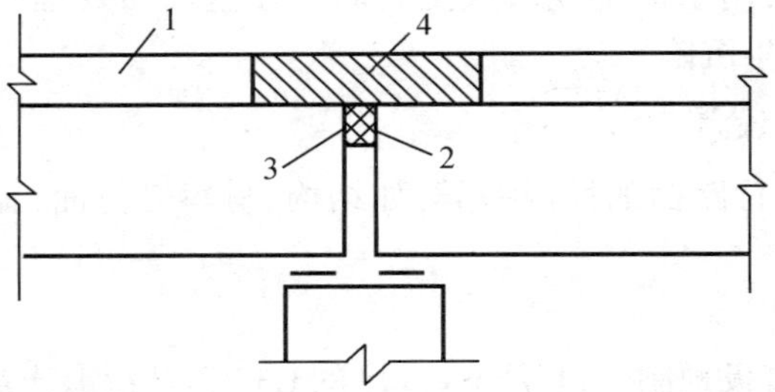

1—桥面沥青混凝土;2—防水塞;3—金属板;4—索马结合料。

图 5-1　索马结合缝示意图

在旧桥面接缝两侧各 25 cm 的部位锯缝,清理此处原伸缩装置,拌制温度为 170~190 ℃的 BJ200 和粒径 2 cm 的石料,挤压密实。石料用量须充足,保证建设成型的铺装层具有较高的强度。填充混合后,接缝与两侧路面和底面稳定结合,形成完整的、不透水的整体结构。该方法的操作具有便捷性,可在新桥建设中取得广泛应用,或用于旧桥伸缩缝的补修。

(五)国外桥头跳车病害的处理经验

用砂砾填筑台背,分层夯实,单层厚度不超过 15 cm;适当增加桥头搭板的长度,通常取 6~7 m,对于桥头布设搭板的,可用泡沫板对梁端做填塞处理,提升严密性,再向台背填土,采取夯实措施;填筑材料的沉降速度较慢时,搭配适量的土工合成材料;若施工期内无法完成沉降,后续用路面面层混合料回填,直至完全沉降后的部位满足设计标高要求为止。

(六)地基的加固

一般地基,用石灰土、水泥土加固;湿陷性黄土、软土等特殊地基,以换填、强夯等方法加固。经过对地基的加固处理后,提高其承载性能,维持地基的稳定性与平整性。

台后填方段的地基压力,一般小于桥台的压力,其次台后填方的高度一般情况下沿纵向(远离桥台)不断降低,即压力不断减小。所以在进行地基加固处理时,首先应了解地基的地层岩性情况，并取样做土的含水量、密度和剪切试验，对特殊地层如黄土和膨胀土还须做湿陷性等试验，从而确定地基沉降变形特性（固结变形计算）。其次分段计算填方自重压力，根据具体的地层情况设计地基加固方案，使台后填方路段的地基沉降变形与桥台地基沉降变形保持一致，对不同的地层采用不同的方法和措施。

（1）软土地基

软土的承载能力偏弱，在加固处理时首先安排排水固结，常见方法包含超载预压、袋装砂井等；随后计算填方路堤的压力，以挤密桩、粉喷桩等方法处理，直至软基具有稳固性为止。

（2）河流相冲击洪积物地基

固结变形、地层岩性条件均优于软土地基，但此类地基的固结情况变化明显，须提前加强现场勘察，立足施工条件，计算固结沉降量和填方压力，做好地基加固设计工作，再根据设计方案进行渐变加固处理。

（3）湿陷性黄土地基

加固处理的重点考虑对象为桥头路堤边坡和锥坡坡脚外 2 m 的区域，经过强夯后，确保压实度不低于 85%，且处理后的地基须满足桥台基底承载力的要求。桥台、桥头路堤范围内的基底标高保持一致，用水泥土或石灰土封闭。地基加固处理中加强防排水，以免地基由于地表水的渗入而发生沉陷。

（七）桥头过渡段的设置

综合考虑桥台与台背路面的性质差异，如结构、材料等方面，提出如下措施，使结构的纵、横向平顺过渡。

（1）设置枕梁和搭板

当桥梁为正交时，搭板预制，板顶浇 6 cm 厚的 C30 钢筋混凝土或钢纤维混凝土铺装层，在搭板与混凝土路面相接处设置胀缝，在与搭板邻近的 2～3 块路面的板缝连续设置胀缝。

当桥梁为斜交时，除用钢筋混凝土搭板和铺装层整体现浇外，另设钢筋混凝土渐变板，其一端置于枕梁与搭板相接，另一端则直接置于路基相接于水泥混凝土路面。渐变板的块数视桥梁斜交角度大小而定，大于 70°、45°～70°和小于 45°时分别设 1、2、3 块或以上，并考虑受力状态，其短边应不小于 5 m，长边不大于 10 m。搭板按简支计算配筋，渐变板按构造钢筋位于板面下 1/3～1/2 板厚。

施工细节多，例如：

①合理设置搭板的长度，以超过 5 m 较为合适，须与路堤填高呈正比。

②按简支板设计搭板并进行配筋优化，按照构造钢筋进行面层的配筋作业。搭板受到荷载时，板下路基发挥出支撑的作用，顶板出现局部拉应力，此时受力条件错综复杂，在设计与施工中可能由于工程人员思路的差异而出现配筋的不同。枕梁按弹性地基梁计算，设计的重点在于确定地基反力的分布特征，但现阶段弹性地基结构计算的理论尚有较大的完善空间，仅能够在一定程度上部分反映地基的特性，因此存在适用范围有限的问题，设计人员须予以充分的关注，尽可能提升设计的可行性。

（2）设置变厚式埋板

水泥混凝土路面，桥台连接部位采用变厚式的路面板；沥青混凝土路面，连接处采用变厚式水泥混凝土埋板。施工材料须具有足够的回填模量和强度，且两项指标均要超过路面结构层材料，在此方式下提高结构的抗荷载能力，减小不均匀沉陷。

(3)路面类型过渡

在桥头设置一定长度的过渡性路面，等待一段时间，以便路堤基本结束沉降，此时安排原设计路面的铺设作业。选型方面，预制水泥混凝土块、半刚性过渡层等均是常见的过渡性路面，根据施工条件和工程要求做合理的选择。

(八)台背填料的选择

根据材料可靠性和取材便捷性的要求选择台背填料，例如设置合适厚度的稳定土结构层，或用粗颗粒填筑桥涵两端路堤。通过稳定土改善层的设置，有利于优化路基和路面的使用状态，提高结构的刚度。对于由粗颗粒填筑成型的路基，密实度较高，稳定性较好，具备抵抗冻融作用的能力，在我国北方地区尤为适用。

对于挖方地段的台背回填区域，考虑到现场施工空间有限的局限性，填筑材料可选择优质的石渣、砂砾等，按照压实后小于 20 cm 的要求控制施工层的厚度。台背填料不宜采用风化岩的碎屑，原因在于此类材料易崩解，缺乏稳定性。对于高填方拱涵及涵洞与侧墙连接区域，填筑材料以内摩擦角大的为宜，规范施工，避免偏压。

(九)台背填方碾压

场地允许时优先选用大型机械设备，若空间有限，调整为横向碾压法，由专员谨慎操作压路机，临近台背进行碾压，机械设备无法触及的部位采用人工夯实的方法，保证整个台背填方区域均得到充分的碾压。分层施工，碾压层厚度以 15～20 cm 为宜。

(十)配套排水设施

设计和施工阶段，考虑地下排水设施的修建，合理调整排水坡度；桥台与填方结合部位、过渡段路面下方均有必要设置垫层，通过此结构的设置，防止路面水下渗至填方体。

(1)若为高等级公路且能够在短期内一次建设成型，小跨径构造物施工时可以考虑箱形截面的涵洞及通道，原因在于设施的刚度较高，虽然有所沉降但较为均匀。若该设施的承载力有限，可以考虑设置筏基的方法。为避免桥头跳车，宜优先选用填料暗式结构。

(2)在台背后和两侧路肩设扶壁式挡土墙，或采用 U 形桥台的设置方式，可防止路堤土被挤出，此举对于控制沉降差有重要作用。

(十一)桥头路面接缝的处理

桥梁与路面接缝未得到妥善的处理时，易产生错台，车辆行驶至该处时颠簸感增强，即桥头跳车。按照如图 5-2 所示的方法进行施工后，可大幅度减小面板的局部应力，从而避免因板底不均匀沉降而错台。

(十二)加强质量管理

桥涵端部路堤与桥涵的性质存在差异，两者产生沉降差，为最大限度缓解此问题，须提高路堤的压实度，维持路堤的稳定。例如，路基顶部土层的压实度需达到98%或更高。注重对施工工艺的完善和对施工质量的管控，可以考虑增加碾压遍数，适度减薄压实厚度等方法，提高桥台填方的密实度。桥涵端部路堤的施工空间有限，可用小型压实机械做充分的夯实处理，提高密实性。

(十三)强化监理工作

监理人员须积极参与至工程施工中，为施工质量保驾护航，包含制定并执行验收制度，合理选择填料，及时检查填土厚度，配套合适规格的压实机具等。全面监管，若发现某处存在问题，及时指出并妥善处理，直至存在质量问题的部位通过质量检验为止。

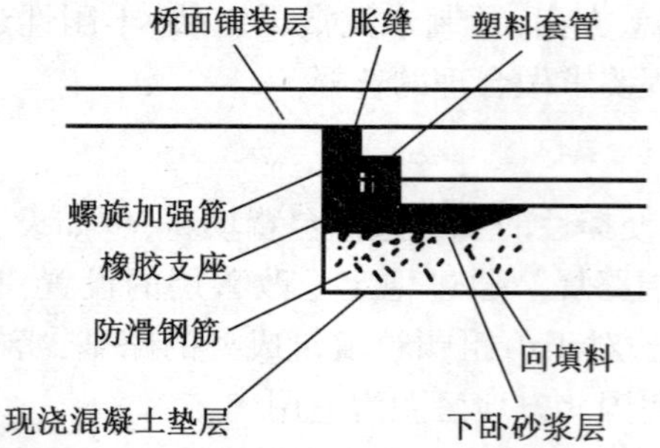

图 5-2　桥梁与水泥混凝土路面接头处理

二、桥梁伸缩缝处跳车的防治措施

(一)梁端的针对性设计

为适应车辆反复荷载的作用，要求梁端部有足够的刚度。设计人员注重对伸缩间距的控制，确保伸缩装置可有效布设到位，发挥出应有的作用。

(二)伸缩装置的合理选型

按照如下要求选择最具可行性的伸缩装置。

(1)伸缩装置的锚固稳定可靠，可有效抵御机械磨损，满足耐久性的要求。

(2)适应上部结构梁与梁之间的位移。

(3)提供良好的车辆通行环境，保证行车的平稳性。

(4)具备防止雨水和垃圾渗入的能力。

(5)安装和日常检维修均能够便捷进行。

目前我国公路建设中采用的伸缩装置类型较多，常见的有板式橡胶缝、齿口钢板伸缩、西安 SDII—80 型缩缝、衡水 XF—80 仿毛勒伸缩缝、美国万宝伸缩缝、德国毛勒伸缩缝以及 TST 弹塑体与碎石填充型伸缩装置等。根据各种伸缩装置的使用状况及适应范围进行分析对比，选择采用最经济最合理的伸缩装置。

(三)伸缩装置的安装

(1)锚固宽度

设置伸缩装置的锚固宽度以 50 cm 宽较为合适，桥台上采用背墙的宽度进行设置，优势在于有效提升桥面板和现浇混凝土铺装层施工的便捷性，与此同时设置到位的伸缩装置也具有稳定性和耐久性。

(2)锚固钢筋的设置

在预制梁(板)的端部和背墙内预埋伸缩装置锚固钢筋是在两种不同情况下进行的。一般设计给定的都是对称于桥宽中心、在梁(板)端部设置预埋钢筋，则钢筋在每片梁(板)内的预埋位置都会不一样，给施工增加了难度，因此锚固钢筋应以对称于每片梁(板)的中心进行设置，这点在设计中要充分考虑。

施工中要保证锚固钢筋的作用，仅在浇筑8~10 cm厚的桥面板混凝土时进行设置是不可取的，这实际上没有让伸缩装置的定位角钢牢固地与梁（板）和背墙混凝土联结成整体，形成不稳定隐患，在施工中认真对待。

（3）伸缩装置的定位角钢

温度是定位角钢安装时的重点考虑对象，以安装时的温度为准，计算伸缩缝的伸缩量，根据实测结果对定位角钢的间距做出调整，并在预埋钢筋上将定位角钢焊接到位，采取此方式控制缝距。定位角钢周边混凝土的振捣难度较大，采取人工振捣的方法，谨慎作业，以免钢筋偏位、受损。

（四）连续缝的设置

根据桥梁设计跨径和梁的设计长度差值合理设定连续缝的宽度，各类板桥连续缝宽度均按4 cm的要求予以控制。桥梁布设在弯道处时，于盖梁处设置楔形块，借助此设施实现对桥面曲线的精细化调整，楔形块的连续缝按两条缝设置。

（五）锚固区混凝土的浇筑

桥面混凝土铺装施工环节，加强现场协调，同步完成伸缩装置锚固区混凝土浇筑作业，保证结构的完整性，避免在该处及桥面留施工缝。

（六）伸缩缝的养护

根据伸缩缝的特性和使用环境制定养护方案，由专员根据方案要求定期养护，保证伸缩装置的有效性。养护作业要点如下。

（1）及时清理桥面的杂物和缝内的砂、石等杂物，以便缝能够在特定的限度内自由变形，避免伸缩缝受损。

（2）经常巡查，及时发现问题，分析原因并尽快处理。针对质量缺陷的处理可根据严重程度而定，例如采取维修、修补的方法，必要时安排换新，处理后再次检验，确保无误。

（3）桥面铺装层直接与外界环境接触，属于受损的高发区域，因此须定期开展维修工作，避免问题加重。若桥面缺乏平整性（超过5 mm），或局部有受损的迹象，须确定存在异常的部位，采取修补措施，不具备修补条件的须安排更换。填缝料表面属于薄弱部位，在检查时要重点关注其是否存在下陷、开裂等问题，若有须及时处理。

（4）高等级公路的车流量大，为维持车辆的正常通行秩序，在维修前须制定交通管制措施，加强现场协调，尽可能减小维修对交通秩序的干扰，同时缩短维修时间，快速恢复正常通车状态。

（七）完善连续缝的设置

目前连续缝的设置不够完善，须从设计上进行改进：

（1）增设镀锌铁皮。连续缝处通常采用涂两层沥青，中间铺设一层油毛毡（简称二油一毡）；或涂两层乳化沥青，中间铺设一层土工布（简称二油一布）。这样在铺设桥面混凝土时，缝顶部位上的油毛毡、土工布容易下挠，甚至胀裂；混凝土在插捣中，油毡容易被戳破；混凝土会存在振捣不密实的问题。可在二油一毡或二油一布底部增加设置一块宽度为50 cm的镀锌铁皮来解决。

（2）调整上部结构部分钢筋的设置。对预应力T梁封锚顶面部分钢筋需要适当调整，以不伸出顶面为原则。否则，伸露出的钢筋会妨碍连续缝上二油一毡或二油一布和镀锌铁皮的设置。

(3)二油一毡、二油一布的设置宽度。二油一毡、二油一布的设置宽度在设计中须用文字说明交代清楚,宽度宜控制约在 50 cm。

(4)轻质包装材料不宜使用。连续缝内填塞轻质包装材料,主要是为了衬托油毛毡或土工布不下挠和不被胀裂(实际上难以达到预期的效果)。该材料种类繁多,且无桥梁专用的产品,施工中使用混乱,掩盖了梁(板)缝内的杂物,甚至是坚硬块件。由于接缝中增设了镀锌铁皮,优化了二油一毡或二油一布的使用效果,轻质包装材料可以不用。

第六章　桥涵基础冻害及防治措施

第一节　桥涵地基土冻胀

为适应经济的发展，基础设施建设进程持续推进，我国的桥涵建设规模逐步扩大，其中包括大量建设在北方寒冷季节性冻土地区的工程，部分工程人员对季节性冻土的自然规律掌握不全面，缺乏科学可行的防冻胀措施，导致建成的桥涵发生基础上抬、倾斜等形式的基础冻害，进而引起桥梁起拱、涵洞断裂问题，不利于车辆的安全通行，桥涵结构耐久性降低。因此，须深入探讨桥涵基础冻害的特征，采取科学的防治措施。

一、地基土冻结与冻胀

(一)地基土冻结

地基土冻结时，不仅温度处于 0 ℃以下，而且土中水分冻结出现冰晶体，将原来矿物颗粒之间的水分联结逐步变为冰晶胶结，使土体具有许多特殊性质。如有很高的抗压强度(-40 ℃时，黏土可达 75 MPa，砂土可达 15.4 MPa)，压缩性明显减小，导热系数、导温系数增大，流变性增大等。地基土在冻结与融化过程中，砂土的过程曲线如图 6-1 所示。黏土的过程曲线如图 6-2 所示，大量试验表明，温度变化曲线大体分为五个区段。

I 区段为主体开始冷却与过冷却阶段。在负温环境下土体温度逐渐下降，但土中水分尚未冻结成冰。这个阶段出现的过冷却温度，主要受土的颗粒组成、矿物成分、水中的含盐量等影响。土体一旦出现冰晶，这一过冷却状态便结束。Ⅱ区段为土体温度突变阶段。这时水晶形成，并释放出大量潜热，使土温迅速升高，其上升幅度与土的粒径和含量有关。如砂土温度上升至近 0 ℃。

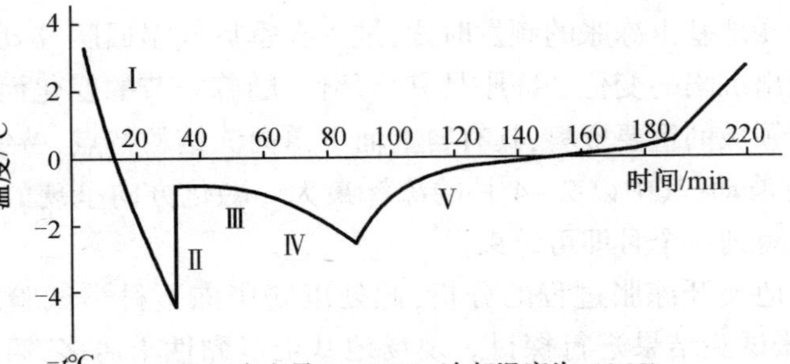

图 6-1　砂土的冻结与融化过程曲线

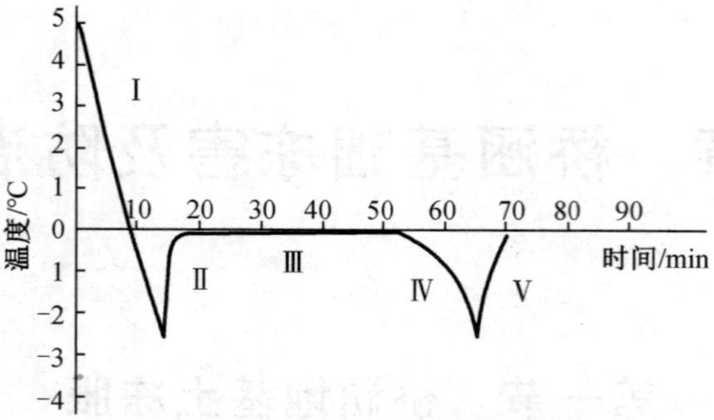

(砂含水量W=19.6%，冷却温度为−10 ℃)

图 6-2　黏土的冻结与融化过程曲线

Ⅲ区段为孔隙水结冰阶段。这个阶段土体的稳定温度就是土中水分的冰结温度。该温度能相对稳定一段时间，稳定时间与土中含水量、土颗粒大小以及冻结速率有关。例如，砂土颗粒粗，表面能小，土中水分基本为自由水，冻结温度十分稳定。

Ⅳ区段为土体继续冷却阶段。土中孔隙水分全部结晶后，土体温度又开始下降。由于弱结合水结晶时又释放一部分潜热，与土粒子表面力场有关，于是，每类土的冻结曲线下降率不同，曲线表现为砂土陡，黏土较缓。Ⅴ区段为土体升温融化阶段。土体温度开始回升后，曲线呈上升形态直至冻土融化温度，这时土体要吸收大量的热量，待完全融化后，温度上升为正温。

（二）地基土冻胀

1. 冻胀

冻胀指的是土在冻结期间的水分由液态转变为固态的过程，即冻结成冰层、冰透镜体等，导致土颗粒间产生相对位移，土体体积由于冻胀作用而扩张。从表观形态来看，冻胀区域的土层表层缺乏均匀性，可见部位有不同程度的升高现象；随着温度的回升，冻结的冰融化，土层表层下沉。冻胀丘、隆岗均是冻胀变形的产物。

2. 冻胀量

冻胀量指的是土体的冻胀变形量则，对评价冻胀状态有重要意义，其中以总冻胀量和分层冻胀量尤为关键，前者指的是由于冻胀而导致的地表隆起总量，后者指的是本层土垂直向上而产生的位移量，两者具备的关系是总冻胀量等于各层冻胀量的总和。

3. 冻胀过程

冬季是公路桥涵地基土冻胀的频发时段，进入春季后气温回暖，冻胀体发生融化，冻胀区域在形态上呈现出沉陷的变化。冻胀具有循环性，随着季节的变化而反复出现。冻结过程曲线是冻胀分析领域的重要资料，具有自上而下单向冻结的特点，持续时间通常达到 4~6 个月，冻深也具有波动，其中以 2~4 月的冻深最大。融化方向呈现的是上下双向融化的特点，且速度较快，短则一个月即可结束。

为更具针对性地展开冻胀过程的分析，此处以安庆冻土科学试验站的桥涵地基土为例，结合该处的冻胀试验结果进行探讨。现场地基土以黏性土居多，第一试验区的层厚为 4.0 m，冻结前的多年平均含水量约为 37%，冻深、冻胀和地下水位变化，如图 6-3 所示。

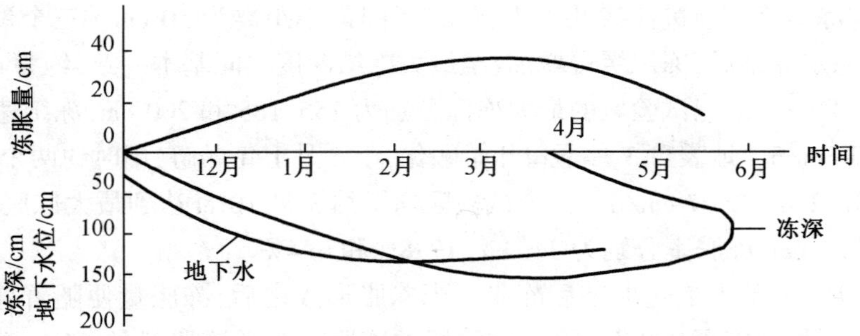

图 6-3　第一试验区冻深、冻胀、地下水位变化过程曲线

第二试验区，土质为黏性土（层厚 4.3 cm），冻前冻深范围内土的多年平均含水量为 32.5%，冻前地下水位至地表距离多年平均值为 65 cm，冻深、冻胀和地下水位变化过程曲线如图 6-4 所示。

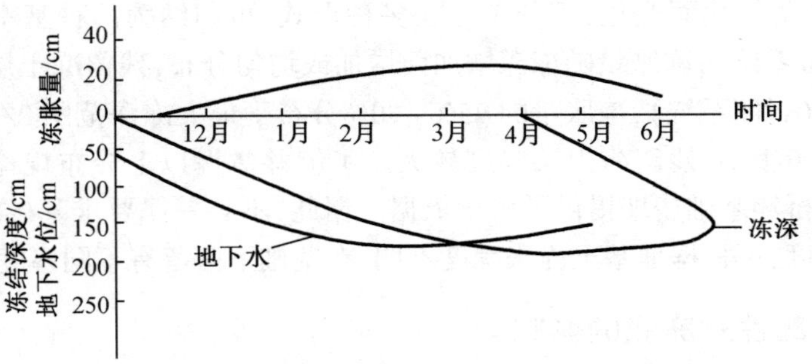

图 6-4　第二试验区冻深、冻胀、地下水位变化过程曲线

第三试验区，土质为黏性土（层厚 4.6 m），冻前冻深范围内土的多年平均含水量为 29.8%，冻前地下水位至地表距离多年平均值为 115 cm，冻深、冻胀和地下水位变化过程曲线如图 6-5 所示。

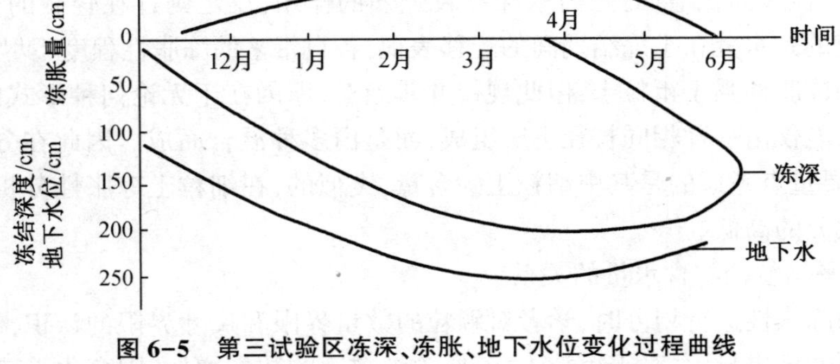

图 6-5　第三试验区冻深、冻胀、地下水位变化过程曲线

图 6-3、图 6-4、图 6-5 表明：第一试验区地下水于 2 月 10 日与冻结锋面相交，水位为 130 cm；第二试验区地下水于 3 月 1 日与冻结锋面相交，水位为 175 cm；第三试验区地下水

位下降曲线与冻结锋面前进曲线几乎平行,二者间最小距离为 50 cm。三个试验区地表约在 11 月上旬稳定冻结后,冻深缓慢增加,至最大冻结深度时间基本一致,约为 4 月 10 日,历时约 5 个月。第一、二、三试验区的最大冻深分别为 155、185 和 200 cm,冻结速率分别为 1.03、1.23、1.33 cm/d。地表自 3 月下旬开始融化,于 6 月上旬融解,用时约两个半月,融解速率分别为 2.07、2.47、2.67 cm/d。三个试验区均于约 3 月 10 日达到最大冻胀,其值分别为 39.7、28.0、12.0 cm,冻胀率分别为 34.4%、17.8%和 6.4%。

图中还表明,地基土是先冻结后冻胀。当冻胀形成之后,冻胀量便随着冻深增加而增大。当冻深达到最大冻深 2/3 时,第一试验区的冻胀量为总冻胀量的 65%,第二试验区为 71.4%,第三试验区为 80%。当冻深达到最大冻深 4/5 时,各试验区的冻胀量分别为总冻胀量的 80%、81%和 90%。冻胀量达到最大值时,各试验区的冻深分别为 150、175 和 185 cm,残留冻土层厚度为 5、10 和 15 cm,为实际冻深的 3.2%、5.4%和 7.5%,是标准冻深的 2.1%、4.8%和 7.1%。

试验及有关资料表明,地基土的冻胀量随冻深的变化不是一个常数,而是随土质、土中含水量、地下水位等变化而变化,其分布存在多种形式,可归纳为两种基本类型:一是地下水埋藏较浅(开敞系统),冻胀量随冻深增加而增加或均匀分布,残留冻土层厚度较小;二是地下水埋藏较深(封闭系统),冻胀量的 75%~90%分布于最大冻深范围 2/3 内,余下的 1/3 冻深范围内冻胀量很小,残留冻土层厚度较大。了解并掌握以上分布规律,对工程实践有重要意义。它为桥涵基础浅埋提供了科学依据。据此,不必一律要求基础埋置深度一定要超过最大冻结深度,可根据地基土冻胀程度不同,在基础下面留有不同厚度的容许冻层。

二、土的分散性对冻胀的影响

影响桥涵地基土冻胀的因素较多,常见有土的粒径、土的含水量、土的矿物成分、环境温度、水中温度等,总体上可归结为土、水、温三项要素。部分区域含有冻胀敏感性土质时,冻胀发生必须建立在特定温度以及土中有足够水分的前提下。天然地基之所以发生冻结,关键原因在于受到地区环境负气温的作用,而此处暂不考虑以人们意志为转移的温度条件,重点关注的是土质和水分两项与土冻胀特性有关的因素。土的分散性指的是土颗粒成分、形状等方面的综合关系,具体特性表现受到水分迁移的影响,将在很大程度上决定土的冻胀性是评价土冻胀特性的关键指标。土颗粒是土冻胀性分析中须重点考虑的要素,随着土颗粒的减小,比表面积增加,土与水存在较强烈的作用,反之则存在轻微的作用,而两种状态恰好对应的是水分在土冻结期间的迁移表现,各自带来的冻胀性程度不尽相同。

细粒土的冻胀性强于粗粒土,但此规律并非绝对,原因在于无论何种形式的土,其在自然界中均不可能仅由一种相同粒径土所组成,而是由多种混合而成。因此在分析粗粒土的冻胀性时,需要重点考虑的是其中细粒土的含量,类似的,在细粒土冻胀性分析中须顾及所含某种粒径成分的高低。

(1)土的平均粒径与含水量的关系

在对土的冻胀性进行划分时,学者对颗粒的数量界限和尺寸界限的认识,缺乏统一性。但绝大部分研究结果显示,对于粗粒土,若所含细粒土的数量增加,则变化趋势是冻胀性增强。粒径达到 0.1 mm 以上时,几乎不存在表面吸附作用,难以形成毛细机构或薄膜机构。若发生冻胀作用,水分将由于重力向下层转移,此时冻胀由土中孔隙水的冻结所致,虽然有冻胀现象但程度较弱，视为弱冻胀土；细砂的粒径达到 0.1～0.05 mm 时，即便处于饱水状态，也仅存在微弱的冻胀性，视为弱冻胀土；粒径为 0.005～0.05 mm 时，土的冻胀性显著增强，可视为强冻胀土；若粒径进一步减小，颗粒分散现象较为明显，土中水分多被土粒强烈束缚，若此类粒径的含量在 50%以上，将阻塞水流通路，产生隔音层，对水的流动有阻隔作用，抑制水的迁移，表现出冻胀性显著减弱的变化特征。可见，土的粒径与含水量具有密切的关联，具体如图 6-6 所示。

试验及有关资料表明：黏土颗粒超过 50%时，冻胀变形最大减少 400%多，最少也减少 200%多，一般只能作弱冻胀土看待。各类土的冻胀强弱大致按下列顺序减小：黏土>粉质土>亚黏土>亚砂土>砂土>砂砾石。土粒径与冻胀率关系，见图 6-7。

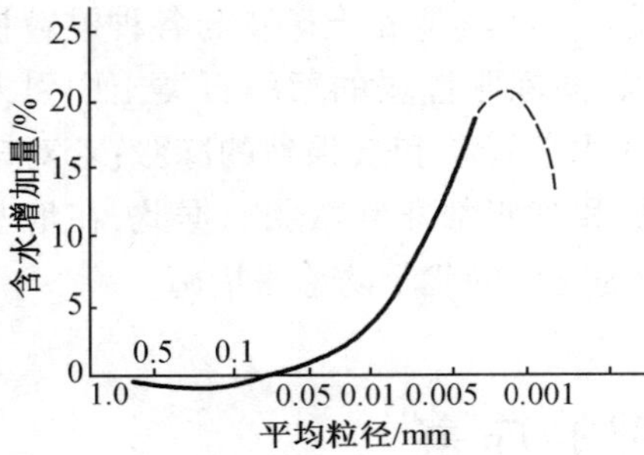

图 6-6　土的平均粒径与含水增加量的关系

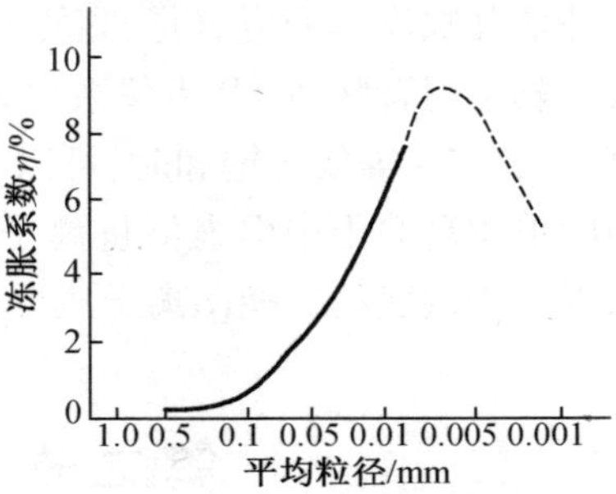

图 6-7　土粒径与冻胀率关系

粗粒土中，粒径<0.05 mm 的粉粒含量在 12%以内时，平均冻胀率<2%，随着此部分占比的增加，冻胀率有提高的变化趋势，超过 50%时，冻胀率以更快的速度提升，普遍超过 8%，若仅从冻胀性的角度来看，与黏性土无过多的差异。按照该规律，若用粗粒土做防冻换填，可能有换填效果差的问题。粒径超过 0.1 mm 的饱和粗粒土表现为吸附作用差，表面能低的特点，在此特性下难以产生毛细结构或薄膜结构，冻胀阶段水分在重力的作用下呈现出向下的移动趋势，冻结锋面无水分的聚积，表现出冻胀性较弱。

在冻土科学试验站做的同一冻结边界条件下（开放系统）黏土、细砂、粗砂土和碎石土的多年冻胀试验表明：细颗粒土（黏性土）的冻胀性很强，冻胀量 19.9 cm，冻胀率 15.1%，为特强冻胀；细砂在饱水条件下，冻胀性也较强，冻胀量 10.9 cm，冻胀率 6.2%，达到强冻胀；粗颗粒土（粗砂土、碎石土），粉黏粒含量为 15%时均有一定的冻胀性，粗砂土的冻胀量 6.3 cm，冻胀率 3.3%；碎石土的冻胀量 5.0 cm，冻胀率 2.6%，均为弱冻胀。

2. 土颗粒的矿物成分和交换阳离子特性对冻胀性的影响

土粒子粒面的物理化学特性主要取决于土粒子的矿物成分和吸附阳离子成分，各自又包含诸多细分因素。粗颗粒的矿物成分主要由原生矿物组成，常见石英、云母等，对土的冻胀几乎不存在影响。对于细颗粒土，随着矿物吸附能力的变化，对水分迁移的机制和动力有明显的影响，属于土冻胀性分析阶段必须充分关注的对象。在黏粒的矿物组成中，以黏土矿物最为常见，具体分为多种形式，例如蒙脱石、高岭石晶体，厚度约为 0.01～0.02 μm，其中还有部分小于 0.001 μm 的蒙脱石晶体，构造上以层状、片状两种形式居多。矿物表面活性和凝结水是影响黏性土冻胀性的关键因素，而颗粒的矿物组成、粒径将对颗粒表面凝结水的总量带来明显的影响。各矿物成分的结晶格存在差异，各自表现出的亲水性和活动性也不尽相同，各自具备的离子置换性能也有强弱之分。以常见的高岭质土为例，其中含有较大比重的0.002~0.05 mm细粒，此部分物质的占比超过60%时，易出现明显的水分迁移和析冰现象，由于此特性的存在，进一步表现出较强烈的冻胀性，而此类土的水性质与交换离析无明显的关系，即此类土不会交换阳离子，亲水性、表面化学活动较弱，形成的是大范围的可移动薄膜水。也正是由于前述所提种种特性的存在，使该类土有较强的冻胀性。

在以蒙脱石矿物为主的黏性土中，其分散度更高，属黏土或重黏土。土中水分大部分被强烈吸附于薄膜中。水的可移动性不大，所含交换阳离子基本上是Na^{+}和Ca^{+}，其交换能力很高，经常置换K^{+}、Cs^{+}、Mg^{+}等离子，对水性质影响很大，同其他矿物相比，所结合的水量最多，能超过骨架的质量。对水分迁移来说，土就成了不透水的“隔离层”，阻碍水分的迁移，因此，冻胀性较弱。水云母类的性质居于高岭质土和蒙脱石土两者之间。所以，它们的冻结特性依其顺序排列应该是：高岭石>水云母>蒙脱石。在其他黏土矿物与各种颗粒掺和物组成的黏土混合物里，上述关系也是成立的。所以，向冻胀性弱的蒙脱石类土中引人高价阳离子A_{13}^{+}、Fe等使之饱和时，可以观测到最剧烈的水分迁移和最强烈的冻胀；若对冻胀性较强的单质高岭土中引人低价离子时，则水分迁移和冻胀都非常微弱。据此，在地基土中用人工方法改变的交换阳离子成分，便成为一种较为有效的化学防冻胀措施。

第二节　墩台基础的冻害

墩台基础冻害主要发生在寒冷地区，例如黑龙江省、内蒙古东部等，且以浅埋基础的冻害更为明显。具体表现，如下：

（1）墩台基础整体上抬

部分墩台基础的自重小，埋深浅，刚度和强度较大，同时存在切向冻胀力和法向冻胀力，正常条件下结构自身无裂缝破坏问题，但会引起墩台基础的上抬。即便相同地基，由于各部分在土质、水文、温度方面的差异，各自具备的冻胀特征也不尽相同，即表现出的是基土的不均匀冻胀现象，此现象的存在将进一步导致墩台基础倾斜上抬。若工程所在地区每年均有冻胀变形现象，逐步积累下，于某时间节点使结构物受损。

（2）墩台横向裂缝

受切向冻胀力和水平冻胀力的作用，墩台基础可能被拔断或剪断，若墩台基础的强度偏低，此问题将愈发明显，导致上部结构受损。以某桥梁为例，其采用的是两孔跨径10 m的上承钢板梁桥，在冻胀作用下，中墩被拔断，断缝约为2 cm，有明显的不良影响。

（3）桥台翼墙倾斜与断裂

在台背填土冻胀力的作用下，部分翼墙与前墙连接部位受损开裂，缝中积水结冰冻胀，在此过程中台背填土也表现出冻胀现象，在多重冻胀的共同作用下，裂缝持续扩展，最终前墙与翼墙由于无法正常连接而发生断裂。不仅于此，还有可能出现分离式八字翼墙倾斜变位的状况，若冻胀作用尤为强烈，将整体失稳，如图6-8所示。

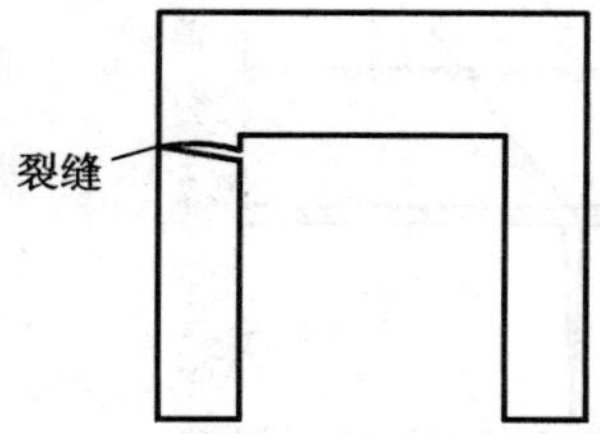

(a)型桥台翼墙裂纹

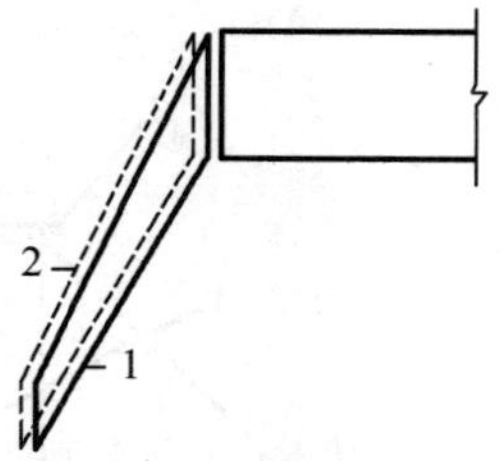

(b)八字翼墙倾斜变位

1—原位置；2—倾斜后位移。

图 6-8　桥台翼墙裂缝与倾斜示意

八字翼墙每年从 11 月分开外移，到翌年二三月达最大值，然后随着气温回升日渐向原方向变位。但在倾斜过程中，由于不断被墙后填土的横向扩张挤塞，因此在气温高复位时，受到墙后填土的阻抗，使其不能恢复原位，每年都留下不等的残余变形，经数年变位累计，会使八字翼墙倾倒。这种冻害现象在公路桥涵中常见。

第三节　涵管的冻害

涵管冻害的覆盖范围广，处理烦琐，修复难度大，属于较为棘手的冻害。主要表现如下。

(1)洞口端墙及八字翼墙圬工开裂；端墙及八字翼墙的稳定性逐步降低，呈现出向流水面倾斜的变化；端墙开裂后，与管节脱离。

(2)管身中间部位下沉，管中产生淤积现象；管节的接缝逐步偏离正常形态，原本处于紧密填塞状态的沥青麻絮止水材料松脱。

(3)涵管冻胀变形不均匀，在负温环境中，混凝土与沥青麻絮难以在特殊的环境中共同作用，管接缝呈现出逐步扩大的迹象，由此引发渗水现象。同时，接缝部位的路基填土被冲出，其带来的是不均匀沉陷问题，车辆行驶至该处时颠簸感增强，出现跳车病害。实践表明，结构完整的涵管即便受到土壤冻结融化的影响，也仅存在小幅度的竖向变位问题，若涵管受损，其表现出的竖向变位现象将愈发明显。圬工裂缝较为严重，部分测点的竖向变位超过 20 cm。从前述分析来看，涵管竖向变位主要与基土的冻胀性有关，具体表现为随着基土冻胀性的增强，涵管的受损现象愈发严重。

对于圆管涵，主要的破坏形式有如下两种：

①管涵的端墙与涵身的连接部位无法保持完整、稳定的状态，出现裂缝、管节错牙的异常状况，具体如图 6-9 所示。

②端墙上端产生较大的纵向裂缝，如图 6-10 所示。

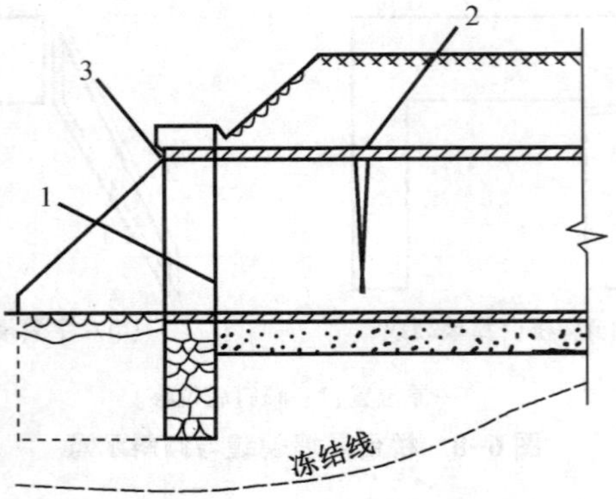

1—裂缝；2—第一管节脱离裂开；3—端墙外倾。

图 6-9　涵管洞口破坏示意

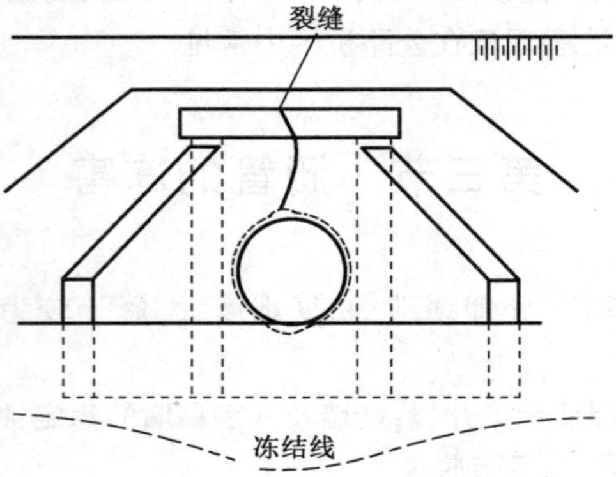

图 6-10　端墙冻胀破坏示意

第四节　挡土墙冻害

在季节性冻土地区时建设挡土墙，可能有如下冻害。

(1)挡土墙整体倾斜

受墙背填土水平动力的作用，挡土墙易整体倾斜，甚至可能大范围倾倒，造成严重的危害。

(2)挡土墙断裂

受约束的部位属于断裂的高发区域，主要原因在于挡土墙断面较小，不允许出现变位现象，在冻胀时断裂。

(3)不规则裂缝

以浆砌片石的挡土墙为例，普遍沿灰浆缝方向产生裂缝，关键原因在于挡土墙受到冻胀力的作用，裂缝的形态呈现出不规则状，此问题在季节冻土地区尤为常见。

(4)上抬

在冻胀力的作用下，挡土墙出现上抬的变化，即便每年均有一定程度的恢复，但挡土墙上抬量超过恢复量，随着时间的延长，上抬量逐步积累，可能威胁到挡土墙的稳定。

第五节　桥涵基础冻害的防治措施

换填法,保温法、物理化学法、减小或消除冻结力方法、结构法等均是桥涵基础冻害防治中的重要方法,但从各方法的应用原理来看,主要归结为如下两种:一是配套合适的结构用于提高基础锚固力;二是最大限度减小冻胀力的作用,主动削弱桥涵基础受到的不良影响。

桥涵地基水分补给主要有地下水和地表水,水分充足,由于存在河水的作用,基础冻胀现象更为复杂,防冻胀的施工难度普遍高于普通建筑物,即便某些防止基础冻胀的措施在民用建筑乃至工业建筑中具有可行性,但在桥涵基础冻胀中无法得到有效的应用。考虑到该特殊性,必须密切关注桥涵基础冻胀防治的具体特点,明确现场地质、水文条件,采取科学可行的防冻胀措施。下文对桥涵基础冻胀的常见防治措施进行分析。

一、换填法

换填法的应用较为广泛,需要去除基础周边的冻胀土,取而代之的是粗砂、砾石等材料,在换填优质的材料后,减小地基土的冻胀性,甚至在技术合理时能够完全消除地基的冻胀问题。

1. 换填砂

对于厚度未超过设计冻深的冻胀土,同时其下为透水性的土质,夏季无冲刷的桥涵地基,或是冻结期间地下水水位低于冻结锋面,均可考虑换填砂的防冻胀方法。为保证方法的有效性,须严格加强对换填砂质量的控制,例如粉黏粒含量不可超过 15%,换填深度根据实际条件而定,冻胀、强冻胀地基取设计深度的 75% 作为换填深度,特强冻胀时增加至 90%,换填范围以 0.5~1.0 m 为宜。

2. 换填砾(卵)石

天然低冻胀土的换填中,还可以考虑砾(卵)石的应用,材料质量达标且施工工艺可行时,桥涵基础冻胀的防治效果良好。砾(卵)石不受厚度和土冻胀性的限制,可有效适应特殊的现场环境,因此具有广泛的应用。换填深度及具体范围与前述提及的换填砂一致。正式换填前安排试验,根据试验结果检验换填砾(卵)石的方案是否具有可行性,试验的重点在于考虑桩基在砾(卵)石中的切向冻胀力。大量实践表明,在采取换填砾(卵)石的方法后,切向冻胀力削减 80%~85%,在防冻胀方面有良好的应用效果。以黑龙江省某桥梁为例,跨径为 6 m,桥梁下部采用直径为 50 cm、入土深度为 5 m 的双柱式钢筋混凝土钻孔灌注桩,现场地基土以粉质土居多。为防治桩基冻胀,采取换填砾石的方法,换填深度 2.0 m,范围为 1.0 m,将其中的 4 根桩侧土换为砾石,具体如图 6-11 所示。从换填后的桥梁使用效果来看,桩基无冻胀现象,上部结构稳定可靠,未见变形。

3. 换填沥青砂(沥青卵石)

沥青是一种憎水物质,在低温条件下仍呈塑性状态。因此,利用沥青和砂掺配成的沥青砂具有很好的防冻性能,是一种较好的防冻材料。用沥青砂(沥青卵石)防治强冻胀、特强冻胀,甚至极强冻胀土中的桥涵基础冻胀均会取得满意结果。方法是:用 4%~7%的沥青(渣油)和干净的粗砂或卵石拌和均匀,然后分层回填并夯实(每层厚度 20~30 cm,密实度

95%以上)，换填范围、深度与换填砂、石材料相同。

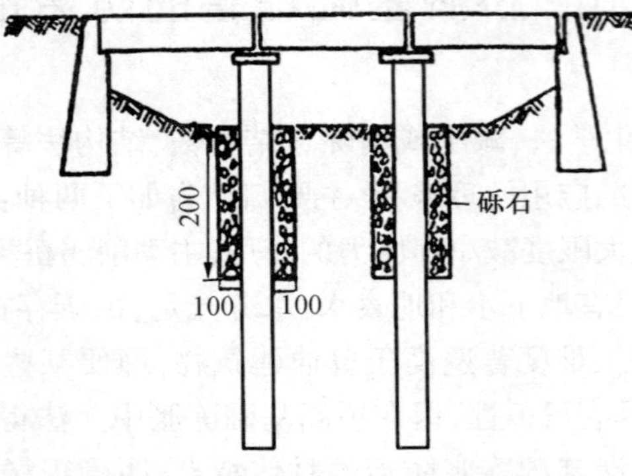

图 6-11　某桥梁 2#桥换填砾石示意

二、保温法

保温法是在桥涵基础周围设置隔热层，以提高基土温度，推迟基土冻结，减少基土冻结深度，进而达到防治基础冻胀之目的。保温法最早应用于公路、铁路的冻胀防治，这里仅只简要介绍，供临时防治桥涵基础冻胀时参考。用来作为隔热的材料较多，如雪、炉渣、锯末、草皮、硬质泡沫塑料、浮石混凝土等等。但其中有的材料在浸水饱和后，保温性能及强度下降，起不到应有作用。因此，在选择防治桥涵基础冻胀的保温材料时，必须注意此点。冰、雪是一种最廉价易得的保温材料，其导温系数虽大于土，但由于它的热容量大，冻深 1 m 冰则相当冻深 1.6~1.7 m 土。如果用冰将涵洞的进出口堵死，用雪围在墩台基础四周并达一定厚度，对减小桥涵基础冻害是十分有利的。但每年需维护一次以上，较麻烦。随着化学工业的飞速发展，聚苯乙烯泡沫塑料及其他新型保温材料的不断出现和日益丰富，在今后防治桥涵基础冻害中，一定能得到广泛应用。

三、物理化学法

减少或消除地基土冻胀性的物理化学方法很多，这里只介绍压力灌浆法和憎水物质改良土壤法。

压力灌浆法采用到络木素、水玻璃等，将此类材料注入地基土的孔隙中，用于堵塞毛细管，确保在出现冻结现象后水分无法发生迁移。土体在固化状态下的含水量较低，即便存在冻结现象也无冻胀问题，但从材料取用和成本的角度来看，此类材料的数量较少，价格较高，限制因素较多，因此若要实现大范围的推广仍有一定的难度。用憎水物质改良地基土是可行的思路，关键方法在于通过憎水材料的应用赋予土颗粒表面憎水性，发挥出材料的阻隔作用，抑制地下水的上升和地表水的下渗，将土体的含水量控制在较低的状态，以防剧烈的土体冻胀问题。材料以石油产品及其副产品居多，常见有重油、柴油等，也可以采用三甲基十二烷基氯化铵或其他的化学表面活性剂，通过与土的掺配后形成憎水土。铁道部科学研究院金属化学科学研究所、西北铁路科学研究所和天津师范学院化学系共同研制成一种新型表面活性剂——NN-22 十八烷基乙二胺。用这种表面活性剂配制成水溶液与柴油(-10#或 0#的混合油)、土拌合成为憎水土，其配比如表 6-1。

表 6-1　水土材料配比

材料名称	占土重的百分比%
表面活性剂	0.1
水溶液和柴油	6

水土的制作可按以下步骤进行：

(1)将土弄松、晒干(风干状态)，然后粉碎，要求大于 5 mm 的团粒数量不得大于总体积的 10%；

(2)将土加热到指定温度(120~150 ℃)；

(3)倒入已经加热的憎水材料溶液，之后进行搅拌，直到均匀为止。用其防治桥涵基础冻胀，在铺憎水土之前，先将基侧表面用液态憎水性材料涂两遍，后按设计憎水土的范围 15~20 cm 立好模板，分层填筑并夯实，最后做好防冲刷保护。对于桩基周围憎水土衬砌，通常布置在整个冻层范围内。

四、减小或消除冻结力法

基侧表面和冻土间存在冻结力，其能够作为切向冻胀力的媒介，若可以通过特定的手段有效减小冻结力，将在很大程度上抑制切向冻胀力，甚至完全消除此部分冻胀力。为此，下文围绕常见的冻胀力抑制措施展开探讨。

(一)沥青隔离层法

沥青隔离层法是在桥涵基础表面上涂敷沥青(渣油)，从而大大减小基侧与冻土间的冻结力。为解决沥青黏结力低、易老化和使用寿命较短的问题，铁道部科学研究院西北铁路研究所和天津师范学院化学系共同研究制出络铁盐沥青改进剂。使用时，将络铁盐溶液均匀涂抹在干净的基础侧表面上，风干后再涂沥青，厚度为 5~10 mm，待冷凝后再回填土，密实度 95%以上。

(二)油毡纸包桩

油毡纸包桩是将冻层内的桩周均匀涂上黄油(或润滑油)，然后用油毡纸缠裹(二毡二油或三毡三油)，使基侧与冻土间分离，减小或消除二者间的冻结力，从而减小或消除切向冻胀力对基础的作用。这种方法耐久性差，用于临时工程基础防冻胀较为适宜；若用于永久性桥涵基础冻胀防治，约五年左右修复一次，也会取得满意的防治冻胀效果。在冻土科学试验站进行切向冻胀力试验时，为减小或消除切向冻胀力对锚桩的作用，也采用了油毡纸包桩。即对冻层内的钢骨架用油毡纸包裹(三毡三油)，效果很好。

(三)单层套管法

指在桩周外面套上一个用铁板制成的并具有一定刚度的圆筒，在筒与桩侧间留有一定间隙，以便向内注入工业凡士林油或黄油，然后将上下两端堵住，防止油被挤出，再在套管底部焊上一个刚度很大的底刃脚并嵌固在暖土层中。也可将套管做成两个半圆形，安装时用螺栓拼装。

(四)双层套管法

双层套管是在单层套管基础上，提出的一种使桩侧与冻土隔离，长期行之有效地防治桩基冻胀的措施。它具有施工简单,维护方便,造价低,安全可靠等优点。其原理是土在冻结过程中,套管不与桩壁接触,其间用油分离,当套管随冻土冻拔时对桩基不产生作用力。当冻土融沉时,位于套管下部的复位盘受到土固结时向下的压力作用,使套管恢复至原位,达到能长期使用的目的。双层油套管是用 4 mm 以上钢板焊制,由上、下两层套管组成,其构造如图 6-12 所示。

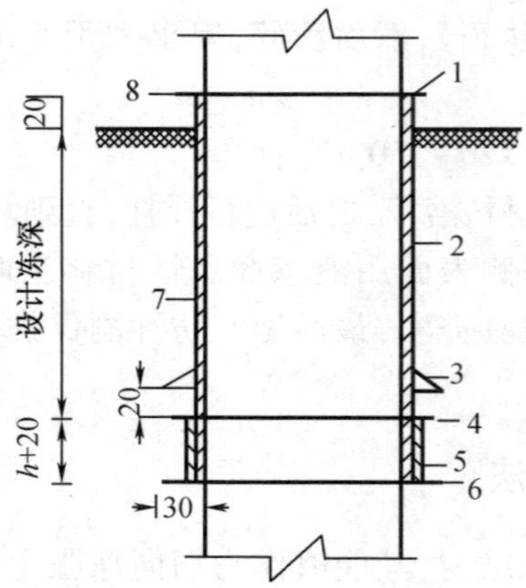

1—上法兰盘;2—上层套管;3—复位盘;4—中法兰盘;5—下层套管;6—下法兰盘;7—黄油;8—止水橡皮。

图 6-12　双层油套管构造(单位:cm)

上层套管由上法兰盘、上层套管和复位盘组成;下层套管由中法兰盘、下层套管和下法兰盘组成。上法兰盘位于上层套管顶部,能防止套管与桩周围间黄油外溢和水及泥沙的侵入等,内径比桩径大 1.0 cm,外径比内径大 6~8 cm。在上法兰盘与上层套管法兰盘之间设有厚度大于 5 mm 封闭橡皮垫,其内径与桩壁有 5 mm 间隙,并用 M12~M16 的螺栓连接,以保证胶垫与桩周紧密结合。

上层套管是插在下层套管内(插入深度同下层套管高度),高度一般为设计冻深加最大冻胀量 40 cm,内径比桩径大 2 cm,管与桩周间隙 1.0 cm,内注钙基黄油,目的是保证上层套管在受冻后可沿下层管套范围内自由移位。

复位盘是用加肋的厚钢板制作,并与上层套管焊接成一整体,位于基土最大冻深处,内径等于上层套管外径,外径比上层套管外径大 30~40 cm。中法兰盘内径比套管外径大 1 cm,外径与下套管顶部法兰盘相同,其作用是保护上下套管 1 cm 间隙中的油脂,防止水和泥沙进入,使上套管在下套管中自由上下移动。下层套管是上下两端都焊有法兰盘的钢管,保证上层套管在其内长期上下移位而自身不冻拔。内径比上套管外径大 2 cm,高度取当地地表最大冻胀量加 20 cm,位于最大冻深线下暖土层内。下法兰盘内径与下套管内径相同,宽度为 30 cm 的钢盘,用螺栓与下层套管的法兰盘配合,夹紧两者之间的橡胶垫圈,目的在于防止下套管间黄油漏出、水和泥沙侵入,同时锚固下套管,起到自身稳定作用。

五、结构法

季节性冻土地区公路桥涵的基础形式很多,在设计时主要考虑如何提高承载力,节约原材料,降低工程造价和方便施工等,而很少注意其抗冻拔稳定能力。因此,造成许多桥涵基础冻上。针对这种情况,正确选择桥涵基础形式和尺寸,做到既增加承载力,又保证冻拔稳定就显得特别重要。目前可从以下三个方面人手:一是增加桥涵本身的强度和刚度;二是允许桥涵基础有一定限度的变形;三是提高基础的锚固力,增加基础抗冻胀力,保证基础整体稳定。

(一)扩底桩

扩底桩是指桩的下端一段长度扩大,成为大头桩。扩底桩的扩大方式主要有两种:一种是爆破扩底;另一种是机械扩底。设计者可根据机械、水文地质和施工条件等综合因素考虑选用。这种基础形式具有承载力大、抗冻胀性能好、施工较简便和造价低等优点。爆扩桩是建工部门于20世纪60年代初在短桩上首先应用的,而后推到水利、林业和交通等部门。当初主要是为了提高桩的承载力,用于防治冻胀是后来之事。

(二)扩大式基础

扩大式基础主要包括扩大桩、变径桩、阶式基础等,应用比较广泛,适宜各种条件,其形式如图6-13所示。

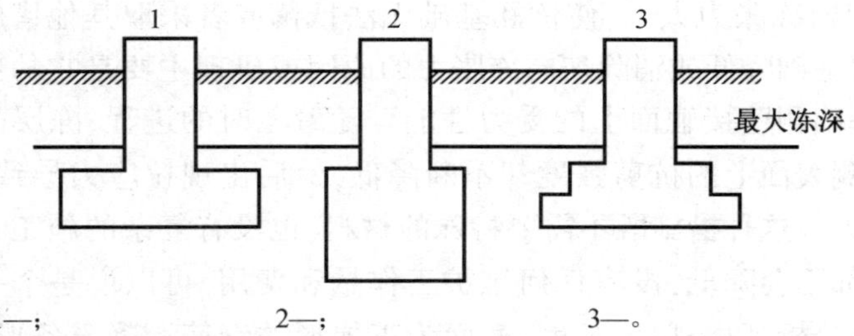

图6-13　扩大式基础

扩大式基础是相对减小桩在冻土层内的侧表面积,增大在暖土层的侧表面积,使之减小切向冻胀力对基础作用的同时增加暖土对其的摩阻力,从而增加基础抗冻拔稳定能力,达到防治冻胀的目的。其中,变径桩在桥梁基础中应用较多,如绥化市采用变径桩修建四座桥,冻层内直径60 cm,暖土层直径100 cm,防冻胀效果均很好。在野外做切向冻胀力试验用56根锚桩均采用变径桩,经多年考验无冻胀变形。

(三)锚固底梁基础

锚固底梁基础是充分利用作用于底梁上的冻胀反力,提高基础稳定性。为此,底梁上缘必须位于最大冻深线下。绝不能将底梁埋在冻层内;否则,在法向冻胀力作用下,更不利于基础抗冻拔稳定。在保证基础抗冻拔稳定的前提下,对桩身薄弱截面抗拉、桩与底梁间的连接强度等均需验算。锚固底梁基础如图6-14所示。

(四)合理锚长桩

合理锚长桩又称经济锚长桩。它基于正确取用切向冻胀力值和锚固力值(包括作用于单桩上的恒载、桩身自重和暖土层对桩周的摩阻力),使其入土深度经济合理,达到既满足承载又满足抗冻拔的要求。否则,或因入土深度不够造成桩基冻拔或下沉,导致桥涵破坏,损失严重;或因入土深度超长,虽不出现上述破坏现象,但造成很大浪费。因此,设计者在计算桩入土深度时必须充分考虑这一问题。

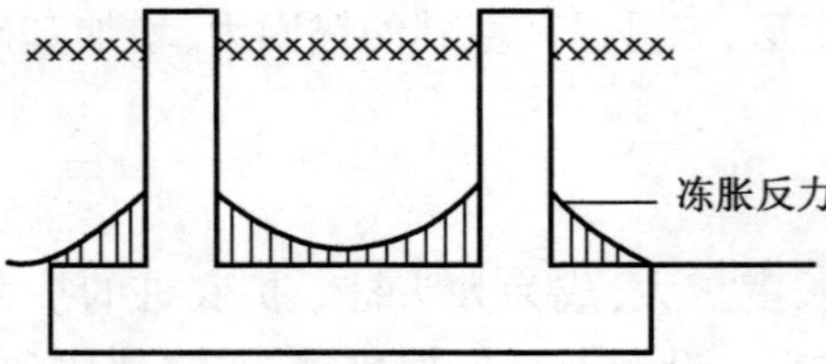

图 6-14　锚固底梁示意

譬如某桥，桩实际入土深度 6 m，由于桩锚固长度不足而发生冻拔，后又经多年残余变形累计无法行车，被迫中断交通，重建新桥。工程技术人员在设计新桥时深入现场，认真调查地基土质、基土冻前含水量和地下水位等，正确判定土的冻胀类别，合理选取各项技术参数，结果设计与施工入土深度为 9 m 的钢筋混凝土钻孔桩，经多年营运一切正常，既没发生冻拔也没出现下沉。

（五）斜面基础

当计算出的切向冻胀力太大，使桥涵基础无法抵御或者采取其他措施不经济时，可采用斜面基础。斜面基础降低或消除切向冻胀力的原因或机理主要是它的独特斜面形式，是斜面改善了土与基础侧壁接触面上的受力性能。随着冬时的进程、冻层的加厚，切向冻胀力逐渐增长，但基侧表面上的抗剪强度却不断降低，最后出现拉应力导致基侧与冻土间开裂，切向冻胀力消失。这种措施既不需要特殊的材料，也没有复杂的施工工艺，在任何恶劣的条件下，其效果都不会降低，没有任何维护工作量和费用，可以说是个一劳永逸的方法。对斜面基础的受力分析，取一单位长度、截面为正梯形的钢筋混凝土条形基础埋在冻胀的地基中，斜面基础底角为 a，将冻层内的地基土分成 n 层（可近似按负温梯度每隔 1 ℃设一层），每层的高度为 Δh，并认为土的冻胀率上下均匀，冻胀只在零度的冻结界面上一次完成，当土温继续下降时不再膨胀反而冷缩，冻土的线胀系数为 γ，冻土的拉伸变形模量为 E。冬初，第一层土冻结时，土产生冻胀，由于其他方向都有约束，只能向两个方向膨胀。一是沿水平方向膨胀基础受一水平作用力 H_1，二是向上膨胀基础受一垂直作用力 V_1。

第七章　桥涵工程施工现场管理

第一节　现场材料管理

一、施工准备阶段材料管理

桥涵工程施工现场,是工程材料的消耗场所。现场材料管理属于材料使用过程的管理,施工准备阶段的现场材料管理工作见表 7-1。

表 7-1　施工准备阶段的材料管理工作

序号	项目	内容及要求
1	了解工程概况,调查现场条件	(1)查设计资料,了解工程基本情况和对材料供应工作的要求 (2)查工程合同,了解工期、材料供应方式、付款方式、供应分工 (3)查自然条件,了解地形、气候、运输、资源状况 (4)查施组织设计,了解施工方案、施工进度、施工平面、材料需求量 (5)查货源情况,了解供应条件 (6)查现场管理制度,了解对材料管理工作的要求。
2	计算材料用量,编制材料计划	(1)按施工图纸计算材料用量或者查预算资料摘录材料用量,根据需用量、现场条件、货源情况确定申请量、采购量、运输量等 (2)材料需要量包括现场所需各种原材料、结构件、周转材料、工具用具等的数量 (3)按施工组织设计确定材料使用时间 (4)按需用量、施工进度,储备要求计算储备量及占地面积 (5)编制现场材料的各类计划。包括需用计划、供应计划、采购计划,申请计划、运输计划等
3	设计平面规划、布置材料堆放	材料平面布置,是施工平面布置的组成部分,材料管理部门应配合施工管理部门积极做好布置工作,满足施工的需要。材料平面布置包括库房和料场面积计算,以及选择位置两项内容。选择平面位置应遵循以下原则 (1)靠近使用场地,尽量使材料一次就位,避免二次或多次搬运。如无法避免二次搬运,也要尽量缩短搬运距离 (2)库房(堆场)附近道路畅通,便于进料和出料 (3)库房(堆场)的地点有足够的面积,能满足储备面积的需要 (4)库房(堆场)附近有良好的排水系统,能保证材料的安全与完好 (5)按施工进度分阶段布置,先用先进,后用后进 在满足上述原则的前提下,尽置节约用地

二、施工阶段材料管理

进入现场的材料，不可能直接用于工程中，必须经过验收、保管、发料等环节才能被施工生产所消耗。现场材料的验收、保管、发料工作和仓库管理的业务类似。但施工现场的材料杂，堆放地点多为临时仓库或料场，保管条件差，给材料管理工作带来许多困难。施工阶段的现场材料管理工作见表7-2。

表7-2 施工阶段的现场材料管理工作

序号	项目	内容及要求
1	进场材料的验收	现场材料管理人员应全面检查、验收入场的材料。除了仓库管理中入库验收的一般要求外，应特别注意下面几点： (1)材料的代用。现场材料都是将要被工程所消耗的材料，其品种、规格、型号、质置、数量必须和现场材料需用计划相吻合，不允许有差错。少置的材料因规格不符而要求代用，必须办理技术和经济签证手续，分清责任 (2)材料的设置。现场材料中有许多地方材料，计量中容易出现差错，应事先做好计量工准备、约定好验置的方法，保证进场材料的数置。比如砂石计就应节先约好是车上验方还是堆场验方，如果是堆场验方则还应确定堆方的方法等 (3)材料的质量。入场材料的质量，必须严格检查，确认合格后才能验收。因此，要求现场材料管理人员熟悉各种材料质量的检验方法，对于所有的材料，必须附质量合格证明才能验收；有的材料虽有质量合格证明，但材料过了期也不能验收
2	现场材料的保管	现场材料的堆放，由于受场地限制一般较仓库零乱一些，再加上进出料频繁，使保管工作更加困难。应重点抓住以下几个问题： (1)材料的规格型号。对于易混淆规格的材料，要分别堆放，严格管理，比如钢筋，应按不同的钢号和规格分开，避免出错，再如水泥，除了规格外，还应分清生产地、进场时间等 (2)材料的质量。对于受自然界影响易变质的材料，应特别注意保管，防止变质损坏。如木材应注意支垫、通风等 (3)材料的散失。由于现场保管条件差，多数材料都是露天堆放，容易散失，要采取相砬的防范措施。比如堆放砂石，应平整好场地，否则因场地不平会损失掉一些材料 (4)材料堆放的安全。现场材料中有许多结构件，它们体大量中，不好装卸，容易发生安全事故。因此要选择恰当的搬运和装卸方法，防止事故发生
3	现场材料的发放	现场材料发放工作的重点，是要抓住限额问题，现场材料需方多是施工：班组或承包队，限额发料的具体方法视承包组织的形式而定。主要有以下几种： (1)计件班组的限额领料，材料管理人员根据班组完成的实物工程置和材料需用计划确定班组施工所需材料用量，限额发放。班组领料时应填写限额领料单 (2)按承包合同发料。实行内部承包经济责任制，按定包合同核定的预算包干材料用量发料。承包形式可分为栋号承包、专业工程承包，分项工程承包等

三、竣工收尾阶段材料管理

现场材料管理，随着工程竣工而结束。在工程收尾阶段，材料管理也应进行各项收尾工作，保证工完场清。竣工收尾阶段的现场材料管理工作见表7–3。

表7–3　竣工收尾阶段的现场材料管理工作

序号	项目	内容及要求
1	控制进料	工程进入收尾阶段，应全面清点余料，核实领用数，对照计划需用。计算缺料数量，按缺料数量进货，避免盲目进料造成现场材料积压
2	退料与利废	(1)退料。工程竣工后的余料，应办理实物退料手续，冲减原领用数量，核算实际耗用量与节约、超耗数量办理退料手续时，材料管理人员要注意退料的品种和质量，以便再次使用，对于退固的旧、次材料，应按质分等折价后办理手续 (2)利废。修旧利废，是增加企业经济效益的有力措施，应作为用料单位的考核指标。现场材料的利废措施很多，应结合实际条件加强管理，建立相应的利废制度。例如，回收利用钢筋断头、水泥纸袋等各种包装物、碎砖头等
3	现场清理	工程全部竣工后，材料管理部门应全面清理现场，将多余材料整理归类，运出现场以做他用。清理时，尤其要注意周转材料，特别是易丢失的脚手架扣件及钢模板的配件等的收集。现场清理是施工企业退出施工项目的最后一道工作，必须引起足够的重视。它不仅可以回收大多余及废旧材料，还可以做到工完场清，交给用户一个整洁的产品，提高企业信誉

第二节　现场平面布置

一、临时建筑布置

临时建筑可分为行政、生活临时用房和临时仓库、加工厂等。

(一)临时行政、生活用房

1. 临时行政、生活用房分类

(1)行政管理和辅助用房：包括办公室、会议室、门卫、消防站、汽车库及修理车间等。

(2)生活用房：包括职工宿舍、食堂、卫生设施、工人休息室、开水房等

(3)文化福利用房：包括医务室、浴室、理发室、文化活动室、小卖部等。

2. 临时行政、生活用房的布置原则

临时行政、生活用房的布置应尽量利用永久性建筑，延缓现场原有建筑的拆除，尽量采用活动式临时房屋，可根据施工不同阶段利用已建好的工程建筑，应视场地条件及周围环境条件对所设临时行政、生活用房进行合理地取舍。

在大型工程和场地宽松的条件下，工地行政管理用房宜设在工地人口处或中心地区，现场办公室应靠近施工地点，生活区应设在工人较集中的地方和工人出入必经地点，工地

食堂和卫生设施应设在有利于文明施工不受影响的地点。

市区内的工程,往往场地狭窄,应尽量减少临时建设所设项目,且尽量沿场地周边集中布置,一般只考虑设置办公室、工人宿舍或休息室、食堂、门卫和卫生设施等。

3. 确定临时行政、生活用房面积

各类临时用房及使用人数确定后,可根据参考指标、现行定额或实际经验数值,确定临时建筑所需用的面积。

(二)临时仓库、加工厂

1. 现场仓库的形式

现场仓库按其储存材料的性质和重要程度,可采用露天堆场、半封闭式(棚)或封闭式(仓库)三种形式。

(1)露天堆场。用于不受自然气候影响而损坏质量的材料,如砂、石、砖、混凝土构件。

(2)半封闭式(棚)。用于储存防止雨、雪、阳光直接侵蚀的材料,如油毡、沥青、钢材等。

2. 仓库的布置

仓库应尽量利用永久性仓库为现场服务。应布置在使用地点位于平坦、宽敞、交通方便之处,距各使用地点要比较适中,使之距各使用地点的运输造价或运输吨公里最小;且应考虑材料运入方式(铁路、船运、汽运)及应遵守安全技术和防火规定。

一般材料仓库应邻近公路和施工地区布置;钢筋木材仓库应布置在其加工厂附近;水泥库、砂石堆场则布置在搅拌站附近;油库、氧气库和电石库、危险品库宜布置在僻静、安全之处;大型工业企业的主要设备的仓库一般应与建筑材料仓库分开设置;易燃材料的仓库要设在拟建工程的下风方向;车库和机械站应布置在现场入口处。

3. 仓库材料储备量

确定材料的储备量要在保证正常施工的前提下,不宜储存过多,以减少仓库占地面积,降低临时设施费用。通常的储备量应根据现场条件、材料的供需要求、运输条件和资金的周转情况等来确定,同时要考虑季节性施工的影响,如雨季、冬季运输条件不便,可多储备一些。

4. 临时加工厂

根据工程的性质、规模、施工方法、工程所处的环境条件(包括地点、场地条件、材料、构件供应条件等),工程所需的临时加工厂不尽相同。通常设有钢筋、混凝土、木材(包括模板、门窗等)、金属结构等加工厂。加工厂布置时应使材料及构件的总运输费用最小,减少进入现场的二次搬运量,同时使加工厂有良好的生产条件,做到加工与施工互不干扰,一般情况下,把加工厂布置在工地的边缘。这样,既便于管理,又能降低铺设道路、动力管线及给排水管道的费用。

钢筋加工厂的布置,应尽量采用集中加工布置方式,有利于发挥加工设备的工效,保证质量,降低加工成本。当施工场地不足,难以形成钢筋堆放与加工的集中生产线时,可设置部分分散的临时钢筋加工棚。

混凝土搅拌站的布置,可采用集中、分散、集中与分散相结合三种方式。集中布置可以提高混凝土加工的机械化程度,通常采用二阶式搅拌站。当要求供应的混凝土有多种标高时,可配置适量的小型搅拌机,采用集中与分散相结合的方式。集中布置方式,加工量大,混凝土质量有保证,便于管理专业化,当采用二阶式搅拌站时,通常要设置砂、石集中储料仓,可减少砂、石堆放占用的施工场地。但由于储料仓往往设置较高,因此分仓挡墙要有足够的强度、刚度和稳定性,保证安全施工。当在市区段施工,采用商品混凝土时,现场只需布置泵车及输送管道位置。

木材加工厂的布置,在大型工程中,根据木料的情况一般要设置原木、锯材、成材、粗细木等集中联合加工厂,布置在铁路、公路或水路沿线。设备集中,便于实现生产的机械化、自动化,节约劳动力,降低成本。市区内的工程项目,通常现场狭窄,木材加工宜在现场外进行或购入成材,木加工厂的布置还应考虑远离火源及残料锯屑的处理。

金属结构、锻工、机修等车间相互密切联系,应尽可能布置在一起。产生有害气体和污染环境的加工,如熬制沥青、石灰熟化等,应位于场地下风向。

二、施工机械、材料、构件的堆放与布置

(一)施工机械的布置

(1)起重机械

现场的起重机械有塔吊、履带吊起重机、并架、龙门架、平台式起重机等。它们的位置直接影响仓库、料堆、砂浆和混凝土搅拌站的位置以及场地道路和水电管网的位置等。因此要予以首先考虑。

塔式起重机的布置要综合考虑。轨道式塔吊一般应在场地较宽的一面沿工地的长度方向布置,以充分发挥其效率。根据具体工程情况,还可成双侧布置或跨内布置,塔轨路基必须坚实可靠,两旁应设排水沟,在满足使用的条件下,要缩短塔轨的长度,同时还要注意安塔、拆塔是否有足够的场地。

(2)搅拌站的布置

砂浆及混凝土的搅拌站位置,要根据工程的类型、场地条件、起重机和运输道路的布置来确定,在一般的砖混结构中,砂浆的用量比混凝土用量大,要以砂浆搅拌站位置为主;在现浇混凝土结构中,混凝土用量大,要以混凝土搅拌站为主来进行布置。搅拌站的布置要求如下:

搅拌站应有后台上料的场地,尤其是混凝土搅拌机,要与砂石堆场、水泥库一起考虑布置,既要互相靠近,又要便于材料的运输和装卸。

搅拌站应尽可能布置在垂直运输机械附近或其服务范围内,以减少水平运距。

搅拌站应设置在施工道路近旁,使小车、翻斗车运输方便;

搅拌站场地四周应设置排水沟,以有利于清洗机械和排除污水,避免造成现场积水。

混凝土搅拌台所需面积约 25 m^2,砂浆搅拌台约 15 m^2。

当现场较窄,混凝土需求量大或采用现场搅拌泵送混凝土时,为保证混凝土供应量和减少砂石料的堆放场地,宜建置双阶式混凝土搅拌站,骨料堆于扇形贮仓。图 7-1 是一座双阶式小型混凝土搅拌站设置示意图。

(二)材料、构件的堆放与布置

(1)材料的堆放应尽量靠近使用地点,考虑到运输及卸料方便,减少或避免二次搬运。基础施工用的材料可堆放在基坑四周,但不易离基坑(槽)太近,以防压坍土壁。

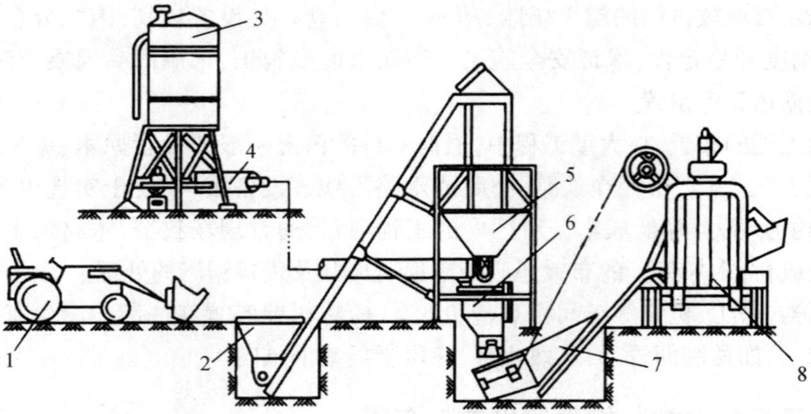

1—小型装载车;2—提升料斗;3—水泥贮罐;4—螺旋输送机;5—砂、石贮料斗;
6—砂、石、水泥称量斗;7—搅拌机提升料斗;8—混凝土搅拌机。

图 7-1　一座双阶式小型混凝土搅拌站设置示意图

(2)如用固定式垂直运输设备,则材料、构件堆场应尽量靠近垂直运输设备或布置的塔吊起重半径之内,以减少二次搬运。

(3)预制构件的堆放位置要考虑到吊装顺序。先吊的放在上面,吊装构件进场时间应密切与吊装进行配合,力求直接卸到就位位置,避免二次搬运。

(4)砂石应尽可能布置在搅拌站后台附近,石子的堆场更应靠近搅拌机一些,并按石子不同粒径分别设置。如对袋装水泥,要设专门干燥、防潮的水泥库房;对散装水泥,则一般设置圆形贮罐。

(4)石灰、淋灰池要接近灰浆搅拌站布置。沥青堆放和熬制地点均应布置在下风向,要离开易燃、易爆库房。

(5)模板、脚手架等周转材料,应选择在装卸、取用、整理方便和靠近拟建工程的地方布置。

(6)钢筋应与钢筋加工厂统一考虑布置,并应注意进场、加工和使用的先后顺序,应按型号、直径、用途分门别类堆放。

三、运输道路的布置

(一)施工道路的技术要求

1. 道路的最小宽度、最小转弯半径

架空线及管道下面的道路其通行空间宽度应比道路宽度宽 0.5 m,空间高度应大于 4.5 m。

表 7-4　施工现场道路最小宽度

序号	车辆类别及要求	道路宽度/m
1	汽车单行道	不小于 3.0
2	汽车双行道	不小于 6.0
3	平板拖车单行道	不小于 4.0
4	平板拖车双行道	不小于 0

2. 对道路的做法

一般砂质土可采用碾压土路办法，当土质黏或泥泞、翻浆时，可采用加骨料碾压路面的方法，骨料应尽量就地取材，如碎砖、炉渣、卵石、碎石及大石块等。为了排除路面积水，保证正常运输，道路路面应高出自然地面0.1~2 m，雨量较大的地区，应高出0.5 m左右，道路的两侧设置排水沟，一般沟深和底宽不小于0.4 m。

（二）施工道路的布置要求

（1）应满足材料、构件等的运输要求，使道路通到各个仓库及堆场，并距离其装卸区越近越好，以便装卸。

（2）应满足消防的要求，使道路靠近建筑物、木料场等易发生火灾的地方以便车辆能开到消防栓处。消防车道宽度不小于3.5 m。

（3）为提高车辆的行驶速度和通行能力，应尽量将道路布置成环路。如不能设置环形路，则应在路端设置掉头场地。

（4）应尽量利用已有道路或永久性道路。根据工程总平面图上永久性道路的位置，先修筑路基，作为临时道路。工程结束后，再修筑路面。

（5）应避开拟建工程和地下管等地方。否则工程后期施工时，将切断临时道路，给施工带来困难。

第三节　施工合同管理

一、合同分析

合同分析是将合同目标和合同规定落实到具体问题和事件上，用以指导具体工作，使合同符合现场日常工程项目管理工作的需要，承包合同分析主要包括合同总体分析和合同详细分析两个方面。

1. 合同总体分析

合同总体分析的主要对象是合同协议书和合同条件等。通过合同总体分析将合同条款和合同规定落实到一些带全局性的具体事件上，合同总体分析的内容一般包括：

（1）合同的法律基础。即分析合同签订和实施的法律背景。

（2）词语含义。合同词语可以分成两大类，一类主要是要求在协议条款中明确作出定性定量的约定；另一类主要是要求明确词语的定义和包括的范围，统一双方对这些词语的理解，使双方签订和履行合同中使用这些词语时有所规范。这是正确理解合同的基础。

（3）双方权利和义务。不但要详细分析双方的权利义务的具体内容，还要分析义务履行的标准和双方职责权限的制约，责任的承担、费用的承担和损失的赔偿等。

（4）合同价格。主要分析合同价格所包括的范围、价格的调整条件、价格调整方法和工程款结算方法等。

（5）合同工期。重点分析合同规定的开竣工日期、主要工程活动的工期、工期的影响因素、工期的奖惩条件、获得工期补偿的条件和可能性。

（6）质量保证。重点分析质量要求、工程检查和验收、已完工程的保护和保修、质量资料的提供、材料设备的供应、分包及分包工程的控制等。

(7)合同实施保证。主要分析暂停施工的条件和违约责任的追究，合同纠纷的解决。是保证合同得到全面履行的条件，也是承包商制定索赔策略的依据。

2. 合同详细分析

合同的实施过程由许多具体的工程活动和合同双方的其他经济活动构成。这些活动都是为了履行合同责任，受到合同的制约，所以被称为合同事件。合同事件之间存在着一定的技术经济的、时间上的和空间上的逻辑关系。为了使这些活动有计划、有秩序、按合同实施，必须将合同目标、要求和合同双方的责权利关系落实到具体活动上，这个过程就是合同详细分析，它主要是通过合同事件表、网络图、横道图和工程活动的工期表等定义工程活动。所以，合同详细分析应该在工程项目结构分析、施工组织计划、施工方案和工程成本计划的基础上进行。

二、合同实施

1. 建立合同实施保证体系

建立合同实施的保证体系，是为了保证合同实施过程中的日常事务性工作有序地进行，使工程项目的全部合同事件处于受控状态，以保证合同目标的实现。

(1)作合同交底，分解合同责任，实行目标管理。总承包合同签订后，具体的执行者是项目部人员，项目部从项目经理、项目班子成员、项目中层到项目各部门管理人员，都应该认真学习合同各条款，对合同进行分析、分解。项目经理、主管经理要向项目各部门负责人进行"合同交底"，对合同的主要内容及存在的风险做出解释和说明，项目各部门负责人要向本部门管理人员进行较详细的"合同交底"，实行目标管理，

(2)建立合同管理的工作程序。在工程实施过程中，合同管理的日常事务性工作很多，要协调好各方面关系，使总承包合同的实施工作程序化、规范化，按质量保证体系进行工作，具体来说，应制订如下工作程序。

①制订定期或不定期的协商会办制度。

②建立特殊工作程序，对于一些经常性工作应订立工作程序，使大家有章可循，合同管理人员也不必进行经常性的解释和指导，如图纸批准程序，工程变更程序，分包商的索赔程序，分包商的账单审查程序，材料、设备、隐蔽工程、已完工程的检查验收程序，工程进度付款账单的审查批准程序，工程问题的请示报告程序等。

(3)建立文档系统。项目上要设专职或兼职的合同管理人员。合同管理人员负责各种合同资料和相关的工程资料的收集、整理和保存。工程的原始资料都是在合同实施的过程中产生的，是由业主、分包商及项目的管理人员提供的。

建立文档系统的具体工作应包括以下几个方面。

①各种数据、资料的标准化，如各种文件、报表、单据等应有规定的格式和规定的数据结构要求。

②将原始资料收集整理的责任落实到人，由他对资料负责。资料的收集工作必须落实到工程现场，必须对工程小组负责人和分包商提出具体要求。

③各种资料的提供时间。

④准确性要求。

⑤建立工程资料的文档系统等。

(4)建立报告和行文制度。总承包商和业主、工程监理、分包商之间的沟通都应该以书面形式进行,或以书面形式为最终依据,这既是合同的要求,也是经济法律的要求,更是工程管理的需要,包括以下内容。

①定期的工程实施情况报告,如日报、周报、旬报、月报等。应规定报告内容、格式、报告方式、时间以及负责人。

②工程过程中发生的特殊情况及其处理的书面文件(如特殊的气候条件、工程环境的变化等)应有书面记录,并由工程监理签署。

③工程中所有涉及双方的工程活动,如材料、设备、各种工程的检查验收,场地、图纸的交接,各种文件(如会议纪要,索赔和反索赔报告,账单)的交接,都应有相应的手续,应有签收证据。

④对在工程中合同双方的任何协商、意见、请示、指示都应落实在纸上,这样双方的各种工程活动才有根据。

2. 合同实施的控制

合同实施控制的主要任务有两个方面:一是把合同实施的情况与合同实施计划进行比较,找出差异,对比较的结果进行分析,排除产生差异的原因,使总体目标得以实现。这个过程可归纳为"出现偏差—纠偏—再偏—再纠偏……"称为被动控制。二是预先找出合同实施计划的干扰因素,预选并控制中间结果对计划目标的偏离,以保证合同目标的实现,称为主动控制。

(1)被动控制。合同实施控制一般包括以下内容。

①合同实施监督。即从合同实施的各个活动中收集信息准确掌握合同实施活动状况。

②比较。把收集的信息加以处理,并与合同目标联系起来,按合同实施计划进行对比评价。

③调整。根据评价结果,决定对合同实施目标、合同实施计划或合同实施活动进行调整。

(2)主动控制。预先对特定条件下的合同实施干扰因素进行分析,并事先主动地采取决策措施,以尽可能地减少甚至避免计划值与实际值的偏离。这种控制是主动的、积极的,因此称为主动控制。合同实施的干扰因素一般包括以下几方面。

①内部干扰。施工组织错误,机械效率低,操作人员不熟悉新技术,经济责任不落实等。

②外部干扰。图纸出错,设计修改频繁,气候条件、场地狭窄、施工条件(如水、电、道路等)受到影响。

③不可预见的事件发生。政治事件、工人罢工、自然灾害等。

在合网实施之前和实施过程中应加强对干扰因素的分析,并制定预先性的决策,以实现对合同控制的主动控制。

第四节 现场质量管理

施工现场质量管理一般分为施工前的质量管理、施工过程中的质量管理以及施工结束后的质量管理。

一、施工前的质量管理

施工前的质量管理也就是施工准备工作的质量控制,其主要内容有:

(1)对影响现场质量的因素进行控制(含施工队伍、机械、材料、施工方案及保证质量措施等)。

(2)建立施工现场质量保证体系,使现场质量目标和措施得到落实。

(3)审核开工报告书,准备工作完成后,经检查合格填写开工报告,经批准方可开工。

二、施工过程中的质量管理

(一)施工工序的质量控制

工序质量的控制,就是对工序活动条件的质量管理和工序活动效果的质量管理。在进行工序质量管理时要着重以下几方面的工作。

(1)确定工序质量控制工作计划。一方面要求对不同的工序活动制定专门的保证质量的技术措施,做出物料投入及活动顺序的专门规定;另一方面须规定质量控制工作流程、质量检验制度等。

(2)主动控制工序活动条件的质量。工序活动条件主要指影响质量的五大因素,即人、材料、机械设备、方法和环境等。

(3)及时检验工序活动效果的质量。主要是实行班组自检、互检、上下道工序交接检,特别是对隐蔽工程和分项(部)工程的质量检验。

(4)设置工序质量控制点(工序管理点),实行重点控制。工序质量控制点是针对影响质量的关键部位或薄弱环节而确定的重点控制对象。正确设置控制点并严格实施是进行工序质量控制的重点。

工序质量控制主要包括两方面的控制:即对工序施工条件的控制和对工序施工效果的控制,如图 7-2 所示。

①工序施工条件的控制

工序施工条件是指从事工序活动的各种生产要素及生产环境条件。控制方法主要可以采取检查、测试、试验、跟踪监督等方法。控制依据是要坚持设计质量标准、材料质量标准、机械设备技术性能标准、操作规程等。控制方式对工序准备的各种生产要素及环境条件宜采用事前质量控制的模式(即预控)。

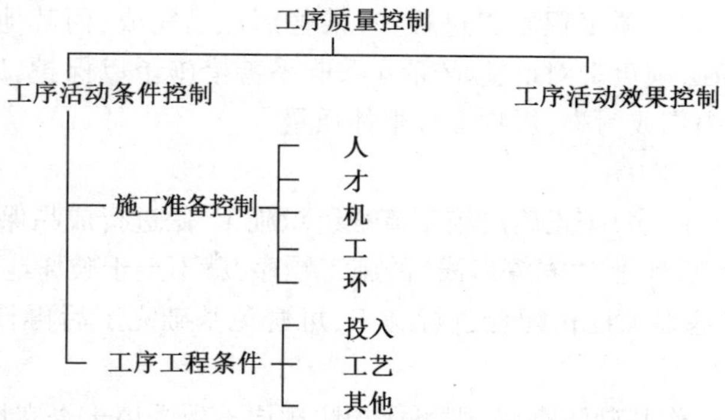

图 7-2　施工工序质量控制内容

工序施工条件的控制包括以下两个方面：

(a)施工准备方面的控制。即在工序施工前，应对影响工序质量的因素或条件进行监控。要控制的内容一般包括：人的因素，如施工操作者和有关人员是否符合上岗要求；材料因素，如材料质量是否符合标准，能否使用；施工机械设备的条件，如其规格、性能、数量能否满足要求，质量有无保障；采用的施工方法及工艺是否恰当，产品质量有无保证，施工的环境条件是否良好等。这些因素或条件应当符合规定的要求或保持良好状态。

(b)施工过程中对工序活动条件的控制。对影响工序产品质量的各因素的控制不仅体现在开工前的施工准备中，而且还应当贯穿于整个施工过程中，包括各工序、各工种的质量保证与强制活动，在施工过程中，工序活动是在经过审查认可的施工准备的条件下展开的，要注意各因素或条件的变化，如果发现某种因素或条件向不利于工序质量方面变化，应及时予以控制或纠正。

在各种因素中，投入施工的物料如材料、半成品等，以及施工操作或工艺是最活跃和易变化的因素，应予以特别的监督与控制，使它们的质量始终处于控制之中，符合标准及要求。

②工序施工效果的控制

工序施工效果主要反映在工序产品的质量特征和特性指标方面。对工序施工效果控制就是控制工序产品的质量特征和特性指标是否达到设计要求和施工验收标准。工序施工效果质量控制一般属于事后质量控制，其控制的基本步骤包括实测、统计、分析、判断、纠正或认可。

(a)实测。即采用必要的检测手段，对抽取的样品进行检验，测定其质量特性指标（如混凝土的抗拉强度）。

(b)分析。即对检测所得数据进行整理、分析，找出规律。

(c)判断。根据数据分析的结果，判断该工序产品是否达到了规定的质量标准，如果未达到，应找出原因。

(d)纠正或认可。如发现质量不符合规定标准，应采取措施纠正，如果质量符合要求则予以确认。

(二)成品的质量保护

成品质量保护一般是指在施工过程中，某些分项工程已经完成，而其他一些分项工程尚在施工;或者是在其分项工程施工过程中,某些部位已完成,而其他部位正在施工,在这种情况下,施工单位必须负责对已完成部分采取妥善措施予以保护,以免因成品缺乏保护或保护不善而造成损伤或污染,影响工程整体质量。

(1)合理安排施工顺序

合理地安排施工顺序,按正确的施工流程组织施工,是进行成品保护的有效途径之一。

①遵循"先地下后地上""先深后浅"的施工顺序,就不至于破坏地下管网和道路路面。

②地下管道与基础工程相配合进行施工,可避免基础完工后再打洞挖槽安装管道,影响质量和进度。

③先回填土后再作基础防潮层,则可保护防潮层不致受填土夯实损伤。

④采取自上而下的流水顺序,可以使工程完成后,有一定沉降期;已做好的防水层,可防止雨水渗漏。这些都有利于保护工程质量。

(2)成品的保护措施

根据工程产品特点的不同,可以分别对成品采取防护、包裹、覆盖、封闭等保护措施,以及合理安排施工顺序等来达到保护成品的目的。具体如下:

(1)防护。就是针对被保护对象的特点采取各种防护的措施。

(2)包裹。就是将被保护物包裹起来,以防损伤或污染。

(3)覆盖。就是用表面覆盖的办法防止堵塞或损伤。

(4)封闭。就是采取局部封闭的办法进行保护。

三、施工结束后的质量管理

施工结束后的质量管理主要包括以下内容:

(1)竣工预验收。这是工程顺利通过正式验收的有力措施。

(2)工程项目的正式验收。正式验收必须提交的技术资料及相关程序按国家现行有关质量验收规定办理。工程项目验收后,应办理竣工验收签证书。

第五节　现场安全管理与文明施工

一、施工安全检查与验收

1. 施工项目安全检查要求

施工项目安全检查要求见表7-5。

表7-5　施工项目安全检查要求

序号	类别	内容及要求
1	安全检查的内容	安全检查的内容主要是查思想、查制度、查机械设备、查安全设施、查安全教育培训、查操作行为、查劳保用品使用、查伤亡事故的处理等

表 7-5(续)

序号	类别	内容及要求
2	安全检查的形式	(1)项目每周或每旬由主要负责人带队组织定期的安全大检查 (2)施工班组每天上班前由班组长和安全值日人员组织班前安全检查 (3)季节更换前由安全生产管理人员和安全专职人员、安全、值日人员等组织季节劳动保护安全检查 (4)由安全管理小组、职能部门人员、专职安全员和专业技术人员组成对电气、机械设备、脚手架、登高设施等专项设施设备、高处作业、用电安全、消防保卫等进行专项安全检查 (5)由安全管理小组成员、安全专兼职人员和安全值日人员进行日常的安全检查 (6)对塔式起重机等起重设备、井架、龙门架、脚手架、电气设备、吊篮,现浇混凝土模板及支撑等设施设备在安装搭设完成后进行安全验收、检查
3	安全检查的要求	(1)各种安全检查都应根据检查要求配备足够的资源。特别是大范围、全面性的安全检查,应明确检查负责人,选调专业人员,并明确分工、检查内容、标准等要求 (2)每种安全检查都应有明确的检查目的、检查项目、内容及标准,特殊过程、关键部位应重点检查。检查时应尽量采用检测工具,用数据说话对现场管理人员和操作人员要检查是否有违章指挥和违章作业的行为,还应进行应知应会知识的抽查,以便了解管理人员及操作工人的安全素质 (3)记录是安全评价的依据,要做到认真详细、真实可靠,特别是对隐患的检查记录要具体,如隐患的部位、危险程度及处理意见等采用安全检查评分表,应记录每项扣分的原因 (4)全检查记录要用定性定量的方法,认真进行系统分析安全评价:哪些检查项目已达标,哪些项目没有达标,哪些方面需要进行改进,哪些问题需要进行整改,受检单位应根据安全检查评价及时制定改进的对策和措施 (5)安全检查工作重要的组成部分,检查结果的归溯
4	安全检查的方法	(1)“看”主要查看管理记录、上岗证、现场标识、交接验收资料,“三宝”使用情况,“洞口”,“临边”防护情况、设备防护置等 (2)“量”主要是用尺实测实量 (3)“测”用仪器、仪表实地进行测量。“现场操作”:由同机对各种限位装置进行实际动作,检验其灵敏程度
5	注意事项	(1)全检查要深入基层,紧紧依靠职工,坚持领导与群众相结合的原则,组织好检查工作 (2)建立检查的组织领导机构,配备适当的检查力量,挑选具有较高技术业务水平的专业人员参加 (3)做好检查的各项准备工作,包括思想、业务知识、法规政策和检查设备、奖金的准备 (4)明确检查的目的和要求 (5)将自查与互查有机结合起来 (6)坚持查改结合

2. 施工安全验收

施工安全验收包括验收制度、验收程序与安全隐患处理，见表7-6。

表7-6 施工安全验收

类别			内容及要求
1	施工安全验收制度	验收原则	验收合格才能使用
		验收范围	(1)各类脚手架、井字架、龙门架、堆料架 (2)临时设施及沟梢支撑与支护 (3)支搭好的水平安全网和立网 (4)临时电气工程设施 (5)各种起重机械、路基轨道、施工电梯及中小型机械设备 (6)安全帽、安全带和护目镜、防护面罩、绝缘手套、绝缘鞋等个人防护用品
2	验收程序		(1)脚手架杆件、扣件、安全网、安全帽、安全带以及其他个人防护用品应有出厂证明或验收合格的凭据，由项目经理、技术负责人、施工队长共同审验 (2)各类脚手架、堆料架、井字架、龙门架和支搭的安全量、立网由项目经理或技术负责人申报支搭方案并牵头会同工程和安全主管部门进行检查验收 (3)临时电气工程设施，由安全主管部门牵头，会同电气工程师、项目经理、方案制订人、安全员进行检查验收 (4)起重机械、施工用电梯由安装单位和使用工地的负责人牵头，会同有关部门检查验收 (5)工地使用的中小型机械设备，由工地技术负责人和工长牵头，进行检查验收 (6)所有验收必须办理书面确认手续，否则无效
3	安全隐患处理		(1)检查中发现的隐患要进行登记，不仅是整改的备查依据，而且是提供安全动态分析的重要信息渠道。如多数单位安全检查都发现同类型隐患，说明是“通病”，若某单位在安全检查中重复出现隐患，说明整改不彻底，形成“顽症”，根据检查隐患记录分析，制定指导安全管理的预防措施 (2)对安全检查中查出的隐患，还应发出隐患整改通知单。对存在即发现事故危险的隐患，检查人员应责令停工，被查单位必须立即进行整改 (3)对于违章指挥、违章作业行为，检查人员可以当场指出，立即纠正 (4)被检查单位的领导，对查出的隐患应立即研究制定整改方案。按照三定(即定人、定期限、定措施)限期完成整改，整改完成后要及时通知有关部门派员进行复查验证，经复查整改合格后，即可销案

二、施工现场文明施工

文明施工是指保持施工场地整洁、卫生,施工组织科学,施工程序合理的一种施工活动。文明施工包括规范施工现场的场容场貌,保持作业环境的整洁卫生;科学、有序地组织施工;减少噪声、排放物和废弃物等对周围的影响,保证员工的安全和健康。

1. 现场文明施工基本要求

实现文明施工,不仅要着重做好现场的场容管理工作,而且还要相应做好现场材料、机械、安全、技术、保卫、消防和生活卫生等方面的管理工作,一个工地的文明施工水平是该工地乃至所在企业各项管理工作水平的综合体现,见表 7-7。

表 7-7　现场文明施工基本要求

项目类别	措施和要求
对现场场容管理方面的要求	(1)工地主要人。要设置简朴规整的大门,门旁必须设立明显的标牌,标明工程名称,施工单位和工程负责人姓名等内容 (2)建立文明施工责任制,划分区域,明确管理负责人,实行挂牌制,做到现场清洁整齐 (3)施工现场场地平整,道路坚实畅通,有排水措施,基础、地下管道施工完成后要及时回填平整,清除积土 (4)现场施工临时水电要有专人管理,不得有长流水、长明灯 (5)施工现场的临时设施,包括生产、办公、生活用房、仓库、料场、临时上下水管道以及照明、动力线路,要严格按施工组织设计确定的施工平面图布置、搭设或埋设整齐 (6)工人操作地点和周围必须清洁、整齐,做到活完脚下清,工完场地清,落地灰要回收过筛后使用 (7)砂浆、混凝土在搅拌、运输、使用过程中,要做到不洒、不漏、不剩,使用地点盛放砂浆、混凝土必须有容器或垫板,如有洒、漏要及时清理 (8)要有严格的成品保护措施,严禁损坏污染成品,堵塞管道 (9)施工现场不准乱堆垃圾及余物,应在适当地点设置临时堆放点,并定期外运,清运渣土垃圾及流体物品,要采取遮盖防漏措施,运送途中不得遗撒 (10)根据工程性质和所在地区的不同情况,采取必要的围护和遮挡措施,并保持外观整洁 (11)针对施工现场情况设置宣传标语和黑板报,并适时更换内容,切实起到表扬先进、促进后进的作用 (12)施工现场严禁居住家属,严禁居民、家属、小孩在施工现场穿行、玩耍
对现场机械管理方面的要求	(1)现场使用的机械设备,要按平面布置规划固定点存放,遵守机械安全规程,经常保持机身及周围环境的清洁,机械的标记、编号明显,安全装置可靠 (2)清洗机械排出的污水要有排放措施,不得随地流淌 (3)在用的搅拌机、砂浆机旁必须设有沉淀池,不得将浆水直接排放下水道及河流等处 (4)塔吊轨道按规定铺设整齐稳固,塔边要封闭,道淹不外溢,路基内外排水畅通,总之,要从安全防护、机械安全、用电安全、保卫消防、现场管理、料具管理、环境保护、环境卫生等方面进行定期检查,每个方面的检查都有现场状况、管理资料和职工应知三个方面的内容

表 7-7(续)

项目类别	措施和要求
安全色	安全色是表达信息含义的颜色,用来表示禁止、警告、指令、指示等,其作用在于使人们能迅速发现或分辨安全标志,提醒人们注意,预防事故发生 (1)红色:表示禁止、停止、消防和危险的意思 (2)蓝色:表示指令,必须遵守的规定 (3)黄色:表示通行、安全和提供信息的意思
安全标志	安全标志是指在操作人员容易产生错误,可能造成事故危险的场所,为了确保安全所采取的一种标示,此标示由安全色、几何图形复合构成,是用以表达特定安全信息的特殊标志。设置安全标志的目的,是为了引起人们对不安全因素的注意,预防事故发生 (1)禁止标志:是不准或制止人们的某种行为(图形为黑色,禁止符号与文字底色为红色) (2)警告标志:是使人们注意可能发生的危险(图形警告符号及字体为黑色,圈形底色为黄色) (3)指令标志:是告诉人们必须遵守的意思图形为白色,指令标志底色均为蓝色 (4)提示标志:是向人们提示目标的方向,用于消防提示(消防提示标志的底色为红色,文字、图形为白色)

2. 文明施工的组织与管理,

文明施工的组织与管理见表 7-8。

表 7-8　文明施工的组织与管理

技术措施	内容及要求
组织和制度管理	(1)施工现场应成立以项目经理为第一责任人的文明施工管理组织。分包单位应服从总包单位的文明施工管理组织的统一管理,并接受监督检查 (2)各项施工现场管理制度应有文明施工的规定,包括个人岗位责任制、经济责任制、安全检查制度、持证上岗制度、奖惩制度、竞赛制度和各项专业管理制度等 (3)加强和落实现场文明检查、考核及奖惩管理,以促进施工文明管理工作提高。检查范围和内容应全面周到,包括生产区、生活区、场容场貌、环境文明及制度落实等内容,检查发现的问题应采取整改措施
建立收集文明施工的资料及其保存的措施	(1)上级关于文明施工的标准、规定、法律法规等资料 (2)施工组织设计(方案)中对文明施工的管理规定,各阶段施工现场文明施工的措施 (3)文明施工自检资料 (4)文明施工教接、培训、考核计划的资料 (5)文明施工活动各项记录资料
加强文明施工的宣传和教育	(1)在坚持岗位练兵基础上,要采取派出去、请进来、短期培训、上技术课、登黑板报、听广播、看录像、看电视等方法狠抓教育工作 (2)要特别注意对临时工的岗前教育 (3)专业管理人员应熟悉掌握文明施工的规定

3. 施工现场特殊情况的处理

施工现场特殊情况的处理见表 7-9。

表 7-9　施工现场特殊情况的处理

序号	类别	规定及要求
1	征用临时道路、架设临时电网及施工必需的封路、停水、停电	(1)桥涵工程施工应当在批准的施工场地内组织进行,需要临时征用施工场地或者临时占用道路的,应当依法办理有关批准手续 (2)桥涵工程施工中需要架设临时电网、移动电缆等,施工单位应当向有关主管部门提出申请,经批准后在有关专业技术人员指导下进行 (3)施工中需要停水、停电、封路而影响到施工现场周围地区的单位和居民时,必须经有关主管部门批准,并事先通告受影响的单位和居民
2	爆破作业	桥涵工程施工中需要进行爆破作业的,必须经上级主管部门审查同意,并持说明使用爆破器材的地点、品名、数量、用途、四邻距离的文件和安全操作规程,向所在地县、市公安局申请《爆破物品使用许可证》,方可使用。进行爆破作业时,必须遵守爆破安全规程
3	发现文物、化石等特殊物品	施工单位进行地下或者基础工程施工时,发现文物、古化石、爆炸物、电缆等应当暂停施工,保护好现场,并及时向有关部门报告,按照有关规定处理后,方可继续施工

三、安全事故的处理与调查

1. 常见职工伤亡事故类型及处理

桥涵工程施工现场常见的职工伤亡事故类型有:高处坠落、物体打击、触电、机械伤害、坍塌事故等,伤亡事故处理的程序一般为:迅速抢救伤员并保护好事故现场;组织调查组;现场勘察;分析事故原因,明确责任者;制定预防措施;提出处理意见,写出调查报告;事故的审定和结案;员工伤亡事故登记记录。

事故处理结案后,需保存的资料有:职工伤亡事故登记表;职工伤亡、重伤事故调查报告及批复;现场调查记录、图纸、照片;技术鉴定和试验报告;物证、人证材料;直接和间接经济损失材料。事故责任者自述材料;医疗部门对伤亡人员的诊断书;发生事故时工艺条件、操作情况和设计资料;有关事故的通报、简报及文件;注明参加调查组的人员名单、职务、单位。

2. 工程重大事故的分级、报告和调查

工程建设重大事故,系指在工程建设过程中由于责任过失造成工程倒塌或报废、机械设备毁坏和安全设施失当造成人身伤亡或者重大经济损失的事故,见表 7-10。

表 7-10　工程建设重大事故的分段、报告和调查

序号	类别	内容及说明
重大事故的分级	一级	具备下列条件之一者为一级重大事故： (1)死亡 30 人以上 (2)直接经济损失 300 万元以上
	二级	具备下列条件之一者为二级重大事故： (1)死亡 10 人以上,29 人以下 (2)直接经济损失 100 万元以上,不满 300 万元
	三级	具备下列条件之一者为三级重大事故： (1)死亡 3 人以上,9 人以下 (2)重伤 20 人以上 (3)直接经济损失 30 万元以上,不满 100 万元
	四级	具备下列条件之一者为四级重大事故： (1)死亡 2 人以下 (2)重伤 3 人以上,19 人以下 (3)直接经济损失 10 万元以上,不满 30 万元
重大事故的报告	事故报告程序	(1)重大事故发生后,事故发生单位必须以最快方式将事故的简要情况向上级主管部门和事故发生地的市、县级建设行政主管部门及检察、劳动(如有人身伤亡)部门报告,事故发生单位属于国务院部委的,应同时向国务院有关主管部门报告 (2)事故发生地的市、县级建设行政主管部门接到报告后,应当立即向人民政府和省、自治区、直辖市建设行政主管部门报告;省、治区、直辖市建设行政主管部门接到报告后,应当立即向人民政府和建设部报告
	书面报告内容	重大事故发生后,事故发生单位应当在 24 h 内写出书面报告,书面报告应当包括以下内容： (1)事故发生的时间、地点、工程项目、企业名称 (2)事故发生的简要经过、伤亡人数和直接经济损失的初步估计 (3)事故发生原因的初步判断 (4)事故发生后采取的措施及事故控制情况
重大事故的调查	事故调查要求	(1)重大事故的调查由事故发生地的市、县级以上建设行政主管部门或国务院有关主管部门组织成立调查组负责进行 (2)一、二级重大事故由省自治区、直辖市建设行政主管部门提出调查组组成意见,报请人民政府批准;三、四级重大事故由事故发生地的市、县级建设行政主管部门提出调查组组成意见,报请人民政府批准 (3)事故发生单位属于国务院部委的,由国务院有关主管部门或其授权部门会同当地建设行政主管部门提出调查组组成意见

表 7-10(续)

序号	类别	内容及说明
重大事故的调查	调查组人员组成与工作要求	调查组由建设行政主管部门、事故发生单位的主管部门和劳动等有关部门的人员组成,并应邀请人民检察机关和工会派员参加。必要时,调查组可以聘请有关方面的专家协助进行技术鉴定、事故分析和财产损失的评估工作 重大事故调查组的职责: 组织技术鉴定 查明事故发生的原因、过程、人员伤亡及财产损失情况 查明事故的性质、责任单位和主要责任者 提出事故处理意见及防止类似事故再次发生所应采取措施的建议 提出对事故责任者的处理建议 写出事故调查报告 调查组有权向事故发生单位、各有关单位和个人了解事故的有关情况,索取有关资料,任何单位和个人不得拒绝和隐瞒 任何单位和个人不得以任何方式阻碍、干扰调查组的正常工作 调查组在调查工作结束后 10 d 内,应当将调查报告报送批准组成调查组的人民政府和建设行政主管部门以及调查组其他成员部门。经组织调查的部门同意,调查工作宣告结束 事故处理完毕后,事故发生单位应当尽快写出详细的事故处理报告,按程序逐级上报

第八章　隧道工程病害分析及其防治

第一节　隧道工程的分类及其特点

一、隧道的分类

《公路隧道设计规范》是隧道设计、施工及管理的主要依据，根据我国现行的《公路隧道设计规范 第一册 土建工程》(JTG 3370. 1—2018)的规定，可按照长度将隧道分为特长隧道、长隧道、中隧道及短隧道四种，具体情况见表 8-1 所示。

表 8-1　公路隧道按长度分类

公路隧道分类	特长	长	中	短
隧道长度 L/m	L>3 000	3 000>L>1 000	1 000>L>250	L<250

二、公路隧道的特点

公路隧道工程是一种常见且较为复杂的项目，所施工的隧道多为山岭公路隧道，具有断面大，形状扁平，防水要求高的特点，需要做好隧道通风、照明、防灾、消防及运营监控等设计。

(一)断面大

对比铁路隧道、水工隧洞、地下巷道及公路隧道的断面大小，可以发现公路隧道的断面较大，双车道公路隧道的断面面积高达 80 m^2。断面越大，公路隧道围岩受扰动的范围越大，围岩区内的拉伸区和塑性区也就越大，在上述因素的影响下，施工难度也在加大。尤其是当公路隧道位于土层或软弱岩层内，隧道施工需要面对更加复杂的施工条件，需要采用特殊的施工方法并配合辅助措施来完成施工。

(二)形状扁平

在保证施工质量与施工安全的基础上，应尽量降低施工成本，控制工程造价，进而达到隧道工程满足建设安全、质量、进度、成本和环境保护等各项目标。从构形上看，公路隧道的建筑限界是一个宽高不对等，且宽度大于高度的截角矩形断面，所以在设计和开挖断面、衬砌结构时，必须从施工安全和结构稳定为切入点，并充分考虑建筑限界设计开挖断面和净断面的大小。在上述因素的影响下，公路隧道的断面一般都呈形状扁平的割圆形、马蹄形或直墙拱顶形。

形状扁平的断面容易在拱顶围岩内形成拉伸区，加上围岩土体松散，抗拉强度低，在施工过程中隧道顶部存在较大的崩落风险，影响施工人员的人身安全。因而，在断面面积相同的前提下，断面形状呈扁平形的公路隧道施工难度往往要大于其他类型隧道或隧洞工程。

（三）防水要求高

通常情况下，高等级公路上的车辆行驶速度往往比较快，一旦隧道发生渗漏或路面溢水病害，就会导致路面湿滑，影响行车体验，威胁出行安全。尤其是严寒地区的公路隧道，冬季时隧道渗漏水会在上部形成吊挂冰柱，也可能在路面上形成冰湖，不利于行车安全，容易诱发交通事故。除此之外，如果隧道存在长期渗漏问题或大量渗漏水，那么将会破坏隧道衬砌结构，甚至还会干扰破坏隧道内的机电设备、动力设备及通信线路。

（四）隧道通风与照明

由于长隧道或特长隧道长度较长，隧道内自然风和交通风难以充分发挥置换作用，如若不能采用针对性措施，那么将会使得隧道中的空气环境不断恶化，影响驾驶人员视线，威胁驾驶人员及乘客的生命安全。为此，必须根据隧道工程的实际情况，采用最佳的通风除尘措施，以改善隧道内的空气环境及防火排烟情况，营造一个安全的施工及出行环境。

白天的时候，高速公路外部和隧道内部光照条件存在较大差异，车辆在接近并穿越隧道时，驾驶人员需要经历且适应一个“亮—暗—亮”的行车环境。因而，为降低驾驶人员在穿越隧道时视觉压力和心理压力，需要综合考虑隧道照明相关影响因素，重点消除车辆进入隧道时产生的黑洞或黑框效应以及出洞时的眩光现象，合理照明，保障行车安全。

（五）隧道的防灾与消防

公路隧道投入使用后，将要面对更加复杂的营运环境，洞内火灾、交通事故、渗漏问题、洞顶塌方及运载车辆有毒气（液）体泄露等一系列问题都是隧道设计施工必须要考虑到的。做好隧道的防灾与消防设计具有重要意义，能够对突发性灾难事件做出快速反应，保护人们的生命财产安全，同时对隧道工程的安全长期使用具有积极作用。

（六）运营监控

运营监控是公路隧道工程提供安全运营和高水平服务的重要保障。从 20 世纪 60 年代开始，西方发达国家开始研究隧道控制系统，到了 21 世纪，伴随着计算机技术、图像处理技术、通信技术及控制技术，以太网技术及总线技术开始应用于隧道运营监控。运营监控的内容主要包括交通、通风照明、养护维修、防灾救灾及逃生救援等，新技术的应用使得高速公路隧道监视与控制系统信息共享成为可能。

第二节 隧道工程防排水设计与质量控制

隧道工程的病害主要体现在渗漏问题上，尤其是隧道两端的渗漏问题，路面积水会使得车辆轮胎和路面的摩阻力减小，威胁行车安全。同时，衬砌漏水还会破坏隧道，甚至部分渗漏水还具有一定侵蚀性，容易腐蚀隧道内的机电设备、动力设备及通信线路。受到渗漏水的影响，隧道内的通风照明、运营监控及交通管理等机电设备长期处于潮湿环境中，这不仅仅会影响设备的使用寿命，还可能埋下安全隐患，引发触电等不良后果。另外，受到渗漏水冻融作用的影响，隧道的衬砌混凝土会开裂破坏，并且可能在衬砌和围岩间诱发拱墙变形破坏，而如若拱墙上还悬挂了渗漏水结成的冰柱或冰溜，则可能会存在侵入净空的风险。为此，必须根据公路隧道工程的实际情况，做好隧道排水设计，科学运用裂缝防水技术，制定完善的隧道施工质量控制方案，预防隧道衬砌渗漏问题，保证行车安全。

一、隧道防排水设计的原则

公路隧道防排水设计应以《公路隧道设计规范 第一册 土建工程》(JTG 3370.1—2018)为指导，综合参考施工区域的水文地质条件、隧道支护设计及施工进度安排等因素，执行以排为主，防、截、排、堵相结合的综合治理原则，优化设计方案，形成科学全面的防排水系统。隧道防排水技术的重点是控制地下水和做好结构物防水，实现“防”得有措施，“排”得有出路。

(1)防。指防水，即衬砌抗渗和衬砌外围防水。

(2)排。指排水，即排出衬砌背后空隙及围岩的积水，以此降低衬砌背后的渗水压力和渗水量。

(3)截。指从截流。地面截流可以有效减少地面水的渗漏，地下则可以采用导坑、泄水洞及井点降水等系列措施，控制地下水，避免地下水流向衬砌周围。

(4)堵。指堵水，可采用注浆、喷涂、嵌衬抹面等封堵渗水裂缝，或者采用气压控制地下水。

二、隧道工程防水工程设计

隧道防排水工程设计主要包括衬砌防水工程设计、漏水止水设计、排水工程设计及注浆止水工程设计，每一种具体工程的设计要点有所不同，以下具体介绍这四种隧道防排水工程的设计要点。

(一)衬砌防水工程设计

如若在隧道开挖或喷射混凝土施工结束后，发现隧道内已存在渗漏水或根据围岩情况评估可能存在渗漏水风险，都必须设计防水工程。同时，为保证安全，无论是否存在漏水，隧道洞口段都必须设置防水工程。

衬砌防水工程可通过使用抗渗混凝土和铺设防水层的方式提高防水效果。如果地下水水量较大，拱部渗漏较为严重，且对防排水要求较高的隧道，可选择在初期支护与二次衬砌间铺设塑料板防水层。如果基本无水或存在少量渗漏水的隧道，可选择喷涂防水层或选用防水混凝土施工作二次衬砌的防水进行处治。

(1)抗渗混凝土。抗渗混凝土的使用能够有效增强防水工程的防水抗渗效果，抗渗混凝土应采用强度在C20以上的混凝土，并在混凝土中掺入BR型等增强防水剂，改善混凝土防水效果。一般地区选用的抗渗混凝土的标号不得低于S4，寒区则不得低于S6，制备浇筑混凝土时必须严格按照相关施工技术规程操作，保证混凝土浇筑效果。

(2)防水层。复合式衬砌采用夹层的形式设计防水层，选择树脂和由土工布聚合物制作而成的防水薄膜和防水板。

(3)喷涂防水层。选择合适的喷涂材料，喷涂形成初期支护与二次衬砌间喷防水层。

市面上可用于喷涂施工的材料较多,其中应用最广,效果最好的是阳离子乳化沥青氯丁胶乳。使用阳离子乳化沥青氯丁胶乳时,应确保受喷面清洁无水,并且因为其胶凝时间较慢,回弹率达 5%～10%,但施工现场的暴露度高,胶乳容易受到尘土污染,所以阳离子乳化沥青氯丁胶乳多用于既有隧道的补漏防水层,喷涂厚度不得低于 2 mm,且喷涂时需要在层外设置砂浆保护层面,避免后续二次衬砌施工破坏防水涂层,影响涂层防水效果。

(二)漏水防止设计

为保证衬砌施工质量,应科学设计施工缝、伸缩缝及变形缝,确定其布设位置和构造类型,每间隔 10 m 设计一道。严格按照施工技术规程处理接缝,并结合围岩地下水出露情况,制定相应的防水防渗措施,施工缝优先选择 L 型、企口型、铁皮或钢板型的施工缝,止水变形缝采用沥青麻絮和防水砂浆构成,并将防水砂浆、膨胀水泥制备成防水混凝土,最后进行封口封顶。

三、排水工程设计

按照布设位置来分,排水工程主要包括背面排水、路基排水和路缘排水,不同位置的排水工程设计目标及具体设计要点存在较大差异。

(一)背面排水工程

设计背面排水工程的主要目的是排出围岩涌水,以确保混凝土浇筑前隧道内无积水。在设计背面排水工程时,应根据围岩涌水大小,确定设计方案,在衬砌背后和底部采用砂砾石等透水材料设置成透水网,或者选用直径 100 mm 的带孔聚氯乙烯管(VP 管)将涌水横向导入路基排水工程。

(二)路基排水工程

路基排水工程是一种沿隧道路面设置的排水工程,主要由背面排水工程、横向排水工程和中心排水工程构成。如果隧道所在区域处于严寒地区,且地下水含量较高时,应在路基冰冻线以下设置防寒泄水洞,保护隧道,避免隧道发生冻胀。

(三)路缘排水工程

设计路缘排水工程的主要目的是排出隧道清洗污水及穿越隧道车辆带入的水,为保证路缘工程的排水效率,应对其进行独立设计。根据以往施工经验看,路缘排水工程对直径宜设计在 300～400 mm 范围内,沿着路缘排水管断面方向设计清淤集水坑,每间隔 30 m 左右设计 1 个集水坑。清淤集水坑的深度应低于边沟底部,二者高差控制在 20～25 cm,并且要保证顶面覆盖能够完全承受行车荷载的铸铁网篦。

四、注浆止水工程设计

针对围岩破碎、涌水易塌的地段,应设计注浆止水工程,向围岩内预压注浆,在选择注浆止水技术时应综合考虑围岩情况、隧道情况以及各技术的优缺点,选择最佳的施工技术,尽可能封堵渗水通道。如果在地质勘查过程中,发现地层的含水量较高,且存在涌水风险,应优先选择全断面预注浆的方法,封堵水流,将水流限制在开挖面外,具体施工工艺为沿着隧道周边打孔,将水泥浆液或水泥—水玻璃双液浆高压灌注到岩石裂隙中,形成密封环,加固围岩。如果是地层含水量不大,且只存在少量出水点,则应该优先选局部裂隙注浆进行处治。如果渗漏较少,可通过初期支护的喷射混凝土对渗漏问题进行处治,避免残余水浸湿衬砌。

注浆止水工程设计技术要求及参数:

(1)检查压浆地段混凝土衬砌结构强度,待结构强度达设计强度70%时,即可安排压浆作业;

(2)若需要在低温季节开展注浆作业,应保证洞内气温和灰浆温度都保持在5 ℃以上;

(3)若勘探过程中发现流砂或含水土质地层,应尽可能不选择水泥砂浆作为防水层;

(4)注浆地段衬砌背面应选择用干砌片石回填紧密,且在每间隔20 m的位置要采用厚度为1 m浆砌片石或浇筑混凝土制作形成阻浆隔墙;

(5)严格按照注浆施工规范完成作业,注浆孔按“梅花形”布设,并根据岩层渗水和裂缝分布情况确定注浆孔的孔距,孔距应控制在2 m范围内,钻孔时注浆孔要穿越衬砌结构深入至岩层0.5 m处;

(6)分段压浆,压浆遵循“自下而上”的顺序,按照无水、少水、有水、多水的顺序完成从两端洞口向洞身中间压浆,注意每段压浆长度应不得低于20 m;

(7)初次压浆的压力宜控制在0.3~0.5 MPa,检查压浆压力宜控制在0.6~1.0 MPa,最高不得超过1.2 MPa;

(8)持续注浆,结束后采用止浆阀保持孔内的压力,等待浆液凝固;

(9)做好注浆止水施工记录,详细如实记录每一道施工工序和情况,如记录压浆孔编号和布设位置、采用水泥的品种与规格以及注浆压力等。

五、施工防排水措施

做好隧道施工阶段防排水工作具有重要现实意义,是隧道施工正常开展和保证施工质量的前提。为保证施工防排水效果和减少浪费,应结合隧道永久性排水设施设计隧道施工过程中的防排水措施,并且在施工过程中要密切关注隧道的出水位置、出水量、出水变化情况以及水质成分,不断优化防排水措施,设计完善的排水系统。隧道施工过程中的防排水方法,主要可以分为排和堵两种。如果在较薄隧道覆盖层和渗透性较强地层上存在地表积水,应及时进行处理,同时还必须做好以下工作:

(1)向坑洼、探坑中回填黏土,分层填充和充分密实;

(2)若洞顶上方有沟谷通过或沟谷底部岩层裂隙较为严重时,应采用浆砌片石铺砌沟底或采用水泥砂浆勾缝抹面,降低消除地表水渗漏风险;

(3)隧道洞口附近要设计排水沟,用以疏导封闭洼地的积水;

(4)洞顶排水沟连接路基边沟,联通形成排水系统;

(5)如果洞内存在大面积渗漏水时,应利用钻孔将水流集中引入排水沟,并且要详细记录钻孔的位置、数量、方向、大小及深度等数据,为后续衬砌施作拱墙背后的排水设施提供数据参考;

(6)若发现洞口涌水或地下水位较高,应选择用井点降水法或深井降水法予以处治;

(7)在寒区开展隧道施工时,应将水沟、排水管埋设在冰冻线下,并配合相应的防寒保温措施,如遭遇较大涌水,应设计防寒泄水洞,为隧道施工创造良好的施工环境。

隧道施工防排水措施的堵水用到的方法主要有气压控制地下水、冰结法堵水及预注浆堵水法三种,每种堵水方法的特点和优势存在较大差异,在实际的隧道防排水应用最多、经济性最高的是气压控制地下水堵水法。

六、公路隧道防水质量控制

公路隧道工程防水施工完成后具有较好的防水性,但在整个防水施工过程中,会因为多方面因素的影响而出现质量问题,如果不能加以科学控制和管理,将会引发隧道渗漏,影响隧道的安全长期使用。在公路隧道的防水控制中,应重点加强衬砌防水工程的质量控制,关注衬砌混凝土施工缝与防水层施工质量。

1. 若衬砌混凝土的施工缝和沉降缝选用了橡胶止水带或塑料止水防水,必须保证衬砌施工达到以下要求:

(1)止水带必须保持完好,被钉子、钢筋和石子刺破割伤的地方应尽快修补。

(2)固定止水带和浇筑混凝土时,应调整检查止水带位置,以免止水带偏移正确位置。

(3)严格按照混凝土浇筑振捣施工规范进行作业,消除止水带底部气泡,确保止水带和混凝土结合紧密。

(4)不同止水带材质和止水部位应采用与之相配的接头方法,橡胶止水带应采用搭接或复合接的形式,塑料止水头则应采用搭接或对接的形式。采用搭接的形式接头时,止水带宽度应取 10 cm,采用冷粘或焊接的止水带宽度取值则不得低于 5 cm。

2. 衬砌中防水层施工应满足下列要求:

(1)在正式铺设防水层前,应全面检查喷混凝土层表面,剪除外露的锚杆头和钢筋头,找平喷补混凝土层凹凸不平的部位,引排喷层表面的漏水。

(2)防水层应铺设在拱部和边墙位置,环状铺设,并根据具体的防水材料选择搭接方式。塑料板防水板采用焊接的方式,搭接宽度取值为 10 cm,两侧焊缝的宽度取值不得低于 2.5 cm,焊缝要焊满、焊牢。橡胶防水板则采用黏结的方式焊接,搭接宽度取值为 10 cm,黏结缝隙宽度取值不得低于 5 cm。

(3)塑料防水板搭接时,应将防水层的接头擦除干净,并选择与塑料防水板材质相同的焊条。橡胶防水板采用黏合剂黏结,应确保胶浆被均匀涂刷到板体上。无论是塑料防水板,还是橡胶防水板,都必须保证防水层接头无气泡、折皱及空隙,搭接牢固,强度达到设计要求。

(4)采用垫圈和绳扣将防水层悬挂在固定点上,视部位和凹凸情况确定固定点的数量与间距,凹凸不平的部位应适当增加固定点,拱部固定点的间距宜保持在 0.5~0.7 m,侧墙固定点的间距宜保持在 1.0~1.2 m。

(5)若选用无纺布作滤层,应采用整体铺挂的方式,确保防水板与无纺布紧密贴合。

(6)规范作业,隧道开挖和衬砌施工不得碰撞破坏防水层,若已经存在破坏,应及时处治,修补妥当。

(7)综合参考隧道开挖方法和设计断面等因素,确定防水层纵横向一次铺设长度。

(8)防水层工程隐蔽性较强,应做好质量控制和检验工作,详细如实记录防水层施工数据和质量检查报告,确认无误后方可浇筑混凝土。

第三节　隧道工程常见病害

公路隧道工程通常建设在自然环境较为复杂的地区，在整个施工过程中容易受到设计和施工方面的影响出现质量问题。现阶段，国内部分已投入运营使用和在建的隧道工程都在不同程度上出现了病害，甚至部分隧道工程出现了严重的病害情况，对隧道长期安全使用及行车安全造成了巨大影响。

一、常见病害

（一）衬砌渗漏

隧道衬砌渗漏是一种常见的公路隧道病害，根据相关的统计结果显示，目前我国公路隧道都存在不同程度的衬砌渗漏问题，特别是北方寒冷地区的公路隧道。衬砌渗漏多出现在衬砌施工缝位置，造成衬砌渗漏的主要原因有施工缝防水止漏设计不科学，施工质量不达标以及衬砌出现裂缝等，而北方寒区的公路隧道还会受到季节性温差和冬季冰冻的影响，加剧衬砌收缩，导致防水板临空，引发衬砌渗漏病害。衬砌渗漏病害的出现，不仅仅影响了衬砌结构正常发挥作用，同时对行车安全构成了巨大威胁。

（二）衬砌开裂

造成衬砌开裂的原因较为复杂，主要包括混凝土水化热、温度和湿度变化引起的干燥收缩应变，衬砌结构难以承受作用于隧道衬砌结构的压力，围岩压力不协调，地应力的大小以及施工方法等等。研究发现，衬砌开裂可能是因为某一种原因引发的，也可能是多种因素综合作用引发的。需要特别注意的是，施工不当是造成衬砌结构开裂、破坏的重要原因，施工不当会导致衬砌厚度不够，还可能会导致混凝土强度不够。

（三）界限受侵

隧道建筑界限是隧道内表面的最小必要距离，是保证车辆顺利安全通过隧道的必要空间，界限的大小主要由隧道建议交通类型的最小净空要求及其他要求的间距决定。在实际的公路隧道施工中，为保证施工安全和预防塌方事故，在遭遇土质松散且地压较大的地层时，常常会出现仓促衬砌和对断面尺寸考虑不够全面情况，进而造成隧道界限受侵。另外，在浇筑衬砌混凝土时，如果混凝土模板的强度和刚度不符合设计要求，衬砌就会走模。一旦衬砌结构出现走模，同样会造成隧道建筑界限受侵。

（四）通风、照明不良

若投入使用的隧道内存在通风不良（有害气体浓度超标）或照明不足的情况，那么将会对穿越隧道驾驶人员和乘客身体健康产生严重影响，威胁行车安全，甚至可能引发重大安全事故。导致隧道工程出现通风、照明不良的原因主要有：设计不当，使用设施不符合质量要求及缺乏科学全面监控运营。设计不当时指隧道结构设计不当或通风照明设施设计不当，应加强理论和试验，总结设计经验，提高隧道设计的科学性。使用设施不符合质量要求是指使用了质量、性能均不达标的通风与照明设施。缺乏科学全面的监控运营是指受到经济发展水平的限制，我国的隧道管理部门资金不足，管理体制不够完善，隧道使用标准较低，抽检频率和覆盖率不高。

第四节　隧道工程病害防治

在隧道病害防治技术和措施的选择和制定上，在保证隧道不渗水不漏水的同时，要遵循“以排为主，防排结合”防治原则。基于隧道工程病害防治原则，下面分别介绍隧道工程防水办法、排水措施、常见防水措施及施工方法及衬砌裂缝的防治的具体要点。

一、防水办法

隧道工程病害防水办法的关键就是防止地表水下渗和围岩水侵入隧道。

(一)地表水下渗的防治

防治地表水下渗时，应根据地质勘探报告综合分析隧道所处区域的地形地势，制定合理的防治方案，在洞顶位置设置防水措施，将地表找平、填充、铺砌、勾缝以及抹面处理，并要封堵坑穴和钻探，实现全面预防地表水下渗的目标。

(二)围岩水侵入的防治

要想防治围岩水侵入隧道，首先要确定水的来源与形式，探明是裂隙水还是地下水，并要根据围岩和涌水的具体情况选择相应的防治措施。如果是处于破碎围岩，且涌水易坍塌的地段，应采用向围岩压浆的方法防治围岩水侵入隧道。如果是涌水量较大的围岩，则需要先通过化学的手段使浆液凝固，然后再采用隔离措施防渗。如果是结构较为稳定，且涌水量较小的围岩则可以直接通过隔离防渗措施来防治围岩水下渗。

向围岩内压浆是指通过钻孔或压浆管将注浆防水材料压入围岩内，并向围岩裂隙扩散，排挤岩层裂隙中的水，封堵地下水通道，控制水流渗漏，防治围岩水渗漏病毒。常用的注浆防水材料有水泥砂浆、水玻璃浆和铬木素浆液，如果单独选择某一种注浆材料效果不够理想，可选择混合浆液，如水泥—水玻璃双液浆、铬木素与丙烯酰胺混合浆液。注浆防水材料压浆注入后，能够快速填充围岩岩层裂隙，并能够在衬砌外围形成堵水防水加固填充层，达到堵水和加固的效果。

不同隔离防渗措施的具体实施方法存在较大差异，应根据防治实际情况选择整体式衬砌或复合式衬砌。整体式衬砌是指同时在衬砌结构内外铺设防水层，形成一个整体型的衬砌结构，并且衬砌结构本身也可以采用防水混凝土。复合式衬砌采用的是一种夹层式的防水层，也就是在两层衬砌间布设缓冲层、隔离层和防水层，若第一层衬砌遭受巨大变形压力或已经产生变形时，缓冲层能够缓冲大部分的压力，保护隔离层、防水层以及另一层衬砌。

在进行初期支护喷射混凝土时，应严格控制混凝土表面粗糙度，尽量不选择碎石作为原料，如必须使用碎石作为混凝土的原料，则要铺设防水层前喷射水泥砂浆找平混凝土面，并且要选择厚度在 1.2 mm 以上的防水板，避免因混凝土过于粗糙而导致防水板在服务期间出现严重压痕和擦痕。

二、排水措施

排水措施是指通过引流、疏水以及截流等措施，将隧道洞内和洞外的水排放到不会对隧道安全造成影响的区域。在制定洞外排水措施时,应综合考虑地形、地势、气候、农田分布以及水利工程等影响因素,设置配套的引流、疏通剂截流措施,综合治理,提高排水效率。在确定洞内排水措施时,要全面考虑衬砌的形式以及各类防水设施的情况,设计纵向排水沟、横向排水盲沟以及路面排水横坡等,形成完善的排水系统。为保证排水效率,应根据路线纵坡的坡度、排水量的大小以及排水沟的长度设计排水沟,纵向排水沟与纵坡坡度保持一致,并且要注意纵坡排水沟的坡度不得低于5%,横向排水盲沟的坡度不得低于1%,路面横向排水的坡度不得低于2%。

三、常用防水措施及施工方法

(一)隧道采用复合式衬砌

复合衬砌常用的防水层材料主要有以下内容。

(1)聚乙烯防水板

在大部分的隧道工程中,隧道开挖面都可能存在凹凸不平的现象,而在二次浇筑衬砌混凝土的过程中,聚乙烯防水板很容易受到凹凸不平开挖的影响而引发顶破或撕裂。同时,聚乙烯防水板还容易在焊接过程中出现假焊或漏焊的问题,容易导致板体存在空隙,从而引发渗漏病害。若选择聚乙烯防水板作为防水材料,应重点加强对以上问题的控制。

(2)橡胶板

相较于聚乙烯防水板,橡胶板性能更加突出,具有良好的弹性和延伸性,并且不容易被撕裂或顶破,即使被撕裂或顶破了也能够快速进行修复。同时,橡胶板本身的价格和安装成本都要低于聚乙烯防水板,物美价廉,是复合式衬砌施工优先选择的材料。

(3)聚氯乙烯(PVC)合成材料

这是一种复合型材料,由针刺无纺布和PVC防水板材复合构成,韧性好,延伸性强,阻燃效果和耐老化效果理想,施工简便,可用于替代橡胶板或无纺布。不仅有防水作用,而且无纺布还有平面排水作用。这种板韧性好,延伸率高,具有良好的阻燃效果和耐老化特性。

防水板的施工方法和技术要求如下:

①检查防水板是否存在孔洞和漏水现象,质量达标的防水板才能用于防水施工;

②初期支护结束后即可安装防水板,可选择吊索法、锚钉固定法或铺设法将防水板安装固定到位;

③做好防水安装质量验收,确认合格后方可进行二次衬砌浇筑混凝土。

(二)寒冷地区隧道防水

1. 寒冷地区隧道防水的重点是防止衬砌收缩和冻融膨胀,因冻融膨胀而引发的破坏如下

(1)受到气温的影响,水和衬砌混凝土受冻膨胀,体积增加,破坏混凝土结构。

(2)在冻融作用的影响下,水体反复结冰和融化,循环多次后破坏衬砌防水层。

(3)温度变化以及冻融作用产生应力,对衬砌混凝土和嵌缝料产生了巨大的破坏,并且在来年春融后衬砌混凝土会出现脱皮和淋水现象。

2. 预防措施如下

(1)做好防寒保温措施,向隧道输送暖气,控制隧道气温,预防隧道结冻。

(2)选择具有弹性的防水材料,确保隧道即使在最低温天气下仍然具有良好的弹性,起抗冻防水作用。

四、衬砌裂缝的防治

在引发衬砌渗漏的诸多因素中,衬砌裂缝无疑是导致衬砌渗漏水的主要原因。为此,必须加强对衬砌裂缝的防治,消除衬砌渗漏的形成条件。从施工原理来看,受到温度应力和干燥收缩的影响,二次衬砌混凝土很容易产生裂缝。二次衬砌混凝土裂缝通常呈网状或龟裂状,纵向裂缝会跨中心向工作缝发展,而环向裂缝则会从拱部向边墙延伸,贯通至隧道初期支护的喷射面。如果衬砌的边墙或拱部出现裂缝,都可能直接导致衬砌渗漏,埋下巨大的安全隐患。

衬砌裂缝防治的施工方法和技术要求如下。

(1)采用锚杆加固围岩

在隧道周边打入锚杆,围绕围岩形成性能稳定、加固效果良好的锚杆加固体系,提高围岩稳定性,预防因围岩承拱徐变而导致的衬砌裂缝。

(2)锚杆配合钢筋网喷射混凝土加固围岩

先在隧道周边打入锚杆,再在锚杆加固体系上挂设钢筋网,并在钢筋网上喷射混凝土形成初期支护,提高壳体的承载力,减少松散岩体的掉落,加固围岩,预防衬砌裂缝。

(3)注浆加固,封堵裂隙

针对软弱程度不太严重的围岩及裂隙,可以通过注浆加固的方式重点加固软弱围岩,并对裂隙进行封堵,配合发挥抗渗防漏的作用。

(4)预防冻融

寒冷地区要注意预防隧道裂缝渗水的冻融。

(5)辅助措施

为预防衬砌裂缝,可通过增加隔离材料或改良衬砌混凝土的质量来使得衬砌和喷射混凝土紧密结合,或者可以在特定位置设置诱发性缩缝,降低整体裂缝的出现概率。

受到主客观因素的影响,衬砌和围岩间很容易留下空隙,空隙的大小也存在较大差异。弯矩和偏土压力作用会对衬砌产生影响,尤其是和围岩密合程度不高的衬砌,很小的荷载都可能会引起裂缝。同时,在自然因素的影响下,围岩会因风化和老化失去强度,荷载会逐渐累积,增加裂缝尺寸。面对上述情况,应调整主动土压力和被动土压力的关系,使主动土压力均匀分布,限制被动土压力的影响,并采用向空隙灌注充气砂浆。另外,衬砌背后也要灌注砂浆,具体范围包括洞口附近、围岩条件较差以及一些不必要但容易产生应力的衬砌部位。在衬砌浇筑前将#50 的钢管置入,便利后续砂浆灌注作业,砂浆灌注量宜控制在 3~6 m^3/m,砂浆灌注压力保持在 1.5 MPa 为宜,砂浆灌注厚度应略大于衬砌结构的厚度,二者差距保持在 15 cm 为宜。

为保障隧道工程的施工质量,应做实隧道前期工程地质勘查工作,详细记录各项数据,确定最佳隧道选址和路线安排,并要在讨论过程中不断完善隧道设计方案,预测可能出现的地质灾害,制定科学全面的隧道病害预防和应急方案。在隧道施工阶段,要根据隧道开挖面的地质情况和测量数据,对各施工工艺和支护形式的特点和优势进行客观评估,因地制宜选择合适的施工技术,并加强对施工质量的控制和施工工序的验收,综合防治隧道工程病害。

第九章　水泥混凝土路面病害及处治对策——以某公路为例

第一节　水泥混凝土路面概况

某高速公路是一条高等级公路，始建于2006年，历时4年，于2010年竣工，公路总长70 km。该区域主要为平原水网地区，靠近长江，拥有丰富的地下水，地下水位线较高且气候变化大，每年温度最高数值为42.2 ℃，温差大；暴雨强度极大，参照相关考察资料可知，该区域具有全国最大的暴雨强度，暴雨期间难以及时将地表水排除，公路沿线地理状况极为复杂，并有长度为18 km的软基，占公路总长25.71%。

一、路面设计技术标准

公路等级：高速（当时一级汽专）。

计算行车速度：100 km/h。

路面等级水泥混凝土高级路面。

路基宽度：24 m。

行车道宽：2 m×7.5 m。

设计荷载：汽车—超20级。

标准轴载：100 kN。

二、路面结构

路面结构主要是水泥混凝土面板（面板厚度 $h=24$ cm）；面板平面尺寸是4.25 m×5 m；基层主要以水泥稳定石屑（厚15 cm）构成；垫层由二灰土（厚度为20 cm）构成。

三、道路施工

1. 施工准备

（1）下承层准备。在开展水泥混凝土的浇筑作业之前，须及时检验水泥稳定粒料基层的表层状况。经工程监理验收合格后，将存在于基层面上的砂石、废土等杂质清除干净，并做好排水设备，禁止非工作人员进入施工区域，避免造成基层损伤和污染。同时，应确保施工面保持湿润状态。

（2）测量放样。在检验基层标高、横坡以及平面大小等参数且是否符合预设标准后，即可测设路面中心线，设立水准点；为了推进水沟立模的工作，可在断面每10 m检测一次标高值。

(3)安设模板。模板主要以槽钢制作而成,安设期间须检测地表标高,每 10 m 为一点打入钢筋且拉线,以管控模板顶部标高,如模板高度过低,可在槽钢底部加设木楔增加高度,避免产生漏浆状况,模板底部主要以砂浆堵塞找平;在混凝土侧方钉入钢钉主要是为了加固槽钢,混凝土外侧方以法兰螺丝斜撑,将螺丝的一端固定在地表,另一端则固定在槽钢顶部,确认固定后再小幅度调节螺丝,直至满足预设要求。参照设计方案,此项目混凝土路面横断面半幅划分成 3 幅开展浇筑作业,由中间到边缘宽度分为 3.5 m、3.5 m、3.7 m,标段施工次序如下:先中幅后边幅,即先在中间幅进行浇筑,然后再缓慢浇至边幅。

2. 施工工艺

(1)混凝土拌和。路面混凝土主要集中在搅拌场进行拌和,以电子测量的方式配料,在正式开展作业前标定和试用电子秤,确保其处于正常状态后即可开始拌和,作业期间每 15 d 检验一次电子秤,避免称量出错。每天须检测拌和物料的实际温度,并确保每日检测坍落度 2~3 次以上,以及每日检测凝结时间 1~2 次以上。

(2)混凝土输送。混凝土主要以 6 m 混凝土罐车来输送物料,在正式作业前检测车辆是否能够正常运行,收工前后都应该将厢罐清洗整洁。罐车主要以人力操作的方式来放料,依据实际施工状况来移动车辆,以免放料不均匀。

(3)混凝土摊铺。

①在开展混凝土摊铺作业之前,须仔细检测模板位置和加固状况,安设传力杆、拉杆,填补损伤的基层部位,保持基层处于湿润状态,并检验混凝土厚度是否达标,确保全部符合预设要求后,即可开展混凝土摊铺作业。

②因故导致摊铺停工超过 1 h 或者初凝时长已占总时长的 2/3,导致混凝土不能振捣紧实时,可在摊铺完毕的面板端头处配置施工开缝,并将不能继续振捣的混凝土拌和物料清除。

(4)混凝土振捣。

①首先以插入式振动棒振捣混凝土,在开展振捣工序的横断面处,每车道以 2 根振捣棒组合构成横向振捣棒,沿横向断面将混凝土持续振捣凝实,并确保难以振捣的区域(路面底部、内侧与边角等)均振捣完毕,不得漏振。

②振捣棒振捣不宜过度或小于 30 s,其在每个区域连续振捣时长,主要以拌和物料整体振动液化状态、表层有无气泡以及浆液出水来决定。振捣棒的移动范围在 500 mm 之内,到面板边缘的间隔不得超过 200 mm。移动期间注意避开钢筋、传力杆、拉杆与模板。

③振捣棒须轻插慢提,避免快插快拔,其插入总深距离基层 30~50 mm 为最佳,禁止在振捣期间拖动和拉扯振动棒。

④振捣期间,主要以人力和机械结合的方式来补料,应随时检验振捣紧实效果,若模板、拉杆与钢筋网等处产生形变、移动、浆渗等状况,须及时处理。

(5)振捣平板振捣。

①在振捣棒施工完毕的区域,即能以振动板将纵横交叉两道全方位提浆振实。

②振动片移动时,其重合部分的厚度应该为 100~200 mm,振动板在同一部位的连续振捣时长应大于 15 s。振动器必须由两个操作人员提拉振捣和移动,不可随意置放或连续振捣较长时间。移动和控制振动板的限度,主要通过振动板底面和边缘的浆料厚度来决定。

③缺少物料的区域,可以人工方式来找平补料。

(6)振动梁振实。

振动梁应与路面中心线保持垂直,沿纵向来回 2~3 次开展振捣作业,以保证表层的泛浆情况均匀。在拖振找平振动梁期间,无料位置需要用混凝土拌合物填充,而不能以纯砂浆来填充,将料多的位置直接铲除。

(7)压实

路面基层施工方式为路拌、分层填筑和压实,将基层稳定料的占比(水泥稳定石屑水泥占比 6%)、压实总厚、紧实度和基层稳定物料的抗压强度控制在适宜的范围内。在水泥稳定石屑作业期间,应对其级配、类型以及石料压碎参数等进行调节,进而有效确保石料的品质,再在现场以专业搅拌器械拌和,铺设碾压成型、养护。二灰土(即石灰、粉煤灰拌合料)对所用土质有较高要求,作业期间须将全部黏土粉碎后,筛除不符合要求的黏土,确保其水分含量符合预设要求后再开展路拌作业,静置 3 d 之后再摊铺碾压。

水泥混凝土面板主要在基层位置制作模板,通常将搅拌机实地拌和、插入式振捣棒和平板振捣设备结合起来开展相关作业,借此可掌控混凝土面板的抗压和防弯拉强度。在作业期间,鉴于多数公路存在软基线段,该线段沉降状况较为严重,因此须严格将混凝土水灰比、坍落度、拌和时长以及碎石等级、干燥整洁程度、含泥量等指标控制在合适范围,确保公路正常运行。某公路在建造期间就 K13-K14、K18+774-K30+274 等 18 km 线段以粗粒式沥青混凝土构成过渡式路面,并在 2017 年将其由沥青混凝土更换成水泥混凝土。过渡式沥青路面重点为沥青的三大指标(针入度、延度和软化点),以马氏试验将沥青混合料的稳定性控制在合适状态,再在沥青表层直接铺设水泥混凝土面板。

(8)整平饰面。

①振动梁振动紧实后,将滚杠来回拖动 2~3 道,使其出浆找平。首次拖拉应在较小区域缓慢进行,此后应逐渐加长施工距离,保持速度平稳,水泥浆须一直位于滚杠前面。施工完毕后,将多出来的浆液铲除。

②拖滚完毕后的水泥面上,可用 3 m 刮尺横纵各 1 道整平表层。

③在抹面机施工完毕后,须在边缘区域进行填缝、清浆、补角、补边等工作。针对抹面机造成的车痕,以抹刀将其去除,当太阳或风过大时,须尽快完成表层整平作业。修整找平后的面板须保证外观整洁无痕迹,密度适中,无露骨,整平度须符合预设要求。

3. 接缝施工

(1)纵缝施工。参照设计方案,单幅板全部的宽度都应在 4.5 m 以上,无须配置假缝。拉杆作业期间先将拉杆弯至 90°,将其一端插进混凝土,另一端用塑料薄膜缠紧后,将其在模板处固定,便于后续卸除模板,卸除后用套管调直拉筋。

(2)横向缩缝施工。参照设计方案,每隔 5 m 配置一处横向缩缝,待混凝土强度至 50%后,用切割设备割出深度 5~6 cm,宽度 6~8 mm 的横向缩缝,再以沥青橡胶建材填缝。

(3)胀缝施工。参照预设要求,在标记好的节段配置两处涨缝隙,遵循设计方案开展相关作业。先将胀缝钢筋支架配制、加工、安设、固定后,再用振捣棒将涨缝双侧方的混凝土振捣至凝实状态。在混凝土未全部硬化前,去除涨缝板上的混凝土,再插进木条后,找平表层。

(4)灌缝。混凝土养护结束后,应及时开展灌缝作业。首先,利用剪缝机将夹缝中的砂石、泥浆清理干净,再用清水冲刷,最后用空压机将灰尘及其他杂质全部去除,保证其整洁度和干净度。将背衬条压入指定区域后再开展灌缝作业。板面与灌缝顶部须保持平行,填充缝应当匀称饱满，厚度均匀，并持续贯穿，不得出现填缝材料匮乏、裂缝和漏水等状况。灌浆材料养护过程中须禁止车辆行驶。填补路表涨缝前，先将埋入的木条凿除，并涂上胶合剂，然后进行灌缝。

4. 抗滑构造施工

表面横纹处理：压纹期间要注意表层混凝土的干燥程度，实地检验可以用手按压，确认合适后，将一条槽钢放在两边的模板处，以便压纹机顺利通过。采用压槽法，制造出防滑道，并以增加上方荷载的方式，使压槽效果发生变化。压槽完毕后，要安装围护装置，防止人为践踏造成道路损坏。混凝土灌注 12 h 后，进行脱模养护。在卸除模具时要注意，切勿有折边和掉角。养护方式：最先将混凝土打湿，再用人工将薄膜遮盖在表面。7 d 之内强化补水和保养，15 d 后进行普通保养。在休养期间禁止一切车辆通过。

5. 质量管理措施

(1) 严格遵循技术规范及监督程序选用水泥混凝土路面所需的材料，并做好拌和比例的设计。

(2) 严格按照合同规定和监督流程，确保在认真验收合格的情况下，才正式开展后面的施工作业。在工程建设期间，建立专业的质量检验机构，严格遵循工程质量检验的规范推进自我检测。

(3) 在配制混凝土期间，应严格管控拌和比例，并严格控制水灰配比，并在出料时进行坍落度等的检验，确保每批混凝土品质均符合预设标准。

(4) 模板安设牢固，在混凝土振捣期间应避免生成较大侧向力造成侧模板挤压倒塌。增强混凝土面板周围的振捣力度，防止碎石聚集，保证周围砂浆的饱满度和密实度，方便密封。

(5) 严格将施工组织设计中所规定的施工次序、方式、技术以及最终的施工品质等落到实地，以确保混凝土面板最终品质。

(6) 检查成型节段的混凝土强度、层厚、整平度、中线平面偏移、纵坡度、宽度以及横向坡度等。

四、交通状况

在建成运营初期，此道路平均车流量为 5 000 n/d，通常以 10 t 以下车辆为主。伴随着国家经济的推进，这一区域作为中部腹地，其交通流量出现较大增幅，每日的交通流量已达到 15 000 n/d；超过 10 t 的重载车和集装箱车大幅增长；尤其是近几年，由于汽车运输领域的自由竞争模式，为了追求经济效益最大化，各类 10 t 以下的车辆大量出现了超载状况。因此，路表所承受的轮胎压力增大，路面承载力和荷载强度远超现有路面承载能力，甚至远超设计方案中预设的强度，缩减了路面的使用时长。

五、路面维修历史

某水泥混凝土路面自运行至今，除正常维护保养外，已多次在局部区域开展维护保养作业。其维护作业通常根据面板病害状况来开展，采取了折板再修、局部切缝填筑、脱空注浆、钢纤维混凝土覆面等治理措施。

第二节　水泥混凝土路面破损分类

在对水泥混凝土路面开展性能评估作业时，应注重查验解析其运行期间，对路面使用功能和使用时长造成影响的主要因素是哪些，并对其所处线段的病害进行成因进行分析。

一、水泥混凝土面板破损的主要类型

水泥混凝土路面损伤按其破坏形式，可分为结构损伤和表层损伤两种。结构损伤的类型有：纵向裂缝、横向和斜向裂缝、断板、板错台等。表层损伤的主要表现为：表面剥落、表面磨损等。

二、某公路水泥混凝土路面病害主要类型

水泥混凝土路面损伤主要是外部因素、设计因素、施工因素以及多种因素共同作用的结果。为此，必须要做好全面的调研，找出问题的根源，并有针对性地进行整治。

结合原设计、作业、竣工以及养护的相关资料，对某公路主干道其逐桩开展了实地勘察。此公路主要病害有：破损、露骨、塌陷、隆起、胀缝、坑槽、开裂、网裂、唧泥等。

第三节　水泥混凝土路面状况调查与分析

一、水泥混凝土路面裂缝调查分析

水泥混凝土路表开裂主要分为两种类型：一种是荷载型裂缝，此类裂缝和荷载影响密切相关；另一种是非荷载裂缝，主要受环境因子影响。混凝土板开裂主要呈现为网状开缝、斜开缝以及纵向横向开缝等，造成这种情况的原因有很多。其中在反复负载与重载的影响下，土板极易出现疲劳失效状况，引起了板的开裂，温度梯度也会生成弯曲状况，且随之生成拉应力，特别是在具有较大接缝间隔的板内。地基和支承失稳后，也会在重荷载状况下导致面板出现裂缝。施工和维护不当也是导致裂缝产生的根本原因。某公路裂缝调查分析如表 9-1 所示。

表 9-1　公路裂缝调查分析

序号	里程号	左(右)幅	裂缝数		总裂缝数	占总裂缝数的百分率	
1	K0-K10	左幅	纵	22	257	8.6	15.6
		右幅	纵	18		7.0	
2	K20-K30	右幅	纵	21		8.2	17.5
			横	24		9.3	
3	K30-K40	左幅	纵	14		5.4	5.4
4	K60-K68	右幅	纵	12		4.7	10.9
			横	16		6.2	

混凝土面板处的裂缝一般出现在路右幅 K0-K10 纵向、K20-K30 纵横向、K60-K68 纵横向及左幅 K0-K10、K30-K40 两线段纵向，相较于裂缝总数，纵缝占比高达 58.75%，横缝占比 41.25%。

二、唧泥现象的产生及调查分析

唧泥现象是导致板面脱空和错台的直接影响因素。当泥浆从裂缝和路板开缝中向外溢出时，就会生成唧泥。在轮载影响下，朝下移动板时会把邻近面板间（尤其是荷载力方向的背板处）的泥水吸出，然后从缝隙和板缝中喷溢出来。板边、边角和横向缝等部位会大量生成缝隙，导致板落空和加快面板裂纹的发生。同时，在靠近接缝或者缝隙的前面板处，吸出的材料在此处堆积会形成错台。缝隙一般会在背板下方形成。排水系统的设计不当也是造成面板受损或支承缺失的一个因素。

混凝土面板唧泥病害一般出现在公路右幅 K5-K8，K14-K19，K19-K26 和左幅 K19-K24 等线段，其所占总唧泥面积的百分比如表 9-2，同时经推算可知，相较于总唧泥面积，左、右幅唧泥病害面积分别占比 59.35%和 40.65%。

表 9-2　占总唧泥面积的百分率%

项目	里程桩号	左（右）幅	占总唧泥面积的百分率/%
1	K5-K8	右幅	12.33
2	K14-K19	右幅	12.2
3	K19-K26	右幅	11.25
4	K19-K24	左幅	25.61

三、水泥混凝土路面断板及调查分析

纵向、横向和斜向裂缝发展会导致断板现象（断为两块及以上）。断板特点是裂缝穿透面板和总厚。然而斜向裂缝虽然穿透板面，但边角至断缝两端的长度等于或低于面板边 1/2 的长度时，这种状况统称板角断裂。

在浇筑混凝土路面作业完毕后，还未凝结成功和车辆往来就已经产生的断板，一般叫作早期断板或者施工断板。混凝土路面允许车辆往来后再产生的断板，称作后期断板或使用期断板。计算断板时，无论断板出现多少裂缝，均按照一块计量。计算面板的断板率，一般以断板的数量和路面面板的比值为准，最终结果表现为百分数。

按路面损伤程度将断板分为三类：轻微断裂、中等断裂、严重断裂。依据断板形式又可分为纵向和横向断板。

（一）路面病害特点

断裂是路面损伤的重要损伤形式，且多表现为纵向、横向及斜向裂缝，其中纵向裂缝的占比较高。就路面状况指数（PCI）而言，左右两幅第一车道（超车道）的指数最大，就总体数据而言，右幅 PCI 低于左幅 PCI。就断板率而言，断板现象多产生在左右两幅的第二车道。就整体数据而言，左幅的断板率比右幅更低。因此本工程验证了各方向、各个行车道路面状况指数和车辆荷载分布状况存在密切的关系。就实地考察交通量结果而言:由湖南往清远行驶的车辆中,多为重载与超载的车辆。由清远往湖南则多为小型车辆和空车,故左幅比右幅损伤程度更低,路面状况指数 PCI 则更高。各路线第一车道有着较为趋近的 PCI 值,PCI 值高于第二车道;但第二车道的 PCI 值变动幅度都较大,即超车道(第一车道)比行车道(第二车道)的病害状况更轻,而且各路线病害状况较大不同。这是因为从湖南行驶而来多为重载车辆,超重的荷载对第二车道反复造成压力,导致路面损伤、裂缝情况严重。对路面病害部位开展研究和取芯后可知,面板部位多生成路面病害,其下窝结构层未遭受损伤和相应病害。而且比对各路面状况指数、断板率和路面结构后,可得知路面病害和结构间存在直接联系。由此可知:面板开裂重要影响因素之一为车辆荷载(尤其是超载和重载车辆)。

(二)病害发生时间段

路面病害多为纵向裂缝,左右两幅分别占各种破坏总量的 51.3%、41.0%;横向裂缝数量低于纵向裂缝。据养管单位介绍,如今大多数病害通常出现在工程通车早期,尤其是 2009 年 9、10 月份。在 2010 年下半年后新出现的病害数量减少,但旧裂缝面板损坏情况加剧。此外,9 月和 10 月是该工程所在区域昼夜温差最大的时段,昼夜温差约为 10~20 ℃。依据水泥混凝土面板受力情况,在这种条件下,面板的荷载力度、温度应力大幅增加,导致其受力状况较差,必然会加大面板出现断裂的概率。

《公路工程质量检验评定标准 第一册 土建工程》(JTG F80/1—2017)指出:"混凝土板的断裂属路面质量不合格问题,应该是不允许出现的,多数施工单位均作返工处理。"但根据国内外交通状况,偶尔出现断板现象是难以预防的。故规定"混凝土板的断裂块数,高速公路和一级公路不得超过评定路段混凝土板总块数的 2%,其他公路不得超过 4%"。针对断板应选用适宜的治理措施,经对某公路考察可知其断板数量占面板总数的 3.54%,远超国内技术规范的相关要求。

四、面层底封层使用情况调查

在水泥混凝土面层与碾压贫混凝土基层之间铺筑厚 1 cm 蜡质隔离层,并在路面结构层外侧方的土路肩内配置纵向碎石盲沟(垫层),将层内积水有效排出。为了快速排出路面底部的淤水,可在其底部铺筑级配碎石垫层。除超高路线外侧方以外,在多个路线均配置碎石盲沟,在其迎水面(上端与侧方)遮盖透水土工布,再以防水土工布遮盖下端。沟内每隔 5 m 横向加设 $\varphi 5$ 硬塑管,便于将积水排出路基。部分路线增设横向碎石盲沟,盲沟之间的距离为 5 m。盲沟主要被配置在土壤挖掘、回填的交汇区域或路地下岩体挖方路线的两侧方。通过考察典型性路线的挖掘和钻芯可知,各典型性路线碾压贫混凝土钻芯和水泥混凝土钻芯之间配置的蜡质隔离层未出现损伤,因此防水功能较强,封层效果如图 9-1 所示。

图 9-1　封层效果图

第四节　水泥混凝土路面板应力状况分析

本节参照上述路面使用情况考察分析结果，以路面面板厚度、荷载、温度和强度等施工参数为计算变量，再配合大型有限元软件 ANSYS，来计算水泥混凝土路面的受力状况，通过研究分析推算得出断板产生的主要原因。

一、水泥混凝土路面有限元分析方法

水泥混凝土路面为一种多层结构系统，面板被接缝分为有限尺寸矩形板。在对研究路面应力分布状况时，各类力学模型由多种多样的测算原理和预设方案简化而来。如今路面结构一般被建模成弹性地基板理论和弹性多层体系理论两大类。无论依据何种理论来进行测算，其理论性的挠度与真实的应力值存在误差。水泥混凝土被分为路面尺寸有限的长方形板，其荷载应力受板的外形和尺寸大小影响程度有所区别。且板与板由传递能力有所区别的接缝来连接，目前的理论方法难以考量各种各样的边界条件。在开展水泥混凝土路面的应力研究时，因为有限元理论与计算机技术的快速发展，有限元法成了研究开展的重要工具。

有限单元法是一类路面结构数值分析方式。其本质是把固体连续介质疏散变成有限单元所构成的集合体，进而把具有无限自由度的连续介质问题转变为有限的节点自由度问题，再进行测算。在各个单元内，假设其存在应力场或位移场，以变分原理构建代数方程组，再将节点部位的广义应力或广义位移视作基础未知量开展测算。依据不同类别的未知量，有限元法分为位移法、力法以及混合法。相较于原有的分析法，有限元法的优势主要在于：

(1)根据板块尺寸大小来推算有限板块的大小,从而将假设无限大板所造成的误差去除;

(2)可将各类荷载状况考虑在内,而不必设置各类典型荷位的标准,并且能够对各荷载状况进行简单研究;

(3)可考量现场边界条件,如接缝的传荷功能、地基与面板脱空等状况;

(4)测算结果表现为面板处的应力场与位移场,可以此为基础,全方位探究面板荷载分布状况。代入有限元分析,可更好地展示正负温度梯度影响下板重和地基反力对面板翘曲应力的变化,也有利于探究面板形变和翘曲时与地基的相接状况,并分析翘曲应力受地基和面板脱空的影响程度。

引入 ANSYS 大型有限元软件,构建了路面结构空间三维实体有限元模型。根据项目实际路面结构的特征,混凝土面板长为 5 m,宽 4.5 m,并把碾压贫混凝土、基层水泥混凝土面层之间的部位建设成层间滑动体系。路面结构选择 SOLID65 单元与 BEAM44 单元来离散路面结构和传力杆,面板和碾压贫混凝土基层之间选用 SURFACE154 单元来开展模拟分析作业。路面模型的大小如下:*X* 轴方向为 10 m,*Y* 轴方向为 9 m,*Z* 轴深度方向与每路面结构层总厚相对应,模型总的构建 53 628 个节点,45 451 个实体单元,路面结构有限元分析模型如图 9-2 所示。

图 9-2 有限元模型

二、车辆荷载对混凝土路面受力影响分析

根据路面车辆行驶的情况可知,多数货车均存在超载状况,最大超载可达 200%以上。以不同超载情况为前提条件,测算路面结构的受力状况(标准轮胎轴压强为 0.7 MPa),为研究货车超载对混凝土路面受力的影响提供了依据,测算结果图 9-3、9-4 所示。

由图 9-3、9-4 可见:

(1)伴随荷载作用的增强,基层内部应力和路面面层也会随之而增大。

(2)当车辆超载 100%,即轮压为 1.4 MPa 时,混凝土面板的拉应力最高可达 2.41 MPa,最大剪应力 0.573 MPa。

(3)当车辆超载 100%,即轮压为 1.4 MPa 时,碾压贫混凝土基层拉应力最高可达 1.80 MPa,最大剪应力为 0.733 MPa。

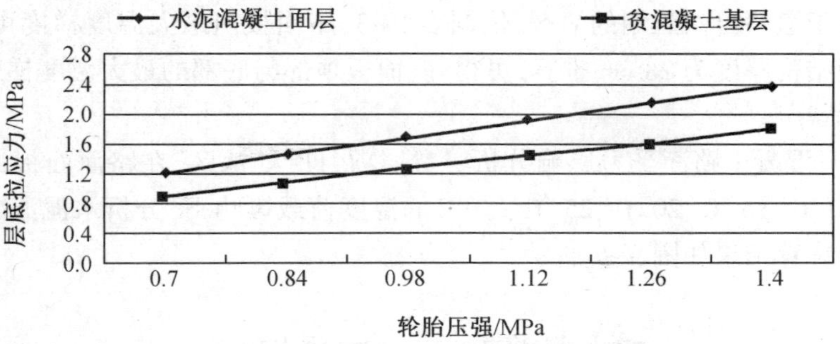

图 9-3　不同超载下路面各结构层最大拉应力对比

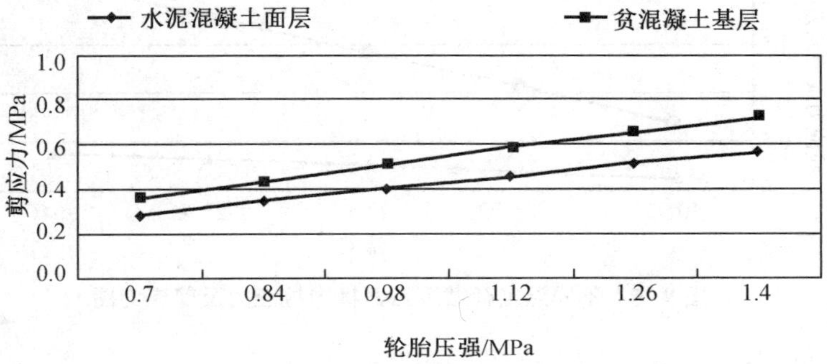

图 9-4　不同超载下路面各结构层最大剪应力对比

三、温度对混凝土路面受力影响分析

工程路线均位于山岭重丘区域，四周地理环境复杂，该区域为特殊的岩土地质，导致白天气温升高速度快，夜晚降温速度也快，相较于平原和沿海地区而言，昼夜温差较大。通过气象监测数据可知，广东省最大昼夜温差出现在春秋两个季节，此时沿线环境昼夜温差可达 20 ℃以上。温度就是水泥混凝土面板损伤断裂的另外一个主要原因。由于面板内层和外层的温度不断改变，导致面板内部生成较大的拉应力，推动面板移动和形变。在整体环境普遍升温的环境下，面板的长度会发生一定的改变；由于面板截面的温度分布不匀，会导致面板形变翘曲。而且面板长度改变和形变翘曲，会导致面板内部生成温度伸缩应力和翘曲应力。

（1）温度梯度确定。通过路面热量传递方式可知，由于路面温度分布容易被各种因素影响，因此难以通过公式将其推算出来。目前判定路面结构温度场的最普遍的方式为实地监测。为研究和处理温度对早期面板断裂带来不利的影响，本书依据现行的《公路水泥混凝土路面设计规范》（JTG D40—2011），针对各类道路自然区划，选用最大温度梯度标准值 T_g，如表 9-3 所示，以判定此工程中水泥路面板内的最大温度梯度。

表 9-3　最大温度梯度标准值 T_g

公路自然区划	Ⅱ/Ⅴ	Ⅲ	Ⅳ/Ⅵ	Ⅶ
最大温度梯度/(℃/m)	83~88	90~95	86~92	93~98

该工程位于道路自然区划的Ⅵ区,依据表9-3,路面板内最大温度梯度可取88 ℃/m,根据项目面板结构厚度为28 cm推算,可得知,面板顶部与底部的最大温度梯度约为25 ℃,基本符合实际状况。

(2)温度对混凝土路面受力影响分析。参照项目所处地区,在路面面板的顶部和底部温差分别为10 ℃、15 ℃、20 ℃、25 ℃、30 ℃的温度荷载影响下,分析水泥混凝土面板内部的受力状况。计算结果如图9-5所示。

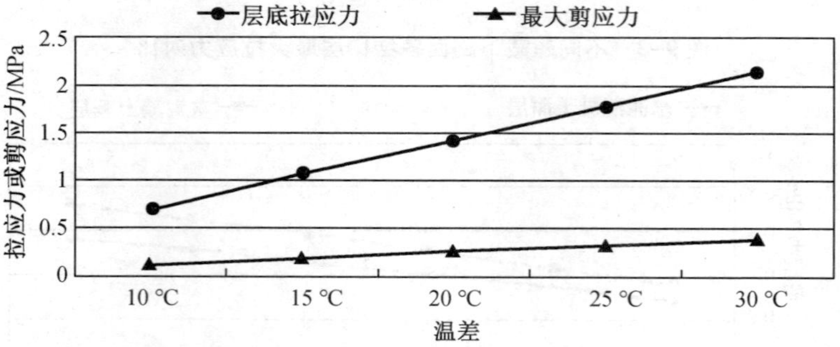

图9-5　不同温度荷载下路面板内拉应力及剪应力图

由图9-5可知:

①面板顶部和底部之间的温差加大,会导致水泥混凝土面板的最大拉应力随之增大。当温差在30 ℃时,面板最大拉应力为2.143 MPa,等同于温差为10 ℃时,混凝土面板最大拉应力的3倍,拉应力变化幅度也较大。所以,温差是影响水泥混凝土面板受力的重要因素。

②贫混凝土基层处于面板结构的下方区域,极少受外界温度变化的影响,基层结构受力受温度荷载的影响极其细微,可忽略不计。温度应力对基层结构的作用远远低于对混凝土面层结构的影响。

四、温度及荷载耦合作用对混凝土路面受力的影响

考虑车辆超载存在以下几种状况:0、20%、40%、60%、80%、100%,与面板内部各种温度梯度的耦合作用一起,影响了水泥混凝土路面损伤断裂的程度。计算结果见图9-6、9-7。

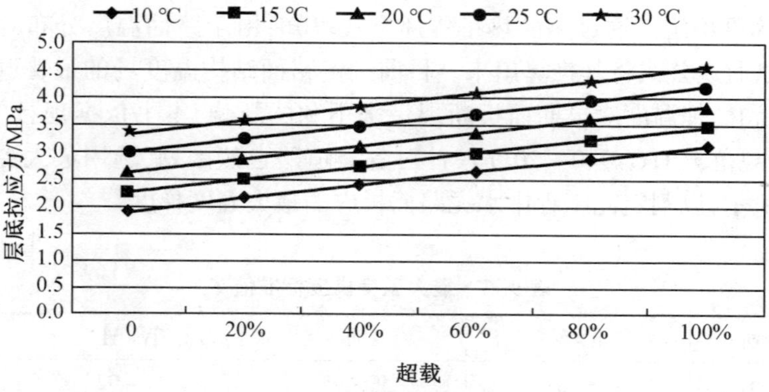

图9-6　温度及荷载耦合作用下水泥路面板层底拉应力

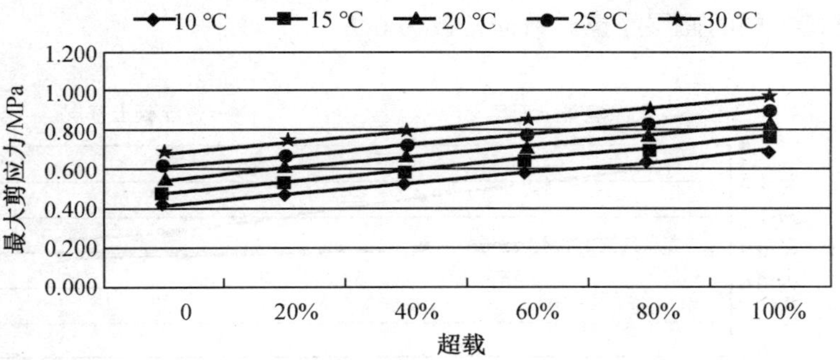

图 9-7　温度及荷载耦合作用下水泥路面板层底拉应力

由图 9-6、9-7 可知，在路面板温度梯度和车辆荷载一同发挥作用时，车辆超载率和温差的加大，会导致面板底部拉应力也随之增加。在最大车辆超载和温度梯度共同影响下，在面板较为薄弱的部位，如面板强度和厚度均低于预设值以及面板脱空的部位，会形成一次损坏性断裂。

五、层间摩擦系数对混凝土路面受力的影响分析

水泥面层被直接灌筑在贫混凝土基层上方时，交汇界面将生成极大的摩擦力。这是由于贫混凝土基层建造完毕后，其表层不平整，导致界面非常粗糙，在其上方开展面层灌筑作业时，浆液黏合效果比较好，加大了界面摩擦系数。在面层和基层之间配置隔离层，能够有效降低界面层的摩擦力度，即降低了界面摩擦系数。隔离层能够自然地将基层和面层分隔开来，但又保持了较为自然地连接。事实上，配置隔离层以后，面层和基层之间仍保有一定的摩擦作用，可依据现场施工状况获得摩擦系数，也可以通过试验分析获得摩擦系数。施工期间可在水泥混凝土面层和碾压贫混凝土基层间以蜡制混凝土建造一道隔离层，使面层和基层间的摩擦系数有效降低，释放面板和基层连接面间的约束力，减小混凝土面板底部的摩阻作用，有效加强路面结构的承载力。路面面板应力、面板移动以及面板损伤断裂的重要研究参数是面层和基层间的受力情况。参照以往施工经验，对路面的滑动层进行了相关设置，其面板底部的摩擦系数最佳数值为 0.5~1.0。测算各层之间的摩擦系数所对照的应力参数，是为了在面层和基层的相接状态产生变化的前提条件下，分析、研究路面结构层受力状况的变化趋势，计算结果如图 9-8，9-9 所示。

由图 9-8、9-9 可知：

(1) 面层和基层间的摩擦系数减小会导致水泥混凝土面板处最大拉应力增大，当摩擦系数在 1.0 时，水泥混凝土面板处最大拉应力是 0.99 MPa，相较于层与层平整接触时，最大拉应力降低了 39.3%。在摩擦系数低于 0.5 时，摩擦系数增加会导致最大剪应力也随之加大。

(2) 面层和基层间的摩擦系数减小会导致碾压贫混凝土基层最大拉应力增大，当摩擦系数在 1.0 时，基层最大拉应力是 0.84 MPa，相较于层与层平整接触时，最大拉应力降低了 18.4%，路面面板的下降幅度更大。在碾压贫混凝土的基层部位，其摩擦系数减小会导致最大剪应力加大。

由此可见，面层和基层间摩擦系数的改变，对各路面结构层受力状况影响更大。依据实地施工状况和相似项目试验分析结果可知，本文其余章节所构建的路面有限元模型中，

基层和配置有蜡封层的面层摩擦系数通常设为 0.5。

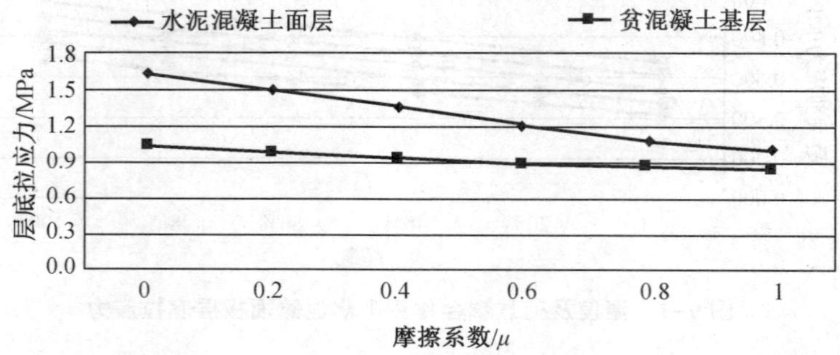

图 9-8　不同摩擦系数下路面各结构层最大拉应力对比

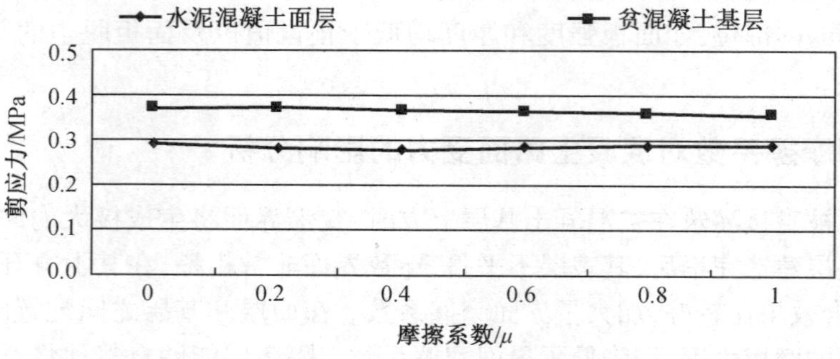

图 9-9　不同摩擦系数下路面各结构层最大剪应力对比

第五节　水泥混凝土路面损坏原因分析

依据某公路上述几类病害勘察数据的解析结果可知,该路线的结构性损伤的原因一般为以下几方面:结构设计、设计和选择材料、基础条件、水文地质状况、路基断面形式、交通量及荷载形式的改变等。

一、路面裂缝原因分析

裂缝形成的主要原因如下。

(1)设计欠缺,施工不合格

①混凝土面板的设计不当,实地施工总厚不足,强度不符合预设需求。依据实地考察和存档的资料可知,面板的预设厚度 $h=24$ cm,通过解析目前的道路交通量可知面板厚度较小。同时,依据养护治理后发现,部分面板厚度在 20 cm 以下,厚度最小 18 cm,对道路的荷载能力造成了严重的影响。

②混凝土拌制及拌制时配合比不当

水泥混凝土面板作业期间不可避免地会出现品质问题,在拌制混凝土时,因为未能集中拌制,受诸多人为因素的影响,导致选材的品质、实际材料配合比、水灰配比和振捣等并未保持一定的精度,从而导致水泥混凝土面板的施工强度不足。

③混凝土切缝施工不当

混凝土面板切缝时间不当,切缝不当或切缝总深未能符合预设要求,出现过浅或过深的状况;因为行车路的宽度小于面板宽度,极易造成切缝深度未能穿过板宽等状况。面板横向开缝也未能按预设要求切开,形成不规则横缝。

(2)水文地质状况较差

根据调查资料可知:横缝、纵缝多出现在 K0~K10 段、K20~K30 段、K60~K68 段和 K30~K40 段,这些路线多处于软基、土方开挖和低填方区域。在当时开展设计作业时,受限于实地施工条件,未能及时开展路表水和地下水(不包含软基及高地下水)的治理工作,导致后续路基和基层处排水效果不佳,以至于形成支撑不匀和部分区域下陷。尤其是沿河塘区域由于路基回填下陷、路堤碾压不足造成面板脱空,造成开裂。

(3)基层不稳定

水泥稳定碎石块和二灰土都是半刚性基层,鉴于开展作业的方式比较原始,品质管控标准较低,在水温循环和车辆负载的影响下造成基层失稳,从而导致多区域形成裂缝。

(4)路基断面形式

依据上述考察资料可知:相较于总的裂缝数,纵向裂缝占比 58.75%,横向裂缝占比 41.25%。K0~K10 段、K20~K30 段两种裂缝均有,K60~K68 段、K30~K40 段多为纵向裂缝;以上路线中存在低填方(K0~K10 段、K20~K30 段)以及填挖结合(K60~K68 段、K30~K40 段)的施工区域,导致路基失稳。

(5)交通量及荷载形式的变化

在逐渐增多的重载车辆的影响下,混凝土面板形成开缝的时长变短,开缝增加以及接缝区域裂缝增多。

二、水泥混凝土断板原因分析

当混凝土抗弯拉强度低于温度应力和荷载应力时,会导致面开裂进而加剧形成断板。造成开裂的要素可能有:作业期间,混凝土的早期收缩受到影响,生成的拉应力高于混凝土的抗拉强度,进而导致出现横缝;地基沉降不匀或者地基受冲蚀会生成横缝,进而导致板底脱空,致使应力增强而造成纵向开裂、像开裂以及边角断裂,车辆反复行驶的影响下,产生反复负载应力远超混凝土的疲劳强度,会导致纵向裂缝或横向裂缝。对某公路考察得知其断板数量占面板总数的 3.54%,高于我国技术规范要求,鉴于该考察资料有误差,因此其断板频率远远高于考察数据。其形成的原因除开缝原因之外,应当还包含以下几个原因。

1. 初期裂缝断板原因解析

(1)选材不符合规范

①水泥品质较差,标号偏低,水泥凝固硬化后还存在游离氧化物来发挥水化作用,且 f-CaO 包括限度会导致凝结后的水泥板损伤,或者抗弯拉强度降低。标号偏低导致水泥的强度不符合预设要求,进而影响混凝土的早期强度,促使面板形成裂缝的概率增加。水泥的水化热高,收缩应力大,也极易形成裂缝。

②集料(砂、碎石块等)泥沙含量和有机质数量超标。水泥混凝土内骨料和水泥块石的交界面粘接度较差,通常为薄弱区域,会形成早期裂缝。集料的泥沙含量和有机质含量大于预设标准,必然会导致相接面强度不足,导致生成裂缝。

(2)基层标高失控和不平整

基层标高失控,会导致各处路面厚度有所差异,厚度太厚或太薄的交界处都会变为薄弱部位,在混凝土收缩的影响下,难以承担拉应力而生成裂缝。以疏散材料来治理基层标高失控或找平时,上层灌筑的砂浆或水渗入基层,导致基层混凝土变得松散,强度下降并出现裂缝。

(3)混凝土配合比不当

作业期间所需水泥量较大且过度损耗,容易生成较大的收缩应力。通常水泥全部水化后,水灰比最小值为0.26~0.29,工程选用偏高的水灰比是为了满足和易性要求。但水灰占比过高会导致水泥水化早期骨料表层的水膜厚度过厚,造成混凝土强度降低。除此之外,称量材料不准或未依据集料内的水分含量及时调节水量占比,而是以体积比来判定集料级配,就会造成混凝土配比的精确度降低,从而对早期和后期的强度产生影响。

(4)施工技术不当

受施工方式限制,导致混凝土过分拌和或拌和不足,振捣密实度过低,最终成型的混凝土难以达到预设强度,极易造成初期裂缝和断板。混凝土拌和时,若集料和水泥的温度太高,再加上水泥的水化热,会导致拌和物料的温度过高,在冷却凝结时容易因温差收缩增大,形成裂缝。施工期间因故停止混凝土灌筑作业,当继续灌筑时,若妥善处置施工开缝,会导致新旧混凝土粘接度较差或收缩不同而出现一条不规则的接缝。某水泥混凝土面板建造时间为7、8、9三个月,当时温度最高达42.2 ℃,气温偏高,湿度较小,因风速过大,导致混凝土表层水分蒸发过快,白天升温过快,导致夜间温度降低时收缩偏大,养护不及时或养生方式不当,导致生成干缩裂缝。未及时切缝,切缝时间有误差,切缝总深不够,且行车道宽小于板宽,因此实地施工时切缝没有穿过面板,导致面板的薄弱部位出现不规则的贯穿裂缝。部分施工作业面,为地理环境所限或者受混凝土养护工作与时长限制,在混凝土强度未达到预设标准前就开放交通,产生了荷载裂缝。传力杆安设出现误差,上下两端产生翘曲,在混凝土收缩和传力期间,极易损伤领土并造成裂缝损伤。

(5)边界原因

在双幅路面作业期间,浇筑完毕的一侧缩缝在另一侧未开展浇筑作业前已完全裂穿,当温度降低到某个范围时,缩缝两侧的混凝土收缩,再继续灌筑未切割的面板会生成较高的拉应力,且鉴于混凝土强度偏低,若拉应力高于混凝土早期抗拉强度时,就会导致浇筑完毕的面板缩缝对应的区域产生不规则裂缝。同样原理,若基层已经损伤开裂,其两侧基层在温度降低时收缩,因为摩擦力影响,也会导致早期混凝土面板生成裂缝。

2. 使用期开裂断板原因

(1)设计与施工不当

①路面厚度偏薄,再加上设计期间未验证车辆流量考察资料的准确性,路基、基层、底基层的模量与建材数据选择有误差等原因,导致路面使用期限缩短,太早产生裂缝,出现断板。

②板块平面尺寸不当。鉴于路面直接与大气相接触,大气温度和湿度会周期性地改变,导致面板在循环伸缩与翘曲中承受较大的拉应力与压应力,这两种力统称为温度应力。面板的长度越长,承受的温度应力就越大。如果设计和施工期间选用的面板长度不当,温度应力大于预设值,就会造成面板开裂和断裂。某道路面板平面尺寸为4.25 m×5 m,

宽:长=1:1.176;行车道宽 3.75 m。此时长宽比不当,导致行车挨近纵向开缝,面板承受的力度不匀,造成面板开裂和断裂。其路面平面尺寸及车辆位置如图 9-10 所示。

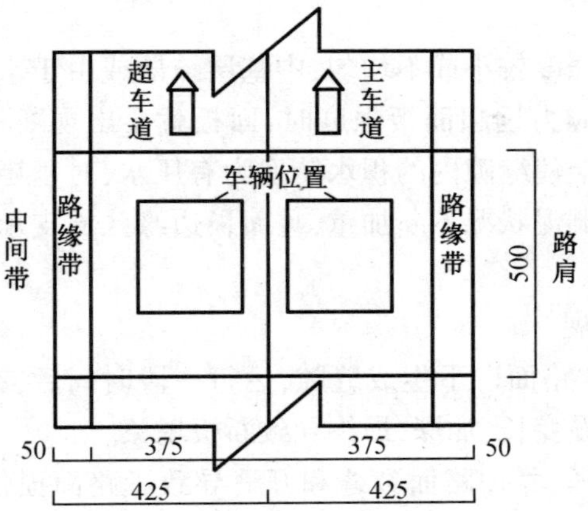

图 9-10　车辆位置示意图

③混凝土混合料的配合比不当。

水泥占比过大,水灰配比较高,造成所设计的级配不符合要求,细料占比偏大,实地作业期间称量不准确,导致面板生成裂缝,强度也未能符合预设要求。

④排水设计不合理,排水不畅

某公路处于平原水网区域,挨近长江,地下水较为富足,地下水位偏高;气候变化快,暴雨期间强度较大。道路一般通过地表排水系统泄水排水,如边沟、排水槽、截水沟,针对地下水区域,施工时仅仅注重软基位置排水作业,未重视排出上层积水与其余地下水。鉴于地下区域长期存在积水状况,造成基层和距离排水不当,该区域长时间被水侵蚀,导致路基处支撑失稳,强度不均匀,路表极易在高负载状况下形成不规则裂缝。开缝水或边槽水等流入路基、基层以及底基层,导致路表形成纵向裂缝。

(2)超重车的影响

鉴于交通运输事业的迅猛发展,重载车辆的数量日渐上升,比对现有的单轴轴载和原预设轴载,前者比后者增加了好几倍,轴载等效换算系数为(Pf/P0)16,即将超重轴载和标准轴载演算为 16 次方关系,因此,超重车辆数量的改变是导致面板加速损伤和断裂的主要原因之一。某公路车辆流量由早期的 5 000 n/d 增加至如今的 15 000 n/d 以上,特别是超载车辆流量迅速上升,从而导致路表开裂、断板频率日渐增加。

(3)路基不均匀沉降

路基不均匀沉降一般形成在挖填交汇截断面位置、半挖半填连接位置、新旧路基交汇位置和土基密度不均匀位置等不同区域,软弱地基等特殊线段,桥涵、构造物周围碾压器械难以施工的位置,路基填料各异的区域或面层。碾压不均匀的路线,在长时间使用路面期间,因为水温状况和车辆荷载的改变,路基处也会出现沉降不均匀的现象,导致交汇面的沉降量也各有所异,因而形成错台和断板现象,

依据调查材料可知:右幅 K0~K10、K10~K20 以及左幅 K0~K10、K10~K20、K40~K50、K50~K60、K60~K70 路线断板频率偏高,分别占比是 0.64%、0.52%、0.27%、0.48%、

0.24%、0.34%、0.28%。与此同时,因为 K13～K14、K18+774～K30+274 路线是软基区域,其余和路线存有低填方和挖方以及填挖结合路基断面,路基形成不均匀形变。在长时间过度荷载和重载的影响下,面板断板频率快速升高。

(4)基层冲刷失稳

基层收工品质较差,强度较小或不均匀,中基层疏散或由于水流冲刷时,往一侧补吸材料导致面层脱空,当弯拉应力远超面板强度时,面板就会出现断板现象。或面层接缝处封补材料无效时,面板弯沉会使缝隙内的积水转换为有压水,对基层造成冲蚀,并沿裂缝空隙往外喷射,形成唧泥。若唧泥状况不断加重,且面板边缘区域支承失效,在荷载影响下面板就会断裂。

(5)初期微裂缝的扩展

初期混凝土收缩导致路面以下生成缝隙,运行一段时间后,在车辆荷载和温度应力的双重影响下,部分缝隙慢慢变长、加深,最终导致断板现象。

除此之外,未及时治理、养护路面裂缝和开缝导致了路面损伤加剧。经过上述分析可知,处理某公路病害,对其开展治理、养护工作极其重要。

第六节　病害处置对策

随着对水泥混凝土面板品质要求的提升,在选取相关病害处置措施时,必须与实地路面损伤状况相结合。为此,路面调查和评估路面情况显得极为重要。

一、路面状况调查

路面状况调查包含以下四个方面:破损调查、路面强度调查、路面平整度调查和路面防滑性能调查。

(1)路面破损调查

路面破损情况主要以人工目测和器械检测的方式开展,将病害种类、轻重程度与病害密度等结合起来生成调查结果,调查指标为综合破损率(DR)。

(2)路面强度调查

路面强度需检测路面的强度情况,主要以有损伤和无损伤两类方法来测定。有损伤测定选用钻心取样法,而无损伤测定则是以弯沉仪和承载板检测法来测定。调查指标是弯沉值。调查频率见表 9-4。

(3)路面平整度调查

路面平整度主要以路面平整度检测仪与三米直尺来检测确定。调查指标是平整度指数(IRI)。调查频率见表 9-4。

(4)路面防滑性能调查

路面防滑性能通常检测当前路面的摩阻功能和构造深度。摩阻功能主要用摆式仪检测以获得表面抗滑值(SRV),侧向力系数(SF)用偏转轮拖车来检测确定,滑移指数(SW)主要用锁定拖车检测确定;路表面构造深度(TD)通常用砂容设备检测确定。调查频率见表 9-4。

表 9-4 路面调查频率

公路等级	评价指标			
	破损	平整度	强度	抗滑
高速、一级	每年一次		1~3 年一次	

二、水泥混凝土路面早期断裂的预防

车辆负载过重与温度荷载这两种影响因素是导致路面板早期断裂的最关键因素,除此之外,面板总厚、强度分布不均匀、板开缝传荷不足、板底部脱空以及作业和养护技术差等因素,也会导致路面板开裂。本节从上述几个关键影响要素出发,就路面结构层布设,把控施工品质以及运营期间养护等阶段提出相对应的防护措施。

(一)重视路面结构层设计

(1)在设计路面结构期间,应将勘察发展情况详细记载下来,再着重考虑公路交通量、重载车辆状况,并及时对未来走向进行预测等等。

(2)路面直接与大气相接触,在长时间的气候条件影响下,路面状况会发生变化。在开展设计作业前,须注重勘查工程沿线地理状况,比如地形、地质、水文等要素,并考虑这些要素对路面运行状况的影响。

(3)高度关注沿线地材勘察状况,应最大程度地发挥原有地材资源优势的同时,选取具有优越性能的路面结构,两者相结合可使投资效益最大化。

(4)选用路面结构时,须着重考虑公路建造后的交通状况,以免结构层总厚或强度较小,导致公路在运行年限内就出现极限损伤或疲劳状况,缩短公路的运行时限。

(5)针对特重交通道路,须选用性能较高的路面混凝土,选取基础材料时,须注重选用刚度和防冲刷功能较好的材料,以及选用排水、防水、防开裂效果较好的垫层,这样就能够提高路面结构的稳固性和安全性。

(6)混凝土面板直接与大气相接触,容易导致伸缩和弯曲,导致面板重复交替出现压应力和拉应力。因此,在设计和面板施工时,须选用尺寸适宜的混凝土面板,以免面板温度应力过高,造成面板频繁出现裂缝现象。

(7)水泥混凝土路面接缝会导致路面水分流入结构层内,如果未能将水立刻排除,在车辆反复行驶的情况下,基层处极易生成唧泥和板底脱空现象,造成路面结构层损伤。因此,在路面结构设计和施工时,须在路表内部配置排水体系。

(二)施工质量控制

(1)增强对路基施工质量的控制。在路基处开展填筑作业时,应将各类土壤分层来填筑,严禁分层过厚压实作业,以确保路基施工后,其压实度和弯沉值符合预设要求,使路基获得合适、均匀的强度。

(2)增强对基层和下结构层施工品质的控制。在基层和下结构层开展作业期间,须严格把控各结构层建材的选取、原材料的配比和施工技术等,确保基层拥有均匀的荷载力,且具备足够的防冲刷性能。

(3)路面早期开裂和运营年限与水泥、集料品质有直接的关系,因此,须选用具备良好品质的水泥和集料,确保水泥混凝土路面施工时所用的水泥和集料符合预设要求。

(4)控制水泥混凝土的配比,未经验证的配比数量不得投入实地使用。当集料水分含量改变时,须立刻调节水的加入量。集料级配或品质改变时,应重新设计配比。水泥配料的误差值控制在1%以内,水分含量误差应低于1%,集料误差在3%以内。

(5)混凝土搅拌、振捣不匀,水泥混凝土密实度低或集料离析,会导致水泥混凝土强度不符合预设要求,面板极易损伤并发展为早期开裂。

(6)在气候环境较差时(如遇高温、干旱或大风天气),水泥混凝土面的水分蒸发太快,极易生成干缩裂缝。或在昼夜温差过大时,阳光直射和温差过大都会导致混凝土过度收缩。因此,在极端气候环境下开展相关作业时,应注重对路面进行养护。

(7)控制路面传力杆、拉杆的施工技术,保证完工后,拉杆与传力杆能充分发挥其积极性的影响。

(8)以观测和试验混凝土强度的方式,来判定混凝土切缝的最好时期,在作业期间须严格把控切缝时长和深度,其深度通常是混凝土面板总厚的1/4~1/3。

(9)水泥混凝土路面未能符合相应的预强度前,严禁车辆通过。

(三)营运期养护管理

(1)严格遵循交通法规来检查超载车辆,可强制卸载超载车辆,并严格禁止超载车辆在道路上行驶。

(2)路面结构生成裂纹时,须立刻开展灌缝养生作业,以免路面水渗入结构层,导致基层唧泥与板底脱空,加快面板开裂的速度。

(3)就路面排水体系而言,应常常指派专业人员勘察其安全状况,及时疏通排水通道,以免水流进入结构层,造成结构层损伤。

三、破碎与断裂板处理

原混凝土面板处理是路面改建流程中最为关键的一环,基础处于稳定状态是预防和减缓加铺层反射开裂的前提。作业期间,沥青层罩面和处置旧板并重,不能将AC层的罩面增强替代旧板的整修处理,这样只会导致路面难以符合预设的使用需求。针对损伤、开裂较为严重的面板,直接全部凿除,然后治理、碾压基层,重新灌注混凝土面板,并开展养护作业直至其恢复早期所具有的强度,可承受行车荷载作用时再恢复交通往来。新面板的强度应高于旧面板,混凝土通常选用早期强度高,后期强度稳且收缩性小的,并按规定添加外加剂,凝结时长应足够,避免出现过早凝结现象,或是影响交通开放和车辆行驶。在新板和旧板接触区域,应配置钯钉或钢筋增强其连接性,灌注前刷涂黏结剂或水泥浆液;灌注后应喷涂养护剂,并确保温度和湿度适宜。实际的选材要求、配比、施工技术以及品质标准等必须符合相关设计和施工标准。当作业时长过紧或交通状况有所限制时,可安设预制的钢筋混凝土面板,施工步骤如下。

(1)按照面板损坏的程度,每边至少隔1.5 cm预制同一厚度的钢筋混凝土面板,吊装应力配筋,并在面板钻孔,以将铺设时生成的水分和空气排出。

(2)将损坏面板凿除,整理现场。

(3)基层加固整修,通常基层顶面应低于旧设计面10 cm,找平后以平板振动器振动压实。

(4)素混凝土找平层铺设完毕后,及时用吊车将预制的钢筋混凝土面板放入现场。以10 t 压路机整平面板,将多余的浆液和水汽从预置的孔洞中排出。

(5)清理接缝,封闭预置孔。铲除多余的砂浆,清扫道路。

四、脱空板处理

当旧水泥混凝土板产生板底脱空、部分下陷或者面板松动等病害时,在车辆行驶的影响下会出现较大的竖向移动,也会在加铺层内生成较高的剪应力,加速生成反射开裂现象。针对这种病害,应严格检查并认真处理。以钻孔压浆法来处理,灌注期间选用流动性好且压强高的建材,可选取10#~30#建筑沥青或水泥浆,并可在材料中增添早强剂、膨胀剂、粉煤灰、硅藻土、黏土、砂等来增强和易性与强度,推荐的压浆材料配合比见表9-5。试验路内压浆材料选用水泥、膨胀剂、粉煤灰加水拌和,其配比是(1:0.15:0.5:0.46),具备较高的强度,流动性也符合预设要求。

表 9-5 压浆材料配合比表

水泥	粉煤灰	水	早强剂
1	0.49	0.46	0.006
1	1	0.24	0.16
1	1.5	1	0.16

施工器械多为钻孔设备、制浆设备、压浆设备和紧固装置,试验路内主要选用JH2-2型钻孔取芯机、JW180L灰浆拌和机、UB-3A型灰浆泵与膨胀螺柱压浆头。可以用外观勘测和弯沉检测等方式来判定板底是否出现脱空现象。应根据面板尺寸来配置压浆孔,通常选用梅花桩型来布置,间距为1.5~3 m,灵活把握板的损伤状况、压浆机型号和压浆压力。

板底压浆的实际操作流程如下:定位—打孔—灰浆—压浆—封闭压浆孔—交通管控—检测弯沉。

(1)定位:工程监理依据上述方式勘察旧路面唧泥、脱空板块状况,以油漆将压浆板块和压浆孔上标上记号。

(2)打孔:操作人员以AR-200型钻孔机在标注的位置上打孔,将混凝土岩芯拿出。混凝土面板和钻孔的深度须保持一致,孔径和压浆头直径相符合。

(3)灰浆配比:先依据上述配比来称量水泥、煤粉灰、早强剂,称量完毕后放入灰浆拌和机内干拌两次,再缓慢注水湿拌。拌和到无灰团存在即可投入实地施工,拌和时长通常约为2 min,且使用期间应使拌和机持续运行,以避免灰浆下沉。

(4)压浆:将配制后的灰浆以UB-6型灰浆泵由压浆孔灌入混凝土板底,压浆压力约1.8~2.0 MPa,直至临近压浆孔或缝内灰浆溢出后,再持续稳压1 min。

(5)封闭压浆孔:在孔内灌入灰浆或混凝土岩芯涂抹灰浆后,将压浆孔堵塞,封闭严实。

(6)交通管控:压浆完毕后,面板上严禁车辆行驶,直至强度达到5 MPa后,才能开放交通。鉴于灰浆注入板底后脱水速度快,通常静置1~3 d可符合预设强度。

(7)检测弯沉:压浆24~72 h后,用JN—150黄河车、贝克曼梁、百分表来检测压浆板边缘区域的回弹弯沉值,实际检测数值大于 0.2 mm 时,再次重复上述流程进行补压。钻孔压浆的方法可以填补水泥混凝土路面和基层之间的缝隙,增强基层的强度,使板块获得稳固支承。

五、其他病害处理

在处理板接缝、断缝时,首先要清理全部的接缝与断缝,先以铁钩除去缝内的泥沙和石块,再以气泵将灰尘吹净,最后将沥青灌入缝内。

在处理板块间的错台时,应先参照错台尺寸大小,配制适宜的乳化沥青常温拌和物料,将其铺设在错台位置,使板缝可顺利相接。在铺设前,可在路面喷涂一层乳化沥青($0.8\ kg/m^2$),将沥青碾压紧实,也能用板底压浆调整法来修整路面,若调节后还有高差,且错台量在 10 mm 以下,以磨平机或人工找平的方式磨掉高出的部位,磨除的宽度通常为 10~30 cm。错台量高于 10 mm 的,可以沥青砂或细粒式沥青碎石填补低边区域,填筑长度为高差的 1~2 倍,还可用聚合物水泥砂浆补涂低边,应提前将路面杂物刷除。面板虽没有损伤但板端上翘会导致应力集中,应用切缝机将上翘部位两边的横缝加宽加深,将应力释放再开展处理接缝的作业。板边、板角出现脱落状况时,先将损伤部位的碎块扫除,再用高压空气吹净剩余灰土后涂抹粘层油,最后将热拌细石沥青混凝土铺设在损伤区域,用大锤夯实铺设料,若铺设面积较大,可选用压路机压实。

第十章　沥青混凝土路面工程病害及防治技术

第一节　概　　述

沥青混凝土面层具有良好的力学性能和耐久性，并具有表面平整、坚实、无接缝、行车舒适、耐磨、噪声低、施工期短、养护维修简便，适宜于分期修建等优点，适合于各种车辆的通行，因此得到了广泛的应用。沥青路面要求具有一定的强度、刚度、平整度，具有足够的承载能力，同时具有较好的高温稳定性、低温抗裂性以及良好的抗滑性能和耐磨性。

沥青路面应具有两个主要功能：一是结构功能，二是使用功能。结构功能是指路面结构应满足汽车荷载的作用，具有足够的承载能力。使用功能是指路面应平整、抗滑、噪音低、美观等，概括地说就是能提供一个安全、舒适的行车环境，它是道路路面质量的表现。

沥青路面的使用性能不仅对行车舒适度有很大的影响，而且对行车的安全也有很大的影响。道路的使用性能不佳，不仅会增加行车的难度，增加道路安全事故发生概率，还会降低运力，提高燃油消耗，对营运车辆的损耗也会加大，不符合当前低碳绿色出行的发展理念，对交通、经济的发展造成不利的影响。所以，在道路施工前，必须对道路的使用性能进行全面的认识，并根据其使用性能随时间或运输量的发展规律，制定合理的养护计划。

道路的构造功能与使用功能是相互补充的，如果没有足够的承载能力，就无法满足功能需求，同时，由于功能的缺乏，也会对结构功能产生一定的影响。若路面出现凹陷、开裂，不及时进行修复，雨水渗透到路面结构中，无法顺利排出，则会造成基础腐蚀或地基强度下降，承载能力不足。因此，道路结构的设计既要兼顾结构功能又要兼顾使用功能，两者缺一不可。

第二节　使用性能的基本要求

为了在较长的时期内保持沥青路面的使用性能不发生显著的下降，防止各种早期失效的现象发生，必须从根本原因进行剖析，主要以下几个方面为主。

一、路面有足够的承载能力

在车辆连续多次行驶的荷载下，沥青路面在设计寿命期内不应该会出现结构损伤。如果半刚性路面结构失效,往往是以车道轮迹区为起点,在轮迹区形成较小的裂纹,并在一定载荷作用下,形成横向裂纹,最终形成网裂、变形现象,如不及时进行修复,则很可能会造成整体结构发生损坏。如果结构层的质量差,会很快引起路面的大面积损坏。

二、提高沥青路面的抗变形能力

沥青路面具有较好的抗拉强度,在使用过程中不会出现较大的卸槽现象。在没有破坏路面基础的条件下,沥青混凝土的抗辙槽性能主要由沥青混凝土的高温强度及面层厚度决定。由于半刚性材料是不可压缩的,因此,在地基上施加了较大的压应力,不会使地基发生较大的压应变,从而避免了路面开裂损坏。

三、面层无明显泛油现象

泛油的形成是多种外部和外部因素的综合影响,主要有:

(1)温度升高会使沥青变得柔软和膨胀。沥青在高温持续的条件下软化,体积膨胀,若沥青混凝土的饱和系数较大,孔隙率太低,不能承受沥青体积的增加,沥青很容易发生上浮。

(2)行车荷载的重复作用效应。高温时已变软的沥青会导致沥青混凝土的强度下降,而在高强度的行车荷载下,沥青混凝土的致密程度更高,其孔隙率下降,孔隙率由完工时约10%下降至2%~3%。沥青的体积膨胀使其在混凝土中的体积比例增加,膨胀后的沥青在路面上受到车辆的冲刷,从而产生了泛油的现象。

沥青路面一旦发生泛油现象,其表层结构深度将明显降低,甚至出现光滑,从而导致摩擦力明显降低。当汽车高速行驶时,尤其是下雨天,会对行车安全造成很大的影响。

四、无明显水破坏现象

路面在下雨天会出现各种不同的水害,如唧浆、网裂、形变、孔隙等,从而降低了路面的平整度,破坏了表面的粗糖度。造成沥青路面水损害的外部原因有:

(1)路面渗水。在降雨频繁,降水量大,持续时间较长的区域,路面上的自由水可能会透过沥青路面的沥青面层向下渗透,从而破坏路面与结构层之间的结合,从而造成路面强度降低,路面脱空,沥青与骨料剥离等。

(2)车轮行驶时的搓揉作用。在沥青混凝土路面中存在大量的空隙或路面与路面之间存在大量的空隙,高速行驶的车辆经过时,会产生较大的水压和吸力。在界面处,这样的压力水会冲刷底层半刚性材料中的细粒,尽管一次冲刷量很少,但经过数万次的冲刷,已经足够将细粒磨成灰白色的浆液(水泥稳定骨料和石灰粉煤灰)。当汽车以较快的速度行驶时,轮子底部的压力会挤压水层,而当车轮离开地面时,会产生较大的吸力,这两种力的瞬间连续作用,可以将淤泥从底板上排出。在浆液渗出时,沥青混凝土中大颗粒的沥青薄膜会逐步脱落,从而使沥青混凝土表层产生网状裂缝或孔隙。同时,由于压力和抽吸力的重复作用,使得沥青混凝土中的自由水流不断向下流动,从而使其从大颗粒上脱落,导致沥青混凝土的强度逐步下降,最终导致路面松动。

由于水的破坏与汽车的高速行驶(尤其是重型卡车)有着紧密的联系,因此,在道路尤其是重型道路上经常会出现沥青路面的损坏。

五、路基和桥涵台背不发生明显沉陷

在软地基上进行填筑施工,需要数年的时间才能达到相对稳定的状态。在软土地区,尤其是软土厚度大的路段,往往会出现桥涵的台背塌陷和路基塌陷。这些塌方速度很快,有时在公路建成后不久,就会出现不同程度的塌方。路基、涵洞底板的沉降,在进行平整后,会使路面不平度明显增加。

六、路面结构整体性好,强度均匀

路面结构应具有良好的均匀性,并在一定的宽度、深度上形成一个整体,用钻机可将整个圆筒状的钻孔零件从地面上取出来。为了使每一层的平均厚度达到设计要求,使厚度均一,并使其变化系数降低。

七、避免早期纵向裂缝

当路面出现纵裂时,首先会影响到平整。若不及时进行灌浆、封堵,或采取其他措施,雨水很可能通过裂缝渗透到路面结构中,并渗透到路基上,造成道路的损坏。路面早期纵裂主要是由于路基出现了横向不均匀沉降,且裂缝的宽度和深度都比较大。路基横向不均匀沉降是多种原因造成的:

(1)路堤的侧向压实差别较大;

(2)在自由水侵入路堤的边坡下部基础上,边坡的承载力明显削弱;

(3)雨水浸入路基边沿,造成纵裂。

八、减少横向温度裂缝

沥青路面的横向温度裂纹是无法避免的。在重载道路上使用石油沥青、低密度重载道路石油沥青、改性沥青、高含沥青混凝土时,可以提高沥青混凝土的抗温开裂性能,降低裂缝的数目。温度裂缝的出现与沥青混凝土的均匀度及压实密度密切相关。天然形成的不均匀的横裂充满了锋利的角度,在多次的行车作用下,两边的边沿很容易出现裂纹,加快了路面的破坏,宽度越大,路面的平整程度就越差。

九、减小路面结构层的变异性

(1)在保证地基和铺面材料的回弹模量和结构层厚度不低于设计要求的情况下,必须努力改善各层的均匀度,减小弹性模量的变异系数。在保证混合料均匀性的前提下,可以减少结构层的厚度变化。

(2)改善施工技术,加强施工管理,可以使路面的每一层承载力更均衡,同时减少弯沉量的变化,从而改善路面的耐久性。

第三节　早期破坏原因

一、沥青路面病害产生的原因及特征

由于环境、场地和气候条件的差异，沥青路面的病害原因是多种多样的。沥青路面的病害有下列几种。

(一)裂缝

裂缝是目前我国沥青路面上出现的一种常见病害。根据产生原因的不同，沥青路面的裂缝可分为三大类：横向裂缝、纵向裂缝和网格裂缝。

横向开裂是与车辆行驶方向相垂直的裂纹。根据其成因，可以将其划分为负载型和非负载型两种类型。荷载裂缝主要是由于道路结构设计，施工质量差，车辆超负荷，运营条件艰苦，修缮不及时等原因引起的，引起沥青面层和半刚性基层的张应力大于其疲劳强度。非荷载裂缝是以非荷载裂缝为主，它分为沥青路面收缩和基层反射裂缝两类。

造成纵裂的主要原因有两个：一是沥青路面分幅摊铺法中，两个接头处没有经过妥善的处理，在汽车和大气的双重作用下，逐渐开裂；二是路基压实不均，或路基边沿受水冲刷而形成的不均匀沉降。

网纹裂纹是由路面整体强度不够造成的。造成这种情况的主要原因有：道路结构设计不合理，路基压实不够，材料混合不匀等；也有可能是路面在横向或纵向开裂后没有进行封堵，导致水分渗透到下层，特别是在积雪融化过程中，冻融交替，使得路面破坏更加严重。在施工和长期使用中，沥青路面的老化也是造成网状裂缝的一个重要因素。

(二)松散

沥青拌和料使用的粘附性较差，掺入的沥青含量较低，使用的矿物料太湿或不均匀，使用的嵌缝材料不符合标准，无法与沥青结合，造成沥青拌和后出现松散现象。冬季温度较低时，沥青包覆矿料性能不佳，也容易出现松散现象。

(三)坑槽

沥青路面的凹陷主要是由于路面网裂、开裂所致。如果不进行养护，在轮子负荷和湿气的共同作用下，路面的混合料会脱落，从而产生坑洞。路面基层的局部强度不够，在行驶过程中也容易出现凹坑。

(四)拥包

拥包是指在道路表面上产生的大量垂直位移。主要原因是道路表面的稳定度低，交叉口车辆频繁启动制动，水泥混凝土与沥青混凝土路面的接触部位存在较大的应力。另外，由于表层厚度小，底层与基层之间的附着力不强，容易产生推挤、拥包现象。

(五)泛油

油污是因胶泥或沥青溢出路面而产生的局部发黑、发亮的现象。由于混合料中的沥青含量较高,沥青的稠度较低,胶凝材料较软,或在较高温度时,底层胶料的上浮等,容易造成浮油。

(六)沉陷

由于地基压实不够,或地基的强度、压实度不够,致使路基路面发生沉降。

(七)波浪

波纹是在道路上形成的一种有规律的凹陷和隆起的形状。

(八)车辙

车辙往往伴随着路面的压陷和侧向凸起,两者结合在一起形成车辙。当车辙深入到某一深度后,因车辙中的积水,很容易造成车辆的漂移,从而造成交通事故。车辙通常出现在高温天气,路面在轮子的反复挤压下,会产生永久性的塑性流动,从而形成一条带状的沟槽。在道路上,由于车辆的渠化作用而产生的车辙是沥青路面最常见的问题。

(九)滑灌

因行车的影响,沥青路面表面的矿石被磨平,导致了行车的滑灌。路面上剩余的沥青在反复的行驶荷载作用下,也容易产生油污。

二、设计原因引发的沥青路面病害

国内一些沥青路面在设计上出现了一些问题,导致了一些早期损坏。

(1)不合理的结构。若基础层厚度不足、层间分层和物料配比设计不合理,会导致面层厚度的不合理。

(2)未充分考虑路面、基层及底层排水的设计。

(3)道路所在路段的土壤、水文状况与实际情况不相符,道路设计指标与实际不符。

(4)基础处理设计不当,导致基础沉降不能满足工程要求。

沥青面层是道路结构中最顶层的一层,它能直接经受车辆的荷载和自然气候的影响。因此,在沥青路面设计中,如何确保其使用性能的稳定性,使其达到较高的水准,是设计的重点。沥青路面的设计应该从结构功能和使用功能两个方面进行。对半刚性基层沥青路面的结构,其功能的设计应该从路基稳定、基层强度、基层厚度等方面考虑;应用功能设计主要涉及沥青路面的层间结合问题、沥青面层厚度的合理设计、沥青路面结构的设计与组合设计、路面结构的防水排水设计、施工控制等。对半刚性基层沥青路面,其结构的功能性设计较为清晰。半刚性材料和刚性材料是路面结构的重要承载层。因此,要达到运输负荷的要求,必须保证其强度和厚度。

三、施工原因引发的沥青路面病害

在我国,近十年来,随着高速公路的快速发展,沥青路面得到了快速发展,但由于施工人员缺乏经验,技术水平低,机械水平低,施工时间短等原因,导致路面早期损坏现象比较普遍。具体分类情况如下。

(一)软土地基沉降

在软弱地基上进行路基施工,如果不进行相应的治理,很容易造成路基的稳定性下降和过度沉降，从而造成道路的损坏和无法正常使用。

（二）路基压实度不足

路基压实是公路工程建设中的一个关键环节，也是改善路面强度和稳定性的一项技术措施。土壤是一种三相结构，由土壤粒子构成，其中的孔隙被空气和水所占据。压缩是为了将颗粒相互挤压，压缩间隙，提高土体的密度，从而达到提高强度和稳定性的目的。由于路基的压实度不够，造成了道路的纵裂、侧向开裂。

（三）路面基层施工质量低劣

由于工期和进度的关系，原料来源紧张，原料质量不能得到保证，无法满足工程技术规范的要求。由于半刚性基层不能达到合理的龄期，施工质量控制不到位，导致基层（底层）质量差，产生网裂、反射、裂缝等现象。在车辆的荷载作用下，路面出现了破损。

（四）沥青面层本身的破坏

1. 由于水产生的破坏

沥青路面的早期损坏主要有松散、坑洞、油污等。造成沥青路面损坏的一个主要因素是由水造成的。沥青路面中的水分来自地表雨水和从地基中挤压出来的水分。空气降雨进入沥青路面后，由于车辆的载荷和温度的改变，导致沥青路面发生损坏。

当雨后道路上存在积水时，沥青面层的水分如果不能及时排出，饱和后的沥青混合料与沥青的黏结力下降，容易发生剥落和松散，从而使沥青混凝土的抗剪强度下降。冬季降雨后，冻土的体积增加了约 9%，造成了沥青路面的冻胀应力，气温上升，冻融。在冻融循环中，沥青混合料会发生疏松，造成孔洞等早期失效。

为降低因水分造成的路面过早损坏，必须加强路面的压实。为了防止沥青与石材的剥落，应将抗剥性物质添加到沥青混合料中。当玄武岩等酸性石料为粗集料时，可以采用不大于 2%的石灰粉作为填充料。

在桥面铺装沥青混凝土时，在水进入沥青路面时，垂直金属排水管管顶标高高过水泥混凝土桥面标高，或水平排水管管底部标高比水泥混凝土桥面标高还高，与沥青混凝土桥面标高齐平，导致水无法排出，导致铺装层松散、坑洞等损坏。所以，桥面上要有良好的平整性，在垂直泄水口处，其标高应该比相邻桥面略低 3 cm，以便于排水。采用横向排水的情况下，为了便于排水，排水管底部的高度应该比附近的水泥混凝土桥面稍低一些。

2. 沥青面层颗粒离析

沥青路面骨料粒度分布较大，部分粗骨料偏多，而细骨料含量较低，不利于压缩。矿料和沥青之间的结合能力较差，剪切强度较低，易产生松散现象。局部细骨料较多，粗骨料含量较低，且耐火性能较差，易发生车辙、拥包等损坏。产生这种现象的原因有如下：

（1）集料颗粒组成不均匀

目前，用于沥青混合料的集料多来自小型石料工厂，其质量指标不稳定，且常常是由多个厂家同时供应，导致集料颗粒组成不均匀。尽管在拌和过程中，需要在搅拌机上进行二次筛分，但二次筛分并不能很好地解决原料的不均匀问题。

矿粉的粒径是影响沥青混合料品质的关键因素。矿石粉具有较低的粒径和较大的比表面积,它的比表面积大约为 80%。研究结果表明,沥青与矿粉之间的相互作用对剪切强度有一定的影响。在矿粉颗粒尺寸大于设计配比的情况下,其比表面积约为原来的 1/4。由于大量的沥青不能直接与矿粉的界面相互作用,导致大量的自由沥青产生,使其与矿体的结合强度下降,从而在车辆荷载的作用下产生油污。由于矿粉品质不稳定,粒度不均匀,矿粉运输到工地后,因防水、防潮等原因,导致矿粉潮湿、结团,搅拌机上没有将矿粉加热,导致沥青与矿粉搅拌不均匀,从而影响了沥青混合料的质量。

(2)运输和摊铺过程中造成粗细颗粒离析

热拌沥青混合料,尤其是粗颗粒沥青混合料,在从搅拌机上往运料车辆上加料时,会产生较大的落差。当将沥青拌和料从运输车中倒入摊铺机的受料斗时,再一次发生离析。运料车卸料后,摊铺机的受料斗两侧板料中含有较多的粗集料,而细集料较少,故应尽早翻转,以便将积料与较多的物料混在一起,减少物料的离析。

①沥青混凝土铺装层偏薄

在对水泥砼路面加铺沥青砼路面时,一些设计桥面铺装层厚度较小,未按照要求喷洒粘层油,或胶层油撒得不均匀,导致车辆高速行驶时,轮胎后表面形成真全吸力,在行车荷载作用下沥青面层出现破坏。所以,在路面铺设时,必须按照正常路面的上层和中层的厚度,并按照要求喷洒黏合沥青。

②沥青被油溶解

施工中,由于施工机械滞留在道路上,可能会产生大量的石油泄漏,导致沥青被柴油溶解,从而产生剥离、松散、坑洞等。所以,当机器停在道路上时,应该在机器的底部铺上塑料膜,或者采取其他的防油措施,以避免油污渗入地面。

③沥青面层的压实度偏低

沥青路面的紧密性是影响其寿命的关键因素,密实度对其性能有很大的影响。在工程建设中,一些单位对压实度的重视不够,压实不够是一个很大的问题。

(a)追求平整度而忽视压实度

一些项目没有按规范规定的方法进行压实度测量(不适当的标准密度),或者对标准密度进行了人为的调节,虽然对压实度的测量结果是合格的,但是其可靠性受到了质疑。如果只追求平整,而不注重压实,那么路面平整性会急剧下降,路面变形也会很大,因此,要在保证路面的紧实度的同时,改善路面的平整程度。

(b)现行规范对压实度的要求规定有缺陷

《公路沥青路面施工技术规范》(JTG F40-2004)对沥青混凝土面层的压实标准做如下规定:

对于高速公路、一级公路,施工过程中压实度控制标准为每 2 000 m^2 检查一次,一次不少于钻取一个钻件,压实度要求马歇尔试验密度的 96%,或试验段钻件密度的 99%。交工检查与验收标准要求每一公里五个点,压实度要求为马歇尔试验密度的 95%,或试验段钻件密度的 98%。其他等级公路,施工过程中压实度控制标准为每 2 000 m^2 检查一次,一次不少于钻取一个钻件,压实度要求为马歇尔试验密度的 95%,或试验段钻件密度的 99%。交工检查与验收的标准为每一公里五个点,压实度要求为马歇尔试验密度的 94%,或试验段钻件密度的98%,对于一种密实型的沥青混凝土,当现场压实度为核查时,其现场的空隙率为6.88%~9.76%,其要求已超过了现场空隙率不大于7%的要求。不考虑沥青混凝土设计时空隙率的大小,统一规定一个压实度,显然是不合适的。假定现场的沥青混凝土的压实度都达到96%,则I型沥青混凝土的现场空隙率最小可以是约7%,最大可以接近10%;II型沥青混凝土的现场空隙率可高达14%。这些相同压实度、不同级别的沥青混凝土的渗透系数可能相差数十倍,其他力学性质也有显著差别。

四、沥青路面原材料性能对路面的影响

沥青路面所铺筑的沥青混合料主要是由沥青结合料、粗集料、细集料和矿粉等多种成分组成的复合材料。在混合料组成中,由于材料质量的差异和数量的不同,可形成不同的组成结构,表现为不同的物理力学性能。

(一)沥青

沥青是一种化学成分非常复杂的碳氢化合物,通常由环氧烷、芳环烃以及它们的衍生物(氧、氮、硫)组成。

沥青混合料的质量对使用性能有很大的影响。随着道路交通量的急剧增加,普通的沥青路面已经无法适应重型道路的要求。通过对大量道路结构破坏的调查和分析,发现道路用沥青质量差是造成道路结构破坏的重要因素。由于我国原油质量和沥青生产工艺的特殊性,大部分道路用沥青具有较高的含蜡、较低的延度和较高的温度敏感性,致使很多沥青路面在使用年限内发生了严重的损伤。含蜡量高时,会产生侧向开裂,因此,蜡质含量应控制在3%以下。沥青的物理性能是影响道路车辙的重要因素。在一定的温度和速度下,高黏性沥青可得到高强度的沥青混合料,强度高,抗车辙性能好。沥青的种类对裂缝的产生也有很大的影响,低稠度和低温度敏感性的沥青能够降低或减缓裂缝。

石油沥青是目前公路建设中应用最广泛的一种,通过合理的结构设计,可以在不同区域、不同级别路面上铺设各类沥青路面。石油沥青的特性与其获取方式密切相关。以高树脂、低石蜡为最佳的沥青材料,该类沥青原油具有高黏度和高密度的特性。20世纪80年代之前,我国开采的主要是液状石蜡,用这种方法生产的沥青的蜡质含量很高,一般在10%左右,这就造成了我国的沥青延性很低,对石料的附着力也很差,而沥青的低温抗裂性和高温稳定性也很差。

20世纪80年代中期,国内已开始了热采稠油的生产。利用这种高黏性原油,可以得到优质的沥青。然而,一些炼油厂为了提高采收率,降低采收率,从蒸汽热采转变为输入稀油和管线输送技术。由于所用的稠油是一种含蜡14%~17%的石蜡基原油,采用此混合油和直接蒸馏技术生产的沥青,其黏度明显下降,含蜡量约为8%,延度小于100 cm,其他相关性能也会受到影响。

根据沥青得到的方式,沥青可分为三大类:直接馏沥青、氧化沥青和溶剂沥青。直馏沥青是一种由原油直接精制而成的沥青制品,一般分为常压沥青、减压渣油、直馏油等。用吹氧进行稠化处理后,可以获得不同等级的黏性沥青,即氧化性沥青。与原来的油相比,氧化

沥青中的油、树脂含量下降，而地沥青的数量增加，而石蜡的含量则基本不变，从而使氧化沥青的胶稠度和软化点有所提高，但韧性仍较差。采用溶剂法和多阶段脱沥青技术，可以得到优质的沥青。

（二）矿料

矿料的品质对沥青混合料的强度有很大的影响。碎石的压碎值和磨耗值不能满足要求，会导致沥青混合料的稳定性降低，从而导致沥青路面过早脱落。碎石与沥青混合料之间的黏结程度直接关系到其强度和耐用性。沥青混合料通常采用碱性矿物，在酸性矿物中要加入一定的抗剥落物质。

高吸水率不但会降低混凝土的加热效率，也会影响混凝土的产量，同时还会对混凝土的压实度和孔隙率产生一定的影响。由于矿石颗粒较小，筛分时不易通过筛孔，尤其是不太干燥的矿石，筛分困难，常造成筛分粗大，导致实际矿粉含量增加。在干燥过程中，细集料中 0.075 cm 以上的组分会从吸尘器装置中排出，因此，在配比时应适当地减少。

（三）矿料的级配及空隙率

正确地选用沥青面层的矿料级配，其关键指标是孔隙率和路面的真实孔隙度。在实际含气量小于 7%的情况下，在荷载作用下，油层中的水通常不会发生水压，不易引起水的损坏。在含水量超过 15%的情况下，水分可以通过孔隙自由流动，并且不会对水的破坏产生破坏。但在实际含水率为 7%～15%的情况下，水分很容易渗入到混合料中，并且在负载下会出现很大的毛细压和动水压，从而导致沥青混合料的水损伤。

五、管理问题引发的路面病害

路面的早期破坏，既有材料、设计、施工的问题，也有管理上的不严格和技术水平低的问题，具体有如下形式。

（1）道路工程设计方案没有经过认真的研究，没有进行足够的实验。

（2）没有严格的招投标制度，没有路面施工经验、没有施工设备、没有技术实力的施工队伍，也没有监理。

（3）工期紧张，搞送礼工程，不能按照技术规范进行科学的施工。质量管理不严，出现了质量问题，无法认真总结经验并严肃对待。

（4）技术水平较低，对新技术、新工艺、新设备的开发和应用研究不足。

第四节 早期病害的防治措施

一、精心设计

公路工程的设计质量是保证工程质量的重要依据。根据工程的实际情况，对气候、水文、地质、材料运输量、载重等进行仔细的研究，并根据不同的条件，选用多种不同的路面结构、材料、不同的配合比和不同的结构层厚度，进行试验、研究和比较，并根据需要进行试验。

（一）精心选择路面备结构层的类型，确定各层的合理层位与合理的厚度

1. 面层

沥青混凝土路面的沥青面层对车辆的行驶品质和使用性能起着至关重要的作用。沥青路面要求致密，防水，平整，抗滑，裂缝少，车辙轻。通常使用二层或三层结构，即表层、底层、中间层。

表层直接受到汽车、大气等多种因素的影响，除了要达到能安全行驶、规定的摩擦系数和表面结构的深度外，还要具备良好的高温稳定性、低温抗裂性、耐疲劳性能。此外，为了避免雨水渗透到建筑物的表层，也要避免长期的地面积水。

为了达到以上各项指标的要求，必须对路面沥青混合料进行仔细的筛选。密实型沥青混凝土的最佳掺合料含气量 3%~6%。在最优的温度范围内，可以避免水的破坏和冻害的发生。混合料具有一定的孔隙率，有利于在高温季节保持表面结构的同时，不会产生油污。在地面上避免采用半密实型沥青混合料，其孔隙率超过 6%，会引起水害和冻害。另外，密实型级配沥青的抗裂性、疲劳强度和耐用性都比半密实型的低。

为改善沥青混合料的高温稳定性，必须采用较多的粗集料、较稠的沥青、较低的沥青用量。另一方面，要提高混凝土的抗裂性，必须选用低黏度的沥青，并增加沥青的加入量。其他一些性能指标也存在着相似的冲突。因此，要合理地选择沥青、沥青用量、优质矿料、填料、矿料等，进行综合协调，使各项性能指标达到最优，各项指标均达到要求。

表层厚度与最大颗粒直径相关，最好是 3 倍以上。在中面层沥青混合料中，应注意其抗变形性能，尤其是在高温环境下的抗变形性能。因此，选用粗颗粒状的密实型沥青混合料，其颗粒直径比表层大。为了改善整体结构的密实性，中面层混凝土的孔隙度也要小于 6%。

如果沥青路面分为三个层次，其底层的构造和材质应与中间层一样。由于在三种沥青混合料中，底层所受的载荷和温度疲劳应力是最大的，因此，在这种情况下，不适宜使用一级或半开放级配沥青混合料。沥青路面的总厚度要视所选择的基础类型、交通条件、环境条件和自然条件而定。首先要区分基层类型，刚性基层和半刚性基层的整体结构具有很高的强度和刚性，而基层的总厚度可以稍微薄一点；由于弹性基层也要承受一定的弯拉应力，所以路面的厚度应该稍微大一点。考虑到沥青路面的温度稳定性，路面沥青层过厚，在相同的交通和天气情况下，很容易产生车辙，故应适当地控制路面的厚度。不同形式的裂缝在硬质基层和半硬质基层之间会产生不同程度的反射，从而导致路面产生裂纹，严重地影响路面的使用和耐久性。为防止或减小刚性半刚性基层的反射裂缝，必须在沥青路面上设置适当的厚度。综上所述，选择沥青路面的厚度要综合考虑多种因素，《公路沥青路面设计规范》（JTG D50—2017）建议采用厚度为 12~18 cm 的半刚性基层。南方地区的高温稳定问题比较严重，不宜采用低限，而在北方，低温收缩、反射裂缝和冻害问题最为严重，因此建议采用高限。在弹性基层中，沥青路面的厚度应该比半刚性和刚性基层稍大，并且在弯拉过程中要进行应力校核。

2. 基层、底基层

基层是道路结构的承载构件,它对整个路面结构的刚度起着重要的作用。刚性基层、半刚性基层、柔性基层的选择,应依据运输负荷的大小而定。

(1)刚性基层。适合以货车为主,交通密度大,重型车辆比重大的道路。

(2)半硬质路面。适合在运输密度大,载货比重大,载重比重低的道路上使用。

(3)弹性基层。适合在运输密度大,载货比重低,以客运为主的道路上使用。

在基层结构形式的选取上,要充分考虑集料、水泥、石灰、工业废渣等,在原料来源充足的情况下,要合理地加以利用,这是选择基层的一个重要因素。

在降雨条件下,路面结构的排水是一个非常关键的问题。

为防止刚性基层和半刚性基层发生裂缝反射,在沥青路面下面设置应力吸收层、防裂层等。

排水基础和防裂层的作用虽有差异,但其使用的材料大体一致,通常使用的是沥青稳定碎石或无黏结料的级配碎石。排水基础对透水性和渗透性有一定的要求,因此,材料必须具有一定的孔隙率,并使其达到相应的高度。可选用同类结构,并在设计时考虑到各方面的性能指标。

组合基层结构是将半刚性基层或硬质基层的层位降到底层,在底层之间铺设 10~20 cm 的沥青稳定碎石基层。混凝土面板、连续钢筋混凝土面板、碾压混凝土面板等,可以选择刚性基层。由于不设置横向缝,其内部裂缝非常小,不会扩大,所以在沥青路面上不会产生反射裂缝。从产品的使用质量上来说,这是一种最优的选择,其技术和经济的合理性已得到论证。

目前,半刚性基层主要有水泥稳定碎石和石灰粉煤灰稳定碎石两种。在强度和刚度方面,水泥稳定类早期强度高,刚度高,生长速度快,一个多月后基本能满足强度指标的要求;而石灰、粉煤灰在初期强度较低,生长缓慢,经过约半年才能满足强度指标和刚度指标的要求。从变形能力和裂缝数量上看,水泥稳定的程度要高于石灰和粉煤灰。在混凝土中,混凝土的收缩比混凝土的收缩系数高 5 倍,因而混凝土的反射裂缝更加严重。

在选用半刚性基层时,要考虑黏结剂的来源。如石灰、粉煤灰供给充足,质量优良,则优先选用石灰、粉煤灰;若水泥供给较便利,则宜选用水泥稳定型;如果这两种材料都能满足需求,那么应该优先选择石灰、粉煤灰等。不管是哪一种半刚性基层,都要仔细地进行混凝土的配方设计。

选用弹性基层时,应以沥青稳定碎石为主要材料。除了交通流量不大的道路(例如旅游区),具有重要作用的道路上可以使用没有黏结料的级配碎石基层。

基础的厚度要达到强度和刚性设计的要求,在进行厚度设计时,要一一进行计算。另外,还要考虑到施工的可能性和材质。

在底层,底层的材质和厚度可按功能需求选用。各种类型的基础最小厚度和最优厚度如表 10-1 所示。

表 10-1 各类基层的最小厚度与适宜厚度

	结构类型	最小厚度/cm	适宜厚度/cm
刚性基层	不配筋混凝土	22	22~24
	配筋混凝土	22	22~24
	连续配筋混凝土	22	22~24
半刚性基层	水泥稳定类	20	20~30
	石灰粉煤灰稳定类	20	20~30
	综合稳定类	20	20~30
柔性基层	沥青稳定碎石	10	10~20
	无结合料碎石	15	15~25

为加强基层的支撑和控制基层的厚度，在布置底层时，可以选用稍低于基层标准的材料，例如使用无黏结料的天然级配砂石或半刚性材料。在路基为干的路段或降雨不多的地段，可选用石灰土、石灰稳定颗粒等作为底层基础。在采用底层基础加固基础时，可以参考同类基层的最小厚度和合适的厚度来选择。

在基础薄弱，交通负荷较大的路段，采用刚性板底基层、半刚性材料底基层、沥青稳定碎石底基层等，厚度可以根据最小的基础厚度和合适的厚度来选择，并对其进行特殊的配方设计。

用于底层基础的排水，其作用是将地下潜水、泉水、毛细水经地基顶部流入道路结构底层，不会对路面结构的稳定性产生不利的影响，并将地下水从路基中排出。排水底层的材质必须是不含细粒土，以颗粒为主，空隙率高的颗粒，其厚度要根据实际情况进行计算。在排水底层和地基间设置防渗膜（例如土工布），以防止细粒土随地下水渗入底层，导致土壤污染，从而丧失排水作用。在下层的排水基础上，要有水口，可以直接排到路基上，也可以排到盲沟里。

3. 垫层结构

垫层结构在底层，是特殊的结构层，它的材质和厚度的选取主要要符合它的特殊功能需求，主要有以下几种形式。

（1）一种防水的衬垫。当路基处于潮湿，过湿，土壤条件差，粉性土壤含量较高的情况下，由于毛细水的影响，湿气会从下往上渗透到底层和基层，因此，为了隔离水源，采用了防水垫层。此时，一般采用粗砂、砂砾、矿渣等粗粒物料，并在垫层之下铺上不透水层（例如具有较低透水性的黏土和土工布的反滤层），以避免被渗入和污染。

（2）一种排泄垫片。它的作用类似于排水底层，清除从地基顶部渗透的潜水、泉水和毛细管上升水。材料的尺寸、要求、排水作用和厚度等均按设计要求进行计算，其他结构要求与排水底层基本一致。

（3）一种防冻垫。防冻层应选用具有良好的隔热性能和较低导热系数的煤渣、矿渣、石灰、煤渣等，并根据最低防冻层厚度校核。

(4)一种防污染的衬垫。在软土地基上,为了避免地基土对建筑物的污染,一般采用土工合成材料和颗粒层进行分层铺砌。有时在防水垫和排水垫下面加一层防污层,两者结合,可达到很好的效果。

4. 层间结合

铺面结构的每一层都是密不可分的,不会因为层间的滑移或松动而失去整体。

(1)在沥青路面和基础层之间,必须采用可渗透的沥青或黏着的沥青。若使用半刚性基层,则会发生细骨料的疏松,可在渗层沥青上添加粗沙或碎石;在降雨条件较好的地区,应采取单层表层处理措施,以防止雨水渗透到基层。

(2)当一层或三层的沥青面层不能连续进行时,应在铺设一层沥青前,在下一层沥青路面上设一层黏结沥青。

(3)在水泥砼的硬质基层上,必须铺有黏性的沥青。根据地区特点、施工季节和结构类型,选用《公路沥青路面施工技术规范》(JTG F40—2004)标准。

路面结构各层之间结合紧密,不产生层间滑动或松散而丧失整体性。

(二)正确确定路面结构设计参数

1. 土基回弹模量

土的回弹模量与土的性质、密实度、含水量、路基干湿度状况和试验方法等因素有关。目前,测量方法一般采用实地测量和查表法。

2. 沥青混合料设计参数

目前,国内的沥青路面设计中,主要是根据《公路工程沥青及沥青混合料试验规程》(JTG E20—2011)的有关计算方法,分别采用了抗压回弹和抗弯拉强度两个指标。

3. 基层、垫层材料设计参数

基层材料的设计参数因基层类型而异,而采用的参数也不尽相同。采用国内水泥砼路面设计规范,将刚性基层沥青路面作为复合结构进行了设计和计算。采用弯曲弹性模量和弯曲强度作为设计参数。采用压缩回弹模量和劈裂抗拉强度,对半刚性基层进行了试验研究。由于大部分的基础材料是由无机胶结料和沥青碎石混合料组成的,所以弹性基层沥青路面的弯曲强度测试是不需要进行的,而是以弹性模量作为计算指标。

(三)合理进行各层材料组合设计

在进行了结构的组合和厚度设计后,进行了结构材料成分的设计,以保证路面结构的各项性能指标能够满足规定的要求。柏油路面在路面结构设计中,分层材料的组成是一个非常关键的问题。沥青路面的材料成分设计主要有沥青和骨料的选择、级配类型的选择、沥青用量的确定以及各种性能的测试和评价。

1. 选用沥青的原料

我国道路石油沥青可分为两大类:重型道路石油沥青和中轻型道路石油沥青。由于公路负荷较大,路面的各项性能指标要求较高,路面使用寿命较长,因此,应采用重型交通沥青路面。国内重载运输公路石油沥青的技术条件如表 10-2 所示。

表 10-2　重交通道路石油沥青技术要求

试验项目		AH—130	AH—110	AH—90	AH—50	
针入度(25 ℃,100 g,5 s)		120~140	100~120	80~100	60~80	40~60
延度(5 cm/min,15 ℃)不小于/cm		100	100	100	100	100
软化点(环球法)/℃		40~50	41~51	42~52	44~54	45~55
闪点(OOC)不小于/℃		230				
含蜡量(蒸馏法)不大于/%		3				
密度(15 ℃)/(g/cm^3)		实测记录				
溶解度(三氯乙烯)不小于/%		99.0				
薄膜加热试验163 ℃(5 h)	质量损失不大于/%	1.3	1.2	1.0	0.8	0.6
	针入度比不小于/%	45	48	50	55	58
	延度(25 ℃)不小于/cm	75	75	75	50	40
	延度(15 ℃)不小于/cm	实测记录				

国内重型运输道路的石油沥青采用的是针刺度,针入度大、标号高的沥青稀疏,而不是低标号的沥青。由于我国地域广阔,南北气候特征差异较大,沥青等级的选取要视地区的天气状况而定。我国《公路沥青路面设计规范》(JTG D50—2017)按照年最低温度为基准,把全国分为三个主要地区,即寒区、温区和热区。除天气特点外,不同类型的沥青路面应选择不同的等级,一般在南方地区使用黏稠的沥青,在北方地区使用比较稀薄的沥青,在同一区域使用的沥青浓度比较高,而在相同区域使用的沥青则比较黏稠,而在沥青碎石中使用的沥青则要比沥青混凝土中的低一些。

2. 矿料的选择

矿料是沥青混合料中的主要成分,其质量在表层结构中占 90%~95%,而矿物含量则在 75%~85%。矿石的特性对路面结构的性能有很大的影响。国内已将其按颗粒尺寸划分为粗集料、细集料和填料:

(1)粗集料

颗粒直径超过 236 cm 的碎石、碎石集料。所用的相骨料是由硬质岩石碾压而成,其技术指标如表 10-3 所示。

碎石必须均匀,干净,坚硬,无风化,并且不含有超过 0.075 mm 的微粒(低于 2%),并且吸水性不超过 2%。颗粒的形状近似于立方,具有多个棱角,细长或扁平(长边和短边或长边与粗厚之比大于 3),含量应小于 15%,压碎值应不超过 28%。砂砾与沥青物料之间的黏性直接关系到强度和耐用性,因此,选择具有较好黏性的碱性碎石。

在沥青铺面上,粗骨料应选用坚硬,耐磨,抗冲击性好的碎石,并应满足石材磨光值的规定。为确保石材与沥青的良好黏合,对酸性岩体的碎石应选用针入密度低的沥青,并在必要时加入抗剥离剂等措施,以改善其附着力。

表 10-3　公路沥青面层粗集料质量技术要求

指标	技术要求
石料压碎值不大于/%	28
洛杉矶磨耗损失不大于/%	30
视密度不小于/(t/m^3)	2.50
吸水率不大于/%	2.0
对沥青的黏附性不小于	4 级
坚固性不大于/%	12
针片状颗粒含量不大于/%	15
水洗法<0.075 mm 颗粒含量不大于/%	1
软石含量不大于/%	5
石料磨光值不小于(BPN)	42
石料冲击值不大于/%	28
破碎力时的破碎面积	—
拌和的沥青混合料路面表面层不小于/%	90
拌和的沥青混合料路面中下面层不小于/%	50

(2)细集料

颗粒直径超过 236 cm 的碎石、碎石集料。采用天然砂和碎石作为沥青路面的细骨料。细骨料应清洁干燥,无风化,无杂质,并含有合适的颗粒。热拌沥青混合料中的细骨料应选用高质量的机制砂、天然砂,而在沙土较少的地区,也可用石粉。但一般情况下,由于其泥质含量较高,强度较低,故在路面和防滑面上使用的石粉数量不宜大于天然砂和机制砂。细骨料与沥青之间应具有较好的结合特性,而与沥青结合不良的天然砂、花岗岩、石英岩等酸性石料的机制砂、石粉等,在必要时,应采取防剥离措施。

表 10-4 为沥青面层用天然砂规格;表 10-5 为沥青面层用石屑规格;表 10-6 为沥青面层用细集料质量技术要求。

表 10-4　沥青面层用天然砂规格

方孔筛/mm	通过各筛孔的质量百分率/%		
	粗砂	中砂	细砂
9.5	100	100	100
4.75	90~100	90~100	90~100
2.36	65~95	75~100	85~100
1.18	35~65	50~90	75~100
0.6	15~29	30~59	60~84
0.3	5~20	8~30	15~45
0.15	0~10	0~10	0~10
0.075	0~5	0~5	0~5
细度模数 M_x	3.7~3.1	3.0~2.3	2.2~1.6

表 10-5　沥青面层用石屑规格

规格	公称粒径/mm	通过下列筛孔(方孔筛/mm)的质量百分率/%				
		9.5	4.75	2.36	0.6	0.075
S15	0~5	100	85~100	40~70	—	0~15
S16	0~3	—	100	85~100	20~50	0~15

表 10-6　沥青面层用细集料质量技术要求

指标	高速公路、一级公路	其他等级公路
视密度不小于/(t/m³)	2.50	2.45
坚固性(>0.3 mm 部分)不大于/%	12	—
砂当量不小于/%	60	50

注:①坚固性试验根据需要进行;

②当进行砂量试验有困难时,也可用水洗法测定小于 0.075 mm 部分含量(仅适用于天然砂),对高速公路、一级公路要求不大于 3%,其他等级公路要求不大于 5%。

(3)填料

沥青混合料的填料宜采用石灰岩或岩浆岩中的强基性岩石(憎水性石料)经磨细得到的矿粉,其颗粒直径小于 0.075 cm,原石料中的泥土杂质应小于 3%。矿粉要求干燥、洁净,其质量应符合表 10-7 的技术要求。当采用水泥、石灰作填料时,其用量不得超过矿料总量的 2%。粉煤灰、除尘粉均不得用作高速公路沥青混合料的填料。

表 10-7　沥青面层用矿粉质量技术要求

指标	高速公路、一级公路	其他等级公路
视密度不小于/(t/m³)	2.50	2.45
含水量不大于/%	1	1
粒度范围<0.6 mm/%	100	100
<0.15 mm/%	90~100	90~100
<0.075 mm/%	75~100	70~100
外观	无团粒、结块	
亲水系数	<1	

沥青混合料配合比设计包括下列步骤:

①选定沥青混合料的类型与型号;

②调整级配曲线、沥青用量范围,测定马歇尔试验技术指标;

③选定混合料配合比及沥青用量;

④评定各项路用性能，调整材料用量。

沥青路面面层结构一般分两层或三层铺筑，各个层次的沥青有不同的功能要求，应选择不同类型的混合料。应充分考虑当地气温、降雨等气象条件和交通量与交通组成等因素，参考相似条件下建成多年的沥青路面使用材料的经验进行选择。沥青路面各层使用的沥青混合料类型见表 10-8。

表 10-8　沥青路面各层适用的沥青混合料类型

<table>
<tr><th rowspan="2">筛孔</th><th>结构</th><th colspan="2">高速公路、一级公路</th><th colspan="2">其他等级公路</th></tr>
<tr><th>层次</th><th>三层式沥青混凝土路面</th><th>两层式沥青混凝土路面</th><th>沥青混凝土路面</th><th>沥青碎石路面</th></tr>
<tr><td rowspan="3">方孔筛</td><td>上面层</td><td>AC—13
AC—16
AC—20</td><td>AC—13
AC—16</td><td>AC—13
AC—16</td><td>AM—13</td></tr>
<tr><td>中面层</td><td>AC—20
AC—25</td><td></td><td></td><td></td></tr>
<tr><td>下面层</td><td>AC—25
AC—30</td><td>AC—20
AC—25
AC—30</td><td>AC—20
AC—25
AC—30
AM—23
AM—30</td><td>AM—25
AM—30</td></tr>
</table>

我国的沥青路面设计和施工规程中，采用马歇尔试验方法对沥青混合料的配制进行了研究。《公路工程沥青及沥青混合料试验规程》（JTG E20—2011）中详细介绍了马歇尔测试法。试验中，根据路面的使用需要，初步筛选出沥青材料、粗细集料、填料矿粉，并按不同的级配等级确定不同的材料的加入量，并按规范的方法对试样进行成形，再进行稳定、流值、空隙率、沥青饱和度的测试。马歇尔试验技术规范见表 10-9 中。

在实验与计算的基础上，得出了沥青用量与密度、沥青用量与稳定度、沥青用量与流值、沥青用量与孔隙率之间的关系，并给出了沥青用量与密度、沥青用量与流值、沥青用量与孔隙度之间的关系。在常用的沥青混合料中，一般选用通用区间的中值。有时，也可按当地实际情况选择合适的混合料。比如，在车辆流量大，车辙大的情况下，可以在中线和下线之间进行选择；在车流量少，多雨，潮湿，或寒冷的地方，可以在中间和最大范围内进行选择。

表 10-9　热拌沥青混合料马歇尔试验技术标准

试验项目	沥青混合料类型	高速公路、一级公路	其他等级公路	行人道路
击实次数/次	沥青混凝土	两面各 75	两面各 50	两面各 35
	沥青碎石、抗滑表层	两面各 50	两面各 50	两面各 35
稳定度/kN	I 型沥青混凝土	>7.5	>5.0	>3.0
	II 型沥青混凝土、抗滑表层	>5.0	>4.0	—
流值(0.1 mm)	I 型沥青混凝土	20~40	20~45	20~50
	II 型沥青混凝土、抗滑表层	20~40	20~45	—
空隙率/%	I 型沥青混凝土	3~6	3~6	2~5
	II 型沥青混凝土、抗滑表层	4~10	4~10	—
	沥青碎石	>10	>10	—
沥青饱和度/%	I 型沥青混凝土	70~85	70~85	75~90
	II 型沥青混凝土、抗滑表层	60~75	60~75	—
	沥青碎石	40~60	40~60	—
残留稳定度/%	I 型沥青混凝土	>75	>75	>75
	II 型沥青混凝土、抗滑表层	>70	>70	—

注:①粗粒式沥青混凝土稳定度可降低 1 kN;

②I 型细粒式及砂粒式沥青混凝土的空隙率为 2%~6%。

③沥青混凝土混合料的矿料间隙率(VMA)宜符合表 10-10 要求。

④当沥青混合料试件在 60 ℃,水浴中浸泡发生松散时,可不进行马歇尔试验,但应测定密度、空隙率、沥青饱和度等。

⑤残留稳定度可根据需要采用浸水马歇尔试验或真空饱水后浸水马歇尔试验。

表 10-10　沥青混凝土混合料的矿料间隙率

最大集料粒径/mm(方孔筛)	37.5	31.5	26.5	19.0	16.0	13.2	9.5	4.75
VMA 不小于/%	12	12.5	13	14	14.5	15	16	18

3. 基层、底基层、垫层材料组成设计

公路基层、底基层、垫层包括刚性材料(水泥混凝土)、半刚性材料、沥青稳定碎石与无机结合料粒料等。半刚性基层的无机结合料主要有水泥、石灰、粉煤灰三种。基层、底基层混合料应具有严格的级配范围,水泥稳定类型、石灰粉煤灰类型与无机结合料级配碎石各有不同的最佳级配范围,将料场提供的各类碎石的天然级配进行掺配,以满足要求。

(四)加强沥青路面的防排水设计

沥青路面的排水可分为地面排水和结构排水两大类。虽然路面主要由密实型沥青混合料组成,但在路面出现局部细小裂纹的情况下,仍有可能发生渗入。因此,应注意路面防水排水的问题。

1. 路面横坡排水

横断面排水应以横坡形式进行，横断面不能过小，一般不低于1.5%，而采用防滑面层的路段，由于地面结构存在一定的深度，斜坡过小，易产生滞水现象，建议选用2.0%。在横向布置的方向上，有两种类型，一种是向中心隔离区倾斜，另一种是向外倾斜。在横向斜坡向中心隔离带方向倾斜时，中间隔离带应该设有完整的集水设备和纵排管，这样做的好处是可以减小冲刷损害，行车安全性好，但中央隔离带的集水排水设施需要另外投入。边坡向外倾角的类型较为普遍，在此类型中，应注意边坡的排水，避免边坡的冲刷，尤其是四车道以上的多车道公路，因路面宽、来水量大，必须采取相应的预防措施。当路肩是硬质路基时，可以使用同样的结构和材料。

表10-11 混合料用置范围

成分	含量/%
水泥稳定粒料水泥用量	3~6
水泥稳定细粒土水泥用量	8~12
石灰粉煤灰碎石结合料总量	15~25
石灰粉煤灰砂砾结合料总量	12~20

注：石灰∶粉煤灰=1∶2~1∶4。

表10-12 半刚性材料组成设计试验项目

混合料组成	材料名称	试验项目
结合料	水泥	水泥标号测试、标准稠度用水量、初凝时间、终凝时间
	石灰	有效CaO和MgO含量、未消化残渣含量、含水量（消石灰）、细度
	粉煤灰	SiO_2、Fe_2O_3、Al_2O_3、CaO、MgO、SO_3含量、烧失量、颗粒组成
集料	碎石、砷石、石屑、细粒土	颗粒分析、液限和塑性指数、碎石或砾石压碎值试验、有机质含量、硫酸盐含量
混合料	水泥稳定粒料、水泥稳定细粒土、二灰稳定碎石、二灰稳定石屑、水泥石灰综合稳定土	重型击实试验、最大密度、最佳含水量、无侧限抗压强度（龄期为7 d、28 d、90 d、180 d）、抗压回弹模量（90 d、180 d）、劈裂回弹模量（90 d、180 d），收缩性能试验（根据需要）

硬质路肩的横向坡度应该与道路的横向方向保持一致；土路肩部横向坡度为30%。

向外倾斜的道路采取横向排水时，要注意避免雨水冲刷路基的边坡，现有的预防措施有两种：一是通过漫坡排水（种植草皮或铺设坡面），或降低坡面（1∶2或1∶3）；二是利用拦水带防止暴雨直接冲蚀，在堤坝纵向上，每20~50 m设置一个2~4 m宽的泄水口，在泄水口处顺路基边坡处设置急流槽。具体的应用要看当地的环境。在降雨密集的季节，使用拦水带的弊端在于雨水不能顺畅，有些漫流超出了道路外侧的边界，从而影响了车辆的正常行驶。在纵坡度较低的地区，由于积水长期渗入路面而引起路面的损坏，所以在有条件的情况下，尽可能采取前者，但要避免漫坡的冲刷。

2. 路面结构排水

雨水从沥青路面的缝隙、裂纹中渗透进入，如不及时排出，会给路面造成严重的安全隐患。尤其是在半刚性基层，易发生危险事故。在半刚性基础上铺设沥青面层，渗透水滞留于基层，等于将表层结构浸润在水中，在夏季高温天气下，如果有大批重型车辆经过，且在高温长期作用下，沥青面层会受到较大的水损伤，甚至发生完全损坏，因此，路面结构的排水问题需要慎重处理。目前，最好的办法是设置排水基层，使用沥青处理稳定碎石，或使用无机黏结料碎石（无机结合料级配碎石），在路肩的基层末端安装一根纵向集水管，将结构内部的积水排出，或者直接铺筑至边坡，将结构内部的积水直接排出路基。

3. 底基层或垫层排水

除雨水渗透到道路结构外，在挖方路段、低路基路段中，有很多处于湿润、过湿的区段，这些部位的地下水也会从下往上渗透，这时要想减少地下水位对路面和路基的影响，就必须设置纵向排水盲沟、排水垫层（即排水底基）。

（五）提高沥青面层压实度，减小空隙率

为使沥青路面的防水性能得到最大程度的改善，质量得到最佳的保证，因此必须使路面的压实率达到98%以上，中、下两层的压实率不得低于97%。另外，对场地的孔隙度指标也要提高，如表面层的孔隙率不得超过6%，中、下表面的孔隙率不得超过7%。从而提升路面安全系数。

二、严格施工质量管理

除了结构设计和材料组合外，沥青路面的质量很大程度上依赖于施工，施工是保证工程质量的重要因素。根据全面质量管理的要求，制定一套行之有效的质量管理制度，实行目标管理、工序管理和岗位责任制，对施工全过程和各工序的质量进行严格的检查、控制和评定，以确保达到所要求的质量标准。在工程质量管理中，要对分项工程和单位工程逐级进行质量控制，以确保工程的总体质量。要想提高项目建设的质量，必须做好下面几项工作。

（一）加强原材料的检验工作

沥青路面的材质是其质量的保障。沥青路面的早期损坏，主要是由于材料的质量问题。在工程开工之前和工程期间发现材料来源、规格发生变化时，必须对材料进行全面检查，其主要内容包括：

（1）物料的品质是否达到规定，对于不合格的物料，决不允许使用，不准运送到工地；已经运送到工地的，应立即清理出场地。

（2）因为一个项目常常采用多个不同的物料或经多次的采购，所以，“批”的数量是一定的，而且要对每个批次的物料进行检验。

(3)检查物料的数量、供应来源、储存堆放等。

(二)加强沥青混合料配比的控制

(1)严格控制材料规格、用量、矿料级配成分、沥青用量等。

(2)沥青混合料的用量应根据马歇尔稳定试验进行,并定期进行检验,并对马歇尔稳定试验、材料规格、用量等进行检验。

(三)提高设备的工作性能

机械设备是影响沥青路面施工质量的另一关键因素。所以,在铺筑沥青路面之前,要严格检查拌和厂、摊铺、压实等机械设备的配套、性能、计量精度等,发现不合格的,要及时更换。所有机械设备必须有完备的保养维护技术,并能认真贯彻执行。

(四)铺筑试验路段

铺砌试验路段的目标是检验施工方案的可行性,并对试验路段施工方案进行修改、充实和完善了解施工技术,为大规模施工作提供指导。在沥青混合料测试路段中,有如下问题需要解决:

(1)确定工程设备的型号、数量及组合形式;

(2)测定搅拌机上的搅拌速度、拌和数量、拌和时间、拌和温度;

(3)测定沥青的等级、用量、喷洒方式和温度;

(4)确定摊铺机的作业过程,如摊铺温度、速度、宽度和自动平整方法;

(5)决定压路机的类型、压实次序、碾压温度、速度、遍数等压强实用化技术;

(6)对沥青混合料的配比进行检验,并确定现场的矿料比、沥青掺入量、松散系数、接缝方法等;

(7)测量密度的反差(通过钻孔和核子密度计进行比较),以确定压缩标准密度;

(8)对材料和工程质量进行全面的检查;

(9)确定施工产量、施工区段长度,修改施工进度;

(10)确定施工组织、管理体系、质量自检体系、人员、联络、指挥方式等。

(五)加强施工过程中的质量管理与检查

对施工质量进行监督和加强管理,主要体现在对拌和厂的拌和温度、均匀性、出厂温度进行详细检验,并进行马歇尔稳定性测试;对混合料的矿料级配、沥青掺入量进行检测,合格才能使用。对掺入温度过高导致沥青老化的沥青,应予以废弃或改用。在铺筑工地上,应对混合料质量、施工温度(铺温度、压实温度)、沥青层厚度、压实度、平整度等进行检测。

三、加强养护,保证路面的使用性能

通过加强养护,提高养护质量,可以有效地防止病害的产生和蔓延。要时刻了解路面的使用情况,加强路面的维护,对路面进行及时的修复,保持路面的清洁和完好,没有杂物和硬物在路面上堆积。对排水系统进行疏通,防止雨水渗入路基、路面,影响路面的强度和稳定性。

(一)热拌沥青混合料路面的初期养护

(1)在热掺制的沥青混合料的表面,应完全压实,直到完全自然冷却,混合料表面温度在50 t以下时才能进行运输。

(2)施工纵、横向施工缝是路面的薄弱部位,要加强前期的养护,随时用3 m直尺测量平整度,铲高补低,拉毛后用混合料垫平、压实。

(3)在开通交通的初期,车速要控制在20 km/h以内,禁止停车、掉头。如果有任何损伤,应立即进行维修。

(二)沥青路面的日常保养要求

保持路面平整,斜坡适度,线形平滑,道路容貌整洁,排水良好。加强道路巡查,了解道路状况,及时排除影响路面的各类影响因素,发现病害,分析原因,采取针对性的措施,将病害消灭在萌芽状态,从而提高路面的工作性能和使用寿命。

第五节　沥青混凝土路面病害防治技术

一、路面裂缝的修补

(1)因地面温度收缩、干燥而产生的纵、横向裂缝,当裂缝宽度小于5 mm时,应将裂缝中的杂物和灰尘清理掉,再将低密度的热沥青灌入缝中,或采用乳化沥青灌缝撒布法进行封闭,热沥青灌注深度约为接缝深度的2/3,再用清洁的石屑或粗砂进行振动,使之更加致密,最终将溢出的沥青、石屑、砂等清理干净;缝宽大于5 cm者,将缝内清理干净,然后用热混合料填充、捣实,当缝中有水时,则使用乳化沥青混合料。

(2)可以不经过任何处理的所有或大多数在高温季节可以治愈的小裂纹,对于不能在高温季节修复的小裂纹,可以采取以下处理措施:

①对有裂缝的路面进行清理,并均匀喷上少量的沥青(在较低的湿季,可采用乳化沥青),然后均匀地铺上2~5 cm厚的干石粉或粗沙,然后用轻便的压路机进行碾压。

②在裂缝处涂上少量低浓度的沥青。

(3)路基、基层强度不足、路基翻浆等原因造成的裂缝较大,在进行表面处理之前,必须对基层进行处理。

(4)由于沥青性质差,道路设计年限长,油层老化等原因,在基础强度良好的情况下,可以采用以下方法进行修复:

①采用乳化沥青稀浆封层,以3~6 cm为宜。

②在路面上加铺沥青混合料,或先铺上土工合成材料,然后在上面加铺沥青拌和上封层。

③用改性沥青薄层进行覆盖。

采用单一的沥青路面进行处理。

二、路面麻面、松散的修补

(1)对于大面积麻面松散路段，可以在温度升高(10 ℃以上)后进行清理，然后再喷一次润滑油进行下封闭，下封层的沥青用量为 0.8~1.0 kg/m^2，再洒 3~5 mm 的石粉或粗沙(5~8)m^3/1 000 m^2，然后用轻型压路机碾压。

(2)因油温过高，沥青因老化而丧失粘合力而产生的松散部位，须在清除所有松散部位后再进行表面处理。

(3)因地基或地基软化变形造成的路面松动，应首先对基础或地基进行病害处理，然后进行面层施工。

(4)由于酸性石料和沥青的黏结性较差，导致道路表面疏松，必须先开挖松动的部位，再进行表面处理。在进行表面处理时，不能再采用酸性石料，而在碱性石料较少的地方，添加抗剥离剂和增粘剂，以改善其与矿物间的粘附性，并提高其水稳性。

三、坑槽的维修

1. 当只有表面有凹坑的路面基础是完整的：

(1)测量出损伤部位的深度和范围，绘制一条与道路中线大体平行或垂直的沟槽修复轮廓。

(2)开槽时，要在稳定部位开挖，槽壁要垂直，并清理槽底和槽壁。

(3)在清洁的槽底和槽壁上涂上一层薄的胶凝沥青，然后再填入准备好的沥青，然后再填入新的沥青，新的填充物比原来的要稍高一些(具体的数量要视坑槽的深浅、材料的粗细和压实度而定)，并将填料压实后，与原来的道路平整，并将周围的接缝平整。

(4)按工艺条件，采用热拌法、冷拌法、乳化沥青法等方法制备填充料。

2. 对于基层的损坏，要根据破坏的原因进行处理，在基层密实稳定后进行修补。

3. 用预型件对凹槽进行修复：

(1)在寒冷地区，为了避免温度条件的制约，可以采用预制板进行补强。

预制板的需求：可以选择一些常用的规格，并配以沥青。

预混料预制件采用板式搅拌机进行压缩、冷却，以减少运输过程中损坏(例如，用热沥青进行修复)。

(2)现场开挖的沟槽，其大小应该是预埋件的几倍，边缘的尺寸要稍微扩大 1 cm，这样可以使预制块完全填充到凹槽中，而不必进行改型。挖掘深度应该与预埋件的厚度一致(根据实际的压缩系数，稍低于预制件的厚度)。

(3)沟槽修复：将沟槽开挖至稳固段，沿槽壁垂直，清除槽底和槽壁。在槽底、槽壁上涂上一层胶凝沥青，然后选用尺寸和形状相匹配的预制块，然后在预制块周围填充细粒状沥青，然后将其加压。

4. 冬季严寒地区,采用乳化沥青作为黏结剂,对路面进行适时的修补,以确保道路的平整和完整。

四、拥包的修补

(1)基层造成的较为严重的堵塞,应采用开挖法对基层进行修补,在基层稳固、密实后重新进行。

(2)由于施工中疏忽,将沥青撒在道路上,造成的堵塞,清除堵塞。

(3)由于表层沥青用量太大或细料密集造成的比较严重的拥包,或连续出现拥包且面积大,但路面基层稳定,可用机械或人工将拥包全部除去,并挖至低于路表面约 10 cm。清除基层表面的碎屑、杂物、灰尘等,浇注粘层油用热沥青拌和再做表层。

(4)对于已经趋于稳定的小拥包,用机械刨平或人工挖出拥包。

五、泛油的修理

1. 在含油路段,首先进行取样,进行抽油实验,计算出油石比,以选择不同处理方法:

(1)在油污严重的地段,首先在路面上铺上 10~15 cm 直径以上的碎石,然后用压路机将其压紧,待其稳定后,再依次洒上 5~10 mm 的碎石,然后进行碾压。此外,对含油过高的软层进行了铣刨,再进行表面处理。

(2)在浮油严重的路段,可按实际情况先洒 5~10 cm 的碎石,然后用压路机碾压,等稳定后再撒上 3~5 cm 的石粉或粗沙,然后用压路机或导向车碾压,将其嵌入到油层中。

(3)在含油较轻的路段,可洒入 3~5 cm 大小的碎石或粗砂,然后用压路机或操纵车辆进行碾压,将颗粒嵌入到油层中。

2. 建造条件:

(1)处理时机宜选在泛油区已经完全泛油的高温季节。

(2)按车辆的方向撒料,由粗到细;做到少撒,薄撒,均匀撒,不堆积,不留空白。

(3)严禁使用细粉颗粒。

(4)使用压路机或导向车进行碾压,将所洒的石块均匀地压入路面。然后再铺上一层细粉,进行研磨。

(5)如果使用汽车碾压,则要及时清理掉散落的碎石,溢出的浮石在溢出状态下进行清理和回收。

六、啃边的修理与防治

(1)将破坏的边沿挖出,切割成纵横规则的截面,并进行适当的深度挖掘,采用局部增厚的方式进行修补。

(2)对路肩进行改进或设置硬质路肩,以保证路肩平坦、稳固、与道路边沿的连通性,并在路肩处保留适当的横向坡度,便于排水。

(3)在道路的边沿上放置路缘石,使其顶部与路面面层水平,避免翘角。

(4)在平交路口或弯道半径不大的道路内侧,可适当拓宽道路。

七、脱皮的修复

(1)因底层与底层间黏合不佳而产生剥落的,应将脱落或松动的表层清理干净,并喷上一层透油后再进行铺设。

(2)因沥青面层之间的黏合不牢而发生剥落,必须除去掉的和松散的部分,然后在底层的沥青表面用黏合沥青,然后重新铺一次沥青面层。

(3)因表层与上层胶合不佳或早期维护不当造成的剥落,应首先将剥落及松散的沥青表层清理干净,再洒一层黏合沥青,再上封层及面层。

八、沉陷的修理

由于地基不均匀沉降造成的局部路面塌陷,如果地基和地基已密实,不会再发生塌陷,则只能进行表面处理,并按破坏情况分别采用以下处理方法:地面稍有凹陷,没有损坏,或有少量小裂缝时,可在凹陷处喷或涂上一层沥青,然后用沥青拌和料填充,并将其压实。当路基沉降造成路面严重损坏,矿石已松动脱落形成坑洞时,应按照坑道修理办法进行处理。

九、波浪、搓板的修理

(1)由于地基的强度不够或稳定性差而产生的波纹,则要先开挖地基,然后在基础上进行加固。

(2)由于面层与基层之间存在夹层,造成波纹时,必须开挖面层,清除不稳定层,清除下层,再喷一层沥青,重新铺设面层。

(3)可将一种沥青拌匀的小型面层(波纹)填充到波谷地,但必须要牢固、稳固、致密;波峰起伏大的,将其拔掉,重新铺开。

(4)对较大面积的波浪或搓板,必须全部开挖,找出原因,再铺设面层。

十、翻浆的修理

(1)由于基础水稳定性差或水分含量太高引起的翻浆,必须将表层和底层的所有软弱部位都刨掉。将基础物料烘干,适当添加新的硬质颗粒(如有必要,可采用渗透性好的沙石或工业废料),逐层填充(每层厚度不大于 15 cm),然后再铺设面层。

(2)在寒冷季节施工的石灰稳定型基层,若出现上部翻浆,必须将其挖开至坚硬部位,再用新材料进行修补,并重新铺设路面,或采用短期封闭运输措施,避免翻浆蔓延扩大。

(3)对由于排水不良引起的淤泥,可采取加宽沟,增加纵沟,加快路基排水的措施;或采用具有良好防水性能的垫层、基层,重新铺设或增加隔离层。

十一、沥青面层罩面

沥青面层根据用途分为三类:普通覆盖面(简称覆盖面)、防水覆盖面(简称覆盖面)、防滑面覆盖面(简称防滑面)。

(一)罩面

1. 覆盖物的使用范围

覆盖层是为了消除破坏,局部或全部恢复原来的平整程度,提高道路的性能而进行的。

2. 覆盖物的需求

胶结材料宜选用具有良好特性的沥青、乳化石油沥青、改性乳化沥青或改性沥青。选用耐磨、高强度的石材。高速公路和一级公路宜选用中粒式、细粒式密级配或沥青马蹄脂结构。

3. 覆盖物的厚度

覆盖层的厚度要根据所处路段的交通量、等级、路面状况和使用功能等因素来决定。

(1)路面状况指数和行驶质量指数是中和良等级,路面只有轻微的网纹裂缝时,面层可以覆盖到 1~3 cm。

(2)当路面破损、平整度、抗滑性能均低于中度且需要恢复到优良等级时,面层的覆盖厚度为 3~5 cm。

(3)高速公路、一级公路罩面的厚度应为 4~5 cm;其他道路可以使用更薄的覆盖层(1~4 cm)。

(4)所有等级道路上,覆盖层的厚度不应低于最低施工层的厚度。

(二)封层

1. 封层的应用领域

封层的作用是提高旧路面的防水、平整度、抗滑移性能。

2. 选择的封皮材料

(1)黏合料以石油沥青乳化、改性乳化石油沥青为佳。选用耐磨、高强度的石材。各类物料的技术性能要求均按相关规范要求进行。

(2)高速公路、一级公路可选用沥青稀浆,以粗粒型改性的乳化沥青为佳,其他等级公路可选用乳化沥青。

3. 封皮的厚度

(1)在大流量大、重型车辆较多的路段,应采取 1 cm 厚度的封闭措施。

(2)对于中等流量路段,宜选用厚度为 0.7 cm 的封闭层。

(3)当车辆流量较小,重型车辆较少时,可选用 0.3 cm 厚的封闭层。

(三)抗滑层

1. 防滑层的使用范围

抗滑层主要是为了改善路面的抗滑能力,改善路面的磨损性能。

2. 选择耐滑层的材质要求

抗滑层的选择应该是适宜于铺设防滑层和沥青混合料的。高速公路和一级公路应选择石油沥青、改性石油沥青和改性石油沥青。石材选择具有良好抗滑性和耐磨性的石材，其磨光度不小于42。其他材质的技术指标也要满足相关的技术标准。

3. 防滑层厚度的规定

(1)在高速公路和一级公路路面加固时，应选用不低于4 cm的防滑层。

(2)在二级公路上，应选用中粒型、细粒型沥青砼，或以热拌沥青碎石、沥青路面处理结构，其厚度应不低于最低施工层的厚度。

(3)三级公路和四级公路可以使用5~5 cm的乳化沥青封堵结构。

(四)沥青面层罩面的施工

沥青面层的覆盖应按《公路沥青路面施工技术规范》(JTG F40—2004)的相关规定进行。

(1)对于决定覆盖面的路段，必须在罩面前进行各类病害处理和清理。

(2)根据施工温度、旧沥青路面条件等因素，采用施工技术措施，在罩面前方喷上一层胶质沥青，以保证新旧沥青面层的结合，沥青的用量在0.3~0.5 kg/m^{2}之间，在有严重的裂缝和老化情况下，可适当增加0.5~0.7 kg/m^2。在有条件的情况下，在铺设沥青之前，应先对基层进行机械脱毛。

(3)温度在10 ℃以下或道路湿滑时，不可进行覆盖式沥青覆盖。用乳化沥青作稀浆密封时，需配备专业人员，固定好专业的生产、施工(撒布、摊铺)设备，专职的检测测试人员，根据相关法规进行检验及品质管理。稀浆封层撒布机在使用之前，要仔细地调整骨料、乳液、填料、加水量，并按稀浆料的配比进行调整，直到试验稳定，才能进行正式的铺设。

第六节 沥青砼路面的病害成因及预防措施

在高速公路上，沥青路面的损坏主要是由水造成的。沥青路面中的水分来自地表雨水和从地基中挤压出来的水分。由于车辆的载荷和气温的改变，导致路面结构发生损坏。冬季和春季白天融化的积雪和雨水渗透到道路上，晚上结冰，次日白昼消融，夜晚结冰，如此反复的冻融，使得水的损害更加严重。

一、路面水损害成因分析

在道路上，水的损坏是非常常见的，给道路带来了很大的损害。当路面积水进入地面后，由于水在路面上的停留部位不同，在高速行驶中会出现下列不同的失效。

(一)表面产生坑洞

降雨时，雨水进入地面，并在沥青混凝土表层的间隙内滞留，由于大量车辆的高速行驶，路面上的水压将路面上的沥青剥离，导致部分沥青混凝土出现松动，砂砾被车轮抛出，路面出现坑洼。在半开放的沥青砼路面中，水害对路面造成的影响比较大。

(二)表面层和中面层同时产生坑洞以及局部表面产生网裂和变形

在降雨过程中,由于路面上存在大量的自由水,造成路面裂缝、变形和向外挤压或产生空洞。

(三)唧泥、网裂、坑洞

路面水分通过沥青面层滞留在半刚性基层上,由于汽车的高速行驶,其表面的细粉受到自由水流的冲击而形成了灰白色的泥浆。水泥砂浆被碾压在路面上,形成了一块块的白色水泥;当灰浆量过大时,会逐渐形成空穴;当基层面大量粘泥时,基层顶面就会产生松散的现象,造成路面的变形和裂缝。由于路面结构的变形、裂缝等原因,使得路面积水更易渗透,形成一个恶性循环,最后造成路面损坏。

造成沥青路面失效的原因有:沥青混凝土自身的孔隙率大,密实度不够,颗粒不均匀等。沥青面层的水分不能及时排出,饱和后的沥青混凝土与沥青的粘附性会下降,容易发生剥落和松散,从而导致沥青混凝土的抗剪强度下降。冬季降雨后,冻土的体积增加约9%,造成了沥青路面的冻胀应力,气温上升,冻融。在冻融循环中,沥青混合料会发生疏松,造成孔洞等早期失效。

二、路面水破坏的防治

由于沥青混合料的密实度不足,使得原有孔隙率大的n型沥青混凝土出现了更大的孔隙率,从而导致了水渗。由于沥青混凝土的粒度变化较大,掺入物的离析等原因,导致了沥青混凝土密实度、空隙率、沥青用量的变化。沥青混凝土的非均匀性在表面上形成了很多通道,这些通道很容易被孤立的水流渗透。

国内道路结构设计中,由于没有考虑到路面的内部(或结构层)的排水问题,也没有考虑到水对基层的侵蚀,导致了水进入面层而不能排出,导致了路面结构层的破坏。

为了从根本上解决路面的水害问题,减少水的破坏,应从设计和施工两个方面综合考虑。以下是必须和有可能采取的措施。

(一)沥青面层的各层都用空隙率不大于5%的密实沥青混凝土

目前,国内大部分的沥青路面都是三、二层的结构形式。从降低水害的角度出发,应从多个角度考虑防止雨水侵入路面结构。

为避免中央隔离区内植草和植树后积水污染道路,可在中间隔离区内设置大型盆栽树木;避免凸形中心隔离带两侧边缘石与沥青混凝土面层(一般黏合不良,并且边缘石的边缘往往很难被压实)渗水,也可以不设置凸形中间隔离区,也可以去掉路缘石,从而避免了雨水进入路面;及时地对纵、横裂缝进行封堵,以避免水分的渗入。

降低路面水的破坏和防止沥青面层自身的渗水,对降低路面的水害和减小严重的车辙具有重要意义。在沥青路面结构中,只有一层为密实Ⅰ型沥青混凝土,或者只有一层为沥青砂层,以避免水的破坏。实际的情况是,哪一层的孔隙度大,水渗透后的哪一层发生了水的破坏。沥青砼路面在道路开通后,由于面层孔隙度大,容易出现早期的纵向开裂。雨水通过纵缝渗入,在路面表层积存,削弱了沥青混凝土的强度,并逐步形成网裂。

所以,沥青路面的每一层均应采用密实型沥青混凝土,但不包括专用排水层。防滑层还应使用密实型沥青混凝土,其孔隙率不得超过 4%。

(二)提高沥青与矿料的黏结力

雨水进入和滞留在沥青混凝土中,由于大量的汽车在高速行驶时所造成的冲击载荷,导致路面积水引起的动水压力将沥青从碎石上剥离。提高沥青与矿物之间的黏附力是降低沥青剥离,提高其抗水性和耐久性的必要条件。沥青混凝土用于中、下层时,沥青与矿料间的结合强度必须达到 4 级以上;用沥青混凝土作表层,其沥青与矿料间的结合强度不得低于 5 级;用沥青混凝土作表层,必须选用具有高耐磨性和高磨损性的硬石料。玄武岩、安山岩、闪长岩、花岗岩、砂岩、辉绿岩等与沥青的结合强度一般不高,一般为三级,少数为四级,故必须加入抗剥离剂,以提高其结合强度。

同样的防剥落剂(同样的沥青)在不同的岩体中起到的作用是不一样的;同一类型的岩石(同样的沥青),采用不同的厂家生产的防剥性材料,其作用也是不同的;在不同的沥青中添加相同的防剥落剂,其作用也是不同的。所以,必须根据所使用的砂砾、沥青进行粘附性测试,并选用适当的防剥落材料。

试验可以按以下方法进行(先进行陈化,再进行水煮法):

(1)将集料用传统的方法包上沥青,用相同的沥青和相同的碎石制作 16 个试样,每组 4 个。

(2)将第一组于室温下冷却 15 min,进行水煮实验,以评价其黏着性。

(3)将第 2 组、第 3 组和 4 组分别置于 165 ℃炉中 24 h、48 h 和 96 h 进行老化测试,再取出,在室温下冷却 15 min,进行水煮法测试,以评价其黏合度。

(4)从 4 个样本,尤其是老化测试的结果中,对胶黏度进行评估,并对哪一种防剥落剂进行最终评估。

用消石灰和水泥作为防剥剂,不能用水煮法进行评定,要用水稳定性测试,可用残余稳定度、冻融劈裂强度比或浸水轮辙试验。水泥作为防剥性材料,如果掺入量太小,则不能有效地防止剥离,也不能保证沥青混凝土的耐水性。

(三)提高压实度标准,增加路面现场空隙率指标

1. 压实度对沥青混凝土路面的影响

沥青混凝土的致密性是影响其物理机械性能的关键因素。相同类型的沥青混合料,其设计孔隙率为 4%,在不同的压实度条件下,现场孔隙率差异较大。压缩强度为 96%时,现场的孔隙率几乎达到 8%;在密实度 98%的情况下,孔隙率接近 6%,而孔隙率则显著高于孔隙率。

2. 以生产配合比时的马歇尔试件密度为标准

由于沥青混合料使用的碎石大多来自当地建材市场,各种粒径碎石的粒径分布差异很大,不能采购规格完全一致的碎石,给混合料的性能造成一定影响。同时,拌和厂物料管理也存在很多问题,使得每日生产的沥青混凝土的粒径成分差异很大,因此,马歇尔试验的每日结果,其密度、孔隙率等各项指标均有显著差异。若以马歇尔试验当日的平均密度为基准,就相当于认可了每日所产出的沥青混合料,无论其颗粒成分、技术参数是否满足要求,均属合格。这种做法不恰当,不能保证沥青路面的正常性能。

配合比设计中应按规定的工艺参数选择矿料的颗粒成分和沥青的含量。通过测试路段来检测其现场性能,对表层也要检查其表面结构深度,并进行车轮车辙测试,在满足上述指标的情况下,最终确定矿料级配、沥青用量、密度等指标,以确保每日沥青质量达标。

在同样的碾压作用下,现场可获得的沥青混合料的密实度随着矿料级配的不同而变化,只有当矿料级配满足设计配比所确定的级配曲线(在允许误差较小的允许范围之内)时,可以采用马歇尔试验的平均密度。而且,一天一次的矿料颗粒成分测试通常只进行两次,并不能完全反映出当日沥青混合料的粒度构成。以马歇尔试样的密度为基准密度,可以间接地反映出沥青混凝土的物理机械性能。

3. 提高压实度标准

为了尽可能提高沥青混凝土面层的不透水性,可以提高沥青面层的压实度。表面层的压实度应不小于98%,中面层或底面层应不小于97%。按马歇尔试件的空隙率4%确定沥青混凝土的沥青用量。在压实98%和97%时,现场空隙率约为6%和7%,在这种情况下,面层的透水性就会大大减小。只要施工时严格要求,加强管理,完全可以达到压实度98%的要求。

4. 增加路面现场空味率指标

沥青混凝土经过压缩后,体积由三个部分构成:矿料体积、沥青体积(含在矿料孔洞内的沥青除外)和空气体积。现场空隙是沥青混凝土在碾压完成和冷却后,所占的容积百分比。通过现场孔隙度,可以更准确地反映出压实效果,所以,必须在压实完成后次日,用钻具进行现场取样。在取出钻件时,水会渗入到钻件内部的开放孔洞中,故须用热风吹干至恒重,或置于40 t烘炉中干燥,待冷却后,用蜡封方法测量其体积,计算出其总体积密度,随后将样品粉碎为小块(尽可能小,但不会使石料颗粒破碎),用真空吸气法测量其最大理论密度,并求得孔隙率。根据不同粒级矿料的视觉密度和毛体密度平均值,分别求出相应的总密度,再用计算法求出其最大理论密度。

(四)路面结构中设排水层或防水层

为最大限度地降低水分渗透和溢出,提高沥青混凝土的多个机械强度,降低水进入沥青混凝土内部后沥青剥离的可能性,还必须在道路结构中(尤其是在南方多雨的地方)设置排水系统,这样才能保证水的进出不受阻碍;或将防水层置于基础上或表层结构上(防水层的作用是防止水冲刷基础,而防水层的作用是防止水渗入中、下表面)。

在较厚的沥青路面下铺设排水层,在水未渗透到排水层之前,沥青混凝土层就已经出现了破损,排水层对排水效果不大。防水层也存在着相同的问题。只有当沥青路面厚度很小时,排水、防水等措施才能有效地减少或消除水的损害。

1. 排水层

当水进入路面结构层时,应在路面底层加一层渗水,以利于排水。排水层应直接铺设到土坡上,如有需要,可在土路肩上的排水层顶部用土工织物进行防护,以避免土壤微粒进入下水道。

2. 防水层

为了防止水分在沥青表层不断向下层渗透,达到或停留在基础层的顶部,可以采用防水层,以防止由于水造成的冲刷、唧浆和道路坑洼等水的损坏。防水层位于较厚的沥青面层之下,仅能起到防护作用,如避免出现冲刷等水的迫害现象,而不能有效地防止其上部的各层沥青层被水侵蚀。为避免水渗透到底层而导致水的损坏,可以考虑在表层以下设置防水层。

(五)减少水泥混凝土桥面沥青面层水破坏的措施

在高速公路上,混凝土桥面沥青面层较多地受到水的破坏。桥面沥青面层的设计厚度通常仅为 4 cm,但其实际厚度存在很大的偏差,从而导致了桥面沥青面层的破裂,导致路面出现了碎石脱落、水破裂等现象。两层沥青砼在桥面铺装层中的作用是一样的,既能防止局部剥落,又能改善桥面的平整性,又能方便地进行摊铺机的工作,但仍然会造成水的损坏。

混凝土铺装层上沥青面层产生水破坏的因素大致有以下几点。

(1)桥面上沥青混凝土的级配和性质与路面上所用的相同。

(2)桥面上沥青混凝土的压实度常次于路面上的沥青混凝土,因此桥面上沥青混凝土的实际空隙率大于路面上沥青混凝土的空隙率,更容易透水。

(3)桥面铺装层的平整度不好,凹凸不平,采用水泥砂浆抹平,此层水泥砂浆既薄又很不均匀,得不到正常养生,强度较低,容易被行车轧碎,致使桥面沥青混凝土容易被破坏。

(4)桥面泄水孔只能排表面水,当表面水进入到沥青铺装层中,桥面排水设施的竖向泄水管管顶标高高于水泥混凝土桥面的标高,或横向排水管管底标高高于水泥混凝土桥面标高,而与沥青混凝土桥面铺装标高齐平,使得渗入沥青混凝土中的水只能滞留在交界上并积在局部低洼处,不能排出,造成桥面铺装层松散、坑洞等破坏。

(5)混凝土铺装层未设防水层。行车作用下的动力水直接冲刷铺装层表层的细料并形成白色灰浆。灰浆被行车车轮唧到表面,使沥青面层逐渐破坏,与路面上发生水破坏的过程相同。

根据桥面沥青混凝土面层产生严重水破坏的主要原因,可以采取以下措施来减轻或解决桥面沥青面层的水破坏:

①混凝土铺装层应有严格的平整度要求,纵向和横向 3 m 直尺下最大间隙不超过 3 mm。

②要重视铺装层混凝土养生,按水泥混凝土路面的养生要求进行养生。

③不用水泥砂浆抹平铺装层表面。

④混凝土铺装层上设防水层,改变泄水孔设计,将泄水孔处的水泥混凝土桥面标高稍低于邻近桥面约3 cm,这样渗到沥青混凝土内的水易于排泄。当采用横向排水管排水时,排水管底标高略低于其周围水泥混凝土桥面的标高,使泄水孔既能排表面水又能排进入沥青面层后滞留在界面上的水。

⑤混凝土铺装层横坡下侧边部做成一条宽6~8 cm、深4 cm的纵向沟槽,连接各个泄水孔。沟中用碎石填平,设成盲沟。

⑥桥面沥青面层分两层设计。下层用多孔隙沥青混合料(类似排水磨耗层OGFC),其空隙率为18%~20%以上。表面采用与路面表层相同的抗滑表层。

⑦认真控制桥面沥青面层的压实度,达到与路面上相同的现场空隙率,抓紧在高温时段碾压,保证沥青面层压实度。

参考文献

[1] 陈博.某公路桥涵工程施工中混凝土表面裂纹及气泡防治研究[J].建材与装饰,2019(7):265-266.

[2] 陈敦,李国玉,牛富俊,等.喜马拉雅山区公路桥涵病害类型及特征研究[J].防灾减灾工程学报,2023,43(1)18-31,59.

[3] 高向峰,马冠杰.公路桥涵混凝土裂缝分析[J].河南科技,2013(4):75.

[4] 葛文红.混凝土减水剂在公路桥涵工程中的应用研究[J].山西建筑,2011,37(19):104-105.

[5] 耿选证.公路桥涵混凝土质量通病及其防治措施[J].交通世界,2011(5):232-233.

[6] 李剑雄.对桥涵构造物施工质量管理的研究[J].四川建材,2022,48(7):112-113.

[7] 李龙.农村公路桥涵混凝土常见外观质量缺陷及防治措施[J].河南科技,2010(16):69.

[8] 李文强,李慧娜.浅谈公路桥涵混凝土外观质量缺陷分析与防治[J].科技创业家,2014(7):68.

[9] 刘华龙.高速公路桥涵混凝土外观质量的控制策略分析[J].黑龙江交通科技,2021,44(12):115,117.

[10] 骆宇.基于高性能混凝土在公路桥涵工程中的应用分析[J].科技创新与应用,2020(26):174-175.

[11] 马仁波,杨忠俭,范海文.冬季冰凌对航标基桩产生破坏的原因分析与对策[J].山东交通科技,2022(4):152-155.

[12] 苗季朋.公路桥涵水中混凝土结构施工中的防腐蚀工艺与后期维护[J].工程建设与设计,2019(13):107-108,114.

[13] 王广军,张世平,谢建明,等.大孔隙混凝土在防治山区高速公路桥(涵)头跳车问题中应用探讨[J].黑龙江交通科技,2013,36(10):1,3.

[14] 王生楠.浅谈高速公路桥涵构造物群泵送混凝土集约施工[J].科技信息,2011(23):743-744.

[15] 王万辉.速凝混凝土修复公路桥涵构造物病害[J].城市建设理论研究(电子版),2017,(16):170-171.

[16] 徐立国.公路桥涵混凝土裂缝处理办法建议[J].民营科技,2014(3):219.

[17] 徐青,李展.公路桥涵标准图:钢筋混凝土圆管涵洞验算与修正[J].山西建筑,2014,40(21):153-154,253.

[18] 许福金.浅析高速公路桥涵施工技术及质量控制措施[J].工程机械与维修,2022(5):215-217.

[19] 阎敏娟.高速公路桥涵混凝土质量的影响因素[J].黑龙江交通科技,2017,40(1):

83,85.
[20] 郑鹏飞.浅谈高性能混凝土在公路桥涵中的应用[J].内蒙古科技与经济,2011(8):102,104.
[21] 周凯.混凝土拱桥在新旧公路桥涵规范下荷载效应差异的探讨[D].南宁:广西大学,2013.
[22] 周耀旭,刘平,焦岩,等.公路桥涵C50混凝土远距离二次泵送影响研究[J].建筑技术开发,2019,46(16):68-69.

结　语

在公路建设过程中,公路桥涵结构的工程施工得到了普遍的应用,桥涵工程质量的要求也得到了广泛的关注。桥涵施工质量的优劣不仅影响到结构物的美观性、耐久性和舒适性,而且直接影响到整个工程施工的质量,因此对于公路桥涵施工项目的质量控制,必须在施工前得到控制,充分发挥出质量保证体系的作用,控制工程质量,确保质量的安全性。所以,在桥涵工程的施工过程中,只有加强每个环节质量管理的要素,才能真正有效地杜绝工程中所出现的问题,以达到施工标准。